Ca. 14.

30372

OEUVRES

COMPLÈTES

DE GEORGE SAND

TOME XIV

PARIS. IMPRIMÉ PAR BÉTHUNE ET PLON.

OEUVRES
COMPLÈTES
DE
GEORGE SAND

NOUVELLE ÉDITION

REVUE PAR L'AUTEUR

ET ACCOMPAGNÉE DE MORCEAUX INÉDITS

PAULINE
LES MAJORCAINS

PARIS

PERROTIN, ÉDITEUR
41, RUE TRAVERSIÈRE-SAINT-HONORÉ

—

M DCCC XLIII

UN HIVER
A MAJORQUE.

LETTRE

D'UN EX-VOYAGEUR A UN AMI SÉDENTAIRE.

Sédentaire par devoir, tu crois, mon cher François, qu'emporté par le fier et capricieux *dada* de l'indépendance, je n'ai pas connu de plus ardent plaisir en ce monde que celui de traverser mers et montagnes, lacs et vallées. Hélas ! mes plus beaux, mes plus doux voyages, je les ai faits au coin de mon feu, les pieds dans la cendre chaude et les coudes appuyés sur les bras râpés du fauteuil de ma grand'mère. Je ne doute pas que tu n'en fasses d'aussi agréables et de plus poétiques mille fois : c'est pourquoi je te conseille de ne pas trop regretter ton temps, ni ta peine, ni tes sueurs sous les tropiques, ni tes pieds glacés sur les plaines neigeuses du pôle, ni les affreuses tempêtes essuyées sur mer, ni les attaques de brigands, ni aucun des dangers, ni aucune des fatigues que tous les soirs tu affrontes en imagination sans quitter tes pantoufles, et sans autre dommage que quelques brûlures de cigare à la doublure de ton pourpoint.

Pour te réconcilier avec la privation d'espace réel et de mouvement physique, je t'envoie la relation du dernier voyage que j'ai fait hors de France, certain que tu me plaindras plus que tu ne m'envieras, et que tu trouveras trop chèrement achetés quelques élans d'admiration et quelques heures de ravissement disputés à la mauvaise fortune.

Cette relation, déjà écrite depuis un an, m'a valu de la part des habitants de Majorque une diatribe des plus fulminantes et des plus comiques. Je regrette qu'elle soit trop longue pour être publiée à la suite de mon récit ; car le ton dont elle est conçue et l'aménité des reproches qui m'y sont adressés confirmeraient mes assertions sur l'hospitalité, le goût et la délicatesse des Majorquins à l'égard des étrangers. Ce serait une pièce justificative assez curieuse : mais qui pourrait la lire jusqu'au bout ? Et puis, s'il y a de la vanité et de la sottise à publier les compliments qu'on reçoit, n'y en aurait-il pas peut-être plus encore, par le temps qui court, à faire bruit des injures dont on est l'objet ?

Je t'en fais donc grâce, et me bornerai à te dire, pour compléter les détails que je te dois sur cette naïve population majorquine, qu'après avoir lu ma relation, les plus habiles avocats de Palma, au nombre de quarante, m'at-on dit, se réunirent pour composer à frais communs d'imagination un terrible factum contre l'*écrivain immoral* qui s'était permis de rire de leur amour pour le gain et de leur sollicitude pour l'éducation du porc. C'est le cas de dire *avec l'autre* qu'à eux tous ils eurent de l'esprit comme quatre.

Mais laissons en paix ces bonnes gens, si échauffés contre moi ; ils ont eu le temps de se calmer, et moi celui d'oublier leur façon d'agir, de parler et d'écrire. Je ne me rappelle plus, des insulaires de ce beau pays, que les cinq ou six personnes dont l'accueil obligeant et les manières affectueuses seront toujours dans mon souvenir comme une compensation et un bienfait du sort. Si je ne les ai pas nommées, c'est parce que je ne me considère pas comme un personnage assez important pour les honorer et les illustrer par ma reconnaissance ; mais je suis sûr (et je crois l'avoir dit dans le courant de mon récit) qu'elles auront gardé aussi de moi un souvenir amical qui les empêchera de se croire comprises dans mes irrévérencieuses moqueries, et de douter de mes sentiments pour elles.

Je ne t'ai rien dit de Barcelone, où nous avons passé cependant quelques jours fort remplis avant de nous embarquer pour Majorque. Aller par mer de Port-Vendres à Barcelone, par un beau temps et un bon bateau à vapeur, est une promenade charmante. Nous commençâmes à retrouver sur le rivage de Catalogne l'air printanier qu'au mois de novembre nous venions de respirer à Nîmes, mais qui nous avait quittés à Perpignan ; la chaleur de l'été nous attendait à Majorque. A Barcelone, une fraîche brise de mer tempérait un soleil brillant, et balayait de tout nuage les vastes horizons encadrés au loin de cimes tantôt noires et chauves, tantôt blanches de neige. Nous fîmes une excursion dans la campagne, non sans que les bons petits chevaux andalous qui nous conduisaient eussent bien mangé l'avoine, afin de pouvoir, en cas de mauvaise rencontre, nous ramener lestement sous les murs de la citadelle.

Tu sais qu'à cette époque (1838) les factieux parcouraient tout ce pays par bandes vagabondes, coupant les routes, faisant invasion dans les villes et villages, rançonnant jusqu'aux moindres habitations, élisant domicile dans les maisons de plaisance jusqu'à une demi-lieue de la ville, et sortant à l'improviste du creux de chaque rocher pour demander au voyageur la bourse ou la vie.

Nous nous hasardâmes cependant jusqu'à plusieurs lieues au bord de la mer, et ne rencontrâmes que des détachements de christinos qui descendaient à Barcelone. On nous dit que c'étaient les plus belles troupes de l'Espagne : c'étaient d'assez beaux hommes, et pas trop mal tenus pour des gens qui viennent de faire campagne ; mais hommes et chevaux étaient si maigres, les uns avaient la face si jaune et si hâve, les autres la tête si basse et les flancs si creusés, qu'on sentait en les voyant le mal de la faim.

Un spectacle plus triste encore, c'était celui des fortifications élevées autour des moindres hameaux et devant la porte des plus pauvres chaumières : un petit mur d'enceinte en pierres sèches, une tour crénelée grande et épaisse comme un nougat devant chaque porte, ou bien de petites murailles à meurtrières autour de chaque toit, attestaient qu'aucun habitant de ces riches campagnes ne se croyait en sûreté. En bien des endroits, ces petites fortifications ruinées portaient les traces récentes de l'attaque et de la défense.

Quand on avait franchi les formidables et immenses fortifications de Barcelone, je ne sais combien de portes, de ponts-levis, de poternes et de remparts, rien n'annonçait plus qu'on fût dans une ville de guerre. Derrière une triple enceinte de canons, et isolée du reste de l'Espagne par le brigandage et la guerre civile, la brillante jeunesse se promenait au soleil sur la *rambla*, longue allée plantée d'arbres et de maisons comme nos boulevards : les femmes, belles, gracieuses et coquettes, occupées uniquement du pli de leurs mantilles et du jeu de leurs éventails ; les hommes occupés de leurs cigares, riant, causant, lorgnant les dames, s'entretenant de l'opéra italien, et ne paraissant pas se douter de ce qui se passait de l'autre côté de leurs murailles. Mais quand la nuit était venue, l'opéra fini, les guitares éloignées, la ville livrée aux vigilantes promenades des *sérénos*, on n'entendait plus, au milieu du bruissement monotone de la mer, que les cris sinistres des sentinelles, et des coups de feu, plus sinistres encore, qui, à intervalles inégaux, partaient, tantôt rares, tantôt précipités, de plusieurs points, soit tour à tour, soit spontanément, tantôt bien loin, parfois bien près, et toujours jusqu'aux premières lueurs du matin. Alors tout rentrait dans le silence pendant une heure ou deux, et les bourgeois semblaient dormir profondément, pendant que le port s'éveillait et que le peuple des matelots commençait à s'agiter.

Si aux heures du plaisir et de la promenade on s'avisait de demander quels étaient ces bruits étranges et effrayants de la nuit, il vous était répondu en souriant que cela ne regardait personne et qu'il n'était pas prudent de s'en informer.

UN HIVER A MAJORQUE.

PREMIÈRE PARTIE.

I.

Deux touristes anglais découvrirent, il y a, je crois, une cinquantaine d'années, la vallée de Chamounix, ainsi que l'atteste une inscription taillée sur un quartier de roche à l'entrée de la Mer-de-Glace.

La prétention est un peu forte, si l'on considère la position géographique de ce vallon, mais légitime jusqu'à un certain point, si ces touristes, dont je n'ai pas retenu les noms, indiquèrent les premiers aux poètes et aux peintres ces sites romantiques où Byron rêva son admirable drame de *Manfred.*

On peut dire en général, et en se plaçant au point de vue de la mode, que la Suisse n'a été découverte par le beau monde et par les artistes que depuis le siècle dernier. Jean-Jacques Rousseau est le véritable Christophe Colomb de la poésie alpestre, et, comme l'a très-bien observé M. de Chateaubriand, il est le père du romantisme dans notre langue.

N'ayant pas précisément les mêmes titres que Jean-Jacques à l'immortalité, et en cherchant bien ceux que je pourrais avoir, j'ai trouvé que j'aurais peut-être pu m'illustrer de la même manière que les deux Anglais de la vallée de Chamounix, et réclamer l'honneur d'avoir découvert l'île de Majorque. Mais le monde est devenu si exigeant, qu'il ne m'eût pas suffi aujourd'hui de faire inciser mon nom sur quelque roche baléarique. On eût exigé de moi une description assez exacte, ou tout au moins une relation assez poétique de mon voyage, pour donner envie aux touristes de l'entreprendre sur ma parole; et comme je ne me sentis point dans une disposition d'esprit extatique en ce pays-là, je renonçai à la gloire de ma découverte, et ne la constatai ni sur le granit ni sur le papier.

Si j'avais écrit sous l'influence des chagrins et des contrariétés que j'éprouvais alors, il ne m'eût pas été possible de me vanter de cette découverte; car chacun, après m'avoir lu, m'eût répondu qu'il n'y avait pas de quoi. Et cependant il y avait de quoi, j'ose le dire aujourd'hui; car Majorque est pour les peintres un des plus beaux pays de la terre et un des plus ignorés. Là où il n'y a que la beauté pittoresque à décrire, l'expression littéraire est si pauvre et si insuffisante, que je ne songeai même pas à m'en charger. Il faut le crayon et le burin du dessinateur pour révéler les grandeurs et les grâces de la nature aux amateurs de voyages.

Donc, si je secoue aujourd'hui la léthargie de mes

souvenirs, c'est parce que j'ai trouvé un de ces derniers matins sur ma table un joli volume intitulé :

Souvenirs d'un Voyage d'art à l'île de Majorque, par J.-B. Laurens[1].

Ce fut pour moi une véritable joie que de retrouver Majorque avec ses palmiers, ses aloès, ses monuments arabes et ses costumes grecs. Je reconnaissais tous les sites avec leur couleur poétique, et je retrouvais toutes mes impressions effacées déjà, du moins à ce que je croyais. Il n'y avait pas une masure, pas une broussaille, qui ne réveillât en moi un monde de souvenirs, comme on dit aujourd'hui; et alors je me suis senti, sinon la force de raconter mon voyage, du moins celle de rendre compte de celui de M. Laurens, artiste intelligent, laborieux, plein de rapidité et de conscience dans l'exécution, et auquel il faut certainement restituer l'honneur que je m'attribuais d'avoir découvert l'île de Majorque.

Ce voyage de M. Laurens au fond de la Méditerranée, sur des rives où la mer est parfois aussi peu hospitalière que les habitants, est beaucoup plus méritoire que la promenade de nos deux Anglais au Montanvert. Néanmoins, si la civilisation européenne était arrivée à ce point de supprimer les douaniers et les gendarmes, ces manifestations visibles des méfiances et des antipathies nationales; si la navigation à la vapeur était organisée directement de chez nous vers ces parages, Majorque ferait bientôt grand tort à la Suisse; car on pourrait s'y rendre en aussi peu de jours, et on y trouverait certainement des beautés aussi suaves et des gran-

[1] Chez Arthus Bertrand, libraire-éditeur, rue Hautefeuille, 23, et chez Gihaut frères, boulevard des Italiens; 1 vol. grand in-8º, avec 55 planches lithographiées. Prix : 24 fr.

deurs étranges et sublimes qui fourniraient à la peinture de nouveaux aliments.

Pour aujourd'hui, je ne puis en conscience recommander ce voyage qu'aux artistes robustes de corps et passionnés d'esprit. Un temps viendra sans doute où les amateurs délicats, et jusqu'aux jolies femmes, pourront aller à Palma sans plus de fatigue et de déplaisir qu'à Genève.

Long-temps associé aux travaux artistiques de M. Taylor sur les vieux monuments de la France, M. Laurens, livré maintenant à ses propres forces, a imaginé, l'an dernier, de visiter les Baléares, sur lesquelles il avait eu si peu de renseignements, qu'il confesse avoir éprouvé un grand battement de cœur en touchant ces rives où tant de déceptions l'attendaient peut-être en réponse à ses songes dorés. Mais ce qu'il allait chercher là, il devait le trouver, et toutes ses espérances furent réalisées ; car, je le répète, Majorque est l'Eldorado de la peinture. Tout y est pittoresque, depuis la cabane du paysan, qui a conservé dans ses moindres constructions la tradition du style arabe, jusqu'à l'enfant drapé dans ses guenilles, et triomphant dans sa *malpropreté grandiose*, comme dit Henri Heine à propos des femmes du marché aux herbes de Vérone. Le caractère du paysage, plus riche en végétation que celui de l'Afrique ne l'est en général, a tout autant de largeur, de calme et de simplicité. C'est la verte Helvétie sous le ciel de la Calabre, avec la solennité et le silence de l'Orient.

En Suisse, le torrent qui roule partout et le nuage qui passe sans cesse donnent aux aspects une mobilité de couleur et pour ainsi dire une continuité de mouvement que la peinture n'est pas toujours heureuse à reproduire. La nature semble s'y jouer de l'artiste. A

Majorque, elle semble l'attendre et l'inviter. Là, la végétation affecte des formes altières et bizarres ; mais elle ne déploie pas ce luxe désordonné sous lequel les lignes du paysage suisse disparaissent trop souvent. La cime du rocher dessine ses contours bien arrêtés sur un ciel étincelant, le palmier se penche de lui-même sur les précipices sans que la brise capricieuse dérange la majesté de sa chevelure, et, jusqu'au moindre cactus rabougri au bord du chemin, tout semble poser avec une sorte de vanité pour le plaisir des yeux.

Avant tout, nous donnerons une description très-succincte de la grande Baléare, dans la forme vulgaire d'un article de dictionnaire géographique. Cela n'est point si facile qu'on le suppose, surtout quand on cherche à s'instruire dans le pays même. La prudence de l'Espagnol et la méfiance de l'insulaire y sont poussées si loin, qu'un étranger ne doit adresser à qui que ce soit la question la plus oiseuse du monde, sous peine de passer pour un agent politique. Ce bon M. Laurens, pour s'être permis de *croquer* un castillo en ruines dont l'aspect lui plaisait, a été fait prisonnier par l'ombrageux gouverneur, qui l'accusait de lever le plan de sa forteresse [1]. Aussi notre voyageur, résolu à compléter

---

[1] « La seule chose qui captiva mon attention sur ce rivage fut une masure couleur d'ocre foncé et entourée d'une haie de cactus. C'était le castillo de Soller. A peine avais-je arrêté les lignes de mon dessin, que je vis fondre sur moi quatre individus montrant une mine à faire peur, ou plutôt à faire rire. J'étais coupable de lever, contrairement aux lois du royaume, le plan d'une forteresse. Elle devint à l'instant une prison pour moi.

» J'étais trop loin d'avoir de l'éloquence dans la langue espagnole pour démontrer à ces gens l'absurdité de leur procédé. Il fallut recourir à la protection du consul français de Soller, et, quel que fût son empressement, je n'en restai pas moins captif son album ailleurs que dans les prisons d'état de Majorque, s'est-il bien gardé de s'enquérir d'autre chose que des sentiers de la montagne et d'interroger d'autres documents que les pierres des ruines. Après avoir passé quatre mois à Majorque, je ne serais pas plus avancé que lui, si je n'eusse consulté le peu de détails qui nous ont été transmis sur ces contrées. Mais là ont recommencé mes incertitudes; car ces ouvrages, déjà anciens, se contredisent tellement entre eux, et, selon la coutume des voyageurs, se démentent et se dénigrent si superbement les uns les autres, qu'il faut se résoudre à redresser quelques inexactitudes, sauf à en commettre beaucoup d'autres. Voici toutefois mon article de dictionnaire géographique; et, pour ne pas me départir de mon rôle de voyageur, je commence par déclarer qu'il est incontestablement supérieur à tous ceux qui le précèdent.

pendant trois mortelles heures, gardé par le señor *Sei-Dedos*, gouverneur du fort, véritable dragon des Hespérides. La tentation me prenait quelquefois de jeter à la mer, du haut de son bastion, ce dragon risible et son accoutrement militaire; mais sa mine désarmait toujours ma colère. Si j'avais eu le talent de Charlet, j'aurais passé mon temps à étudier mon gouverneur, excellent modèle de caricature. Au reste, je lui pardonnais son dévouement trop aveugle au salut de l'état. Il était bien naturel que ce pauvre homme, n'ayant d'autre distraction que celle de fumer son cigare en regardant la mer, profitât de l'occasion que je lui offrais de varier ses occupations. Je revins donc à Soller, riant de bon cœur d'avoir été pris pour un ennemi de la patrie et de la constitution. » (*Souvenirs d'un Voyage d'art à l'île de Majorque*, par J.-B. Laurens.)

II.

Majorque, que M. Laurens appelle *Balearis Major*, comme les Romains, que le roi des historiens majorquins, le docteur Juan Dameto, dit avoir été plus anciennement appelée *Clumba* ou *Columba*, se nomme réellement aujourd'hui par corruption Mallorca, et la capitale ne s'est jamais appelée Majorque, comme il a plu à plusieurs de nos géographes de l'établir, mais Palma.

Cette île est la plus grande et la plus fertile de l'archipel Baléare, vestige d'un continent dont la Méditerranée doit avoir envahi le bassin, et qui, ayant uni sans doute l'Espagne à l'Afrique, participe du climat et des productions de l'une et de l'autre. Elle est située à 25 lieues sud-est de Barcelone, à 45 du point le plus voisin de la côte africaine, et je crois à 95 ou 100 de la rade de Toulon. Sa surface est de 1,234 milles carrés[1], son circuit de 143, sa plus grande extension de 54, et la moindre de 28. Sa population, qui, en l'année 1787, était de 136,000 individus, est aujourd'hui d'environ 160,000. La ville de Palma en contient 36,000, au lieu de 32,000 qu'elle comptait à cette époque.

La température varie assez notablement suivant les diverses expositions. L'été est brûlant dans toute la plaine; mais la chaîne de montagnes qui s'étend du

---

[1] « Medida por el ayre. Cada milla de mil pasos geometricos y un paso de 5 pies geometricos. » (Miguel de Vargas, *Descripciones de las islas Pitiusas y Baleares*. Madrid, 1787.)

nord-est au sud-ouest (indiquant par cette direction son identité avec les territoires de l'Afrique et de l'Espagne, dont les points les plus rapprochés affectent cette inclinaison et correspondent à ses angles les plus saillants) influe beaucoup sur la température de l'hiver. Ainsi Miguel de Vargas rapporte qu'en rade de Palma, durant le terrible hiver de 1784, le thermomètre de Réaumur se trouva une seule fois à 6 degrés au-dessus de glace dans un jour de janvier; que d'autres jours il monta à 16, et que le plus souvent il se maintint à 11. — Or, cette température fut à peu près celle que nous eûmes dans un hiver ordinaire sur la montagne de Valdemosa, qui est réputée une des plus froides régions de l'île. Dans les nuits les plus rigoureuses, et lorsque nous avions deux pouces de neige, le thermomètre n'était qu'à 6 ou 7 degrés. A huit heures du matin, il était remonté à 9 ou 10, et à midi il s'élevait à 12 ou 14. Ordinairement, vers trois heures, c'est-à-dire après que le soleil était couché pour nous derrière les pics de montagnes qui nous entouraient, le thermomètre redescendait subitement à 9 et même à 8 degrés.

Les vents de nord y soufflent souvent avec fureur, et, dans certaines années, les pluies d'hiver tombent avec une abondance et une continuité dont nous n'avons en France aucune idée. En général, le climat est sain et généreux dans toute la partie méridionale qui s'abaisse vers l'Afrique, et que préservent de ces furieuses bourrasques du nord la Cordilière médiane et l'escarpement considérable des côtes septentrionales. Ainsi, le plan général de l'île est une surface inclinée du nord-ouest au sud-est, et la navigation, à peu près impossible au nord à cause des déchirures et des précipices de la côte, *escarpada y horrorosa, sin abrigo ni resguardo* (Miguel de Vargas), est facile et sûre au midi.

―――――

Malgré ses ouragans et ses aspérités, Majorque, à bon droit nommée par les anciens l'Ile dorée, est extrêmement fertile, et ses produits sont d'une qualité exquise. Le froment y est si pur et si beau, que les habitants l'exportent, et qu'on s'en sert exclusivement à Barcelone pour faire la pâtisserie blanche et légère, appelée *pan de Mallorca*. Les Majorquins font venir de Galice et de Biscaye un blé plus grossier et à plus bas prix, dont ils se nourrissent; ce qui fait que, dans le pays le plus riche en blé excellent, on mange du pain détestable. J'ignore si cette spéculation leur est fort avantageuse.

Dans nos provinces du centre, où l'agriculture est le plus arriérée, l'usage du cultivateur ne prouve rien autre chose que son obstination et son ignorance. A plus forte raison en est-il ainsi à Majorque, où l'agriculture, bien que fort minutieusement soignée, est à l'état d'enfance. Nulle part je n'ai vu travailler la terre si patiemment et si mollement. Les machines les plus simples sont inconnues; les bras de l'homme, bras fort maigres et fort débiles comparativement aux nôtres, suffisent à tout, mais avec une lenteur inouïe. Il faut une demi-journée pour bêcher moins de terre qu'on n'en expédierait chez nous en deux heures, et il faut cinq ou six hommes des plus robustes pour remuer un fardeau que le moindre de nos portefaix enlèverait gaiement sur ses épaules.

Malgré cette nonchalance, tout est cultivé, et en apparence bien cultivé à Majorque. Ces insulaires ne connaissent point, dit-on, la misère ; mais au milieu de tous les trésors de la nature, et sous le plus beau ciel, leur vie est plus rude et plus tristement sobre que celle de nos paysans.

Les voyageurs ont coutume de faire des phrases sur le bonheur de ces peuples méridionaux, dont les figures et les costumes pittoresques leur apparaissent le dimanche aux rayons du soleil, et dont ils prennent l'absence d'idées et le manque de prévoyance pour l'idéale sérénité de la vie champêtre. C'est une erreur que j'ai souvent commise moi-même, mais dont je suis bien revenu, surtout depuis que j'ai vu Majorque.

Il n'y a rien de si triste et de si pauvre au monde que ce paysan qui ne sait que prier, chanter, travailler, et qui ne pense jamais. Sa prière est une formule stupide qui ne présente aucun sens à son esprit ; son travail est une opération des muscles qu'aucun effort de son intelligence ne lui enseigne à simplifier, et son chant est l'expression de cette morne mélancolie qui l'accable à son insu, et dont la poésie nous frappe sans se révéler à lui. N'était la vanité qui l'éveille de temps en temps de sa torpeur pour le pousser à la danse, ses jours de fête seraient consacrés au sommeil.

Mais je m'échappe déjà hors du cadre que je me suis tracé. J'oublie que, dans la rigueur de l'usage, l'article géographique doit mentionner avant tout l'économie productive et commerciale, et ne s'occuper qu'en dernier ressort, après les céréales et le bétail, de l'espèce Homme.

Dans toutes les géographies descriptives que j'ai consultées, j'ai trouvé à l'article *Baléares* cette courte indication que je confirme ici, sauf à revenir plus tard sur les considérations qui en atténuent la vérité : « Ces insulair sont *fort affables* (on sait que, dans toutes les îles, la race humaine se classe en deux catégories : ceux qui sont anthropophages et ceux qui sont fort affables). Ils sont doux, hospitaliers; il est rare qu'ils commettent des crimes, et le vol est presque inconnu chez eux. » En vérité, je reviendrai sur ce texte.

Mais, avant tout, parlons des produits; car je crois qu'il a été prononcé dernièrement à la chambre quelques paroles (au moins imprudentes) sur l'occupation réalisable de Majorque par les Français, et je présume que, si cet écrit tombe entre les mains de quelqu'un de nos députés, il s'intéressera beaucoup plus à la partie des denrées qu'à mes réflexions philosophiques sur la situation intellectuelle des Majorquins.

——

Je dis donc que le sol de Majorque est d'une fertilité admirable, et qu'une culture plus active et plus savante en décuplerait les produits. Le principal commerce extérieur consiste en amandes, en oranges et en cochons. O belles plantes hespérides gardées par ces dragons immondes, ce n'est pas ma faute si je suis forcé d'accoler votre souvenir à celui de ces ignobles pourceaux dont le Majorquin est plus jaloux et plus fier que de vos fleurs embaumées et de vos pommes d'or ! Mais ce Majorquin qui vous cultive n'est pas plus poétique que le député qui me lit.

Je reviens donc à mes cochons. Ces animaux, cher lecteur, sont les plus beaux de la terre, et le docteur Miguel Vargas fait, avec la plus naïve admiration, le portrait d'un jeune porc qui, à l'âge candide d'un an et demi, pesait vingt-quatre arrobes, c'est-à-dire six cents livres.

En ce temps-là, l'exploitation du cochon ne jouissait pas à Majorque de cette splendeur qu'elle a acquise de nos jours. Le commerce des bestiaux était entravé par la rapacité des *assentistes* ou fournisseurs, auxquels le gouvernement espagnol confiait, c'est-à-dire vendait l'entreprise des approvisionnements. En vertu de leur pouvoir discrétionnaire, ces spéculateurs s'opposaient à toute exportation de bétail, et se réservaient la faculté d'une importation illimitée.

Cette pratique usuraire eut le résultat de dégoûter les cultivateurs du soin de leurs troupeaux. La viande se vendant à vil prix et le commerce extérieur étant prohibé, ils n'eurent plus qu'à se ruiner ou à abandonner complétement l'éducation du bétail. L'extinction en fut rapide. L'historien que je cite déplore pour Majorque le temps où les Arabes la possédaient, et où la seule montagne d'Arta comptait plus de têtes de vaches fécondes et de nobles taureaux qu'on n'en pourrait rassembler aujourd'hui, dit-il, dans toute la plaine de Majorque.

Cette dilapidation ne fut pas la seule qui priva le pays de ses richesses naturelles. Le même écrivain rapporte que les montagnes, et particulièrement celles de Torella et de Galatzo, possédaient de son temps les plus beaux arbres du monde. Certain olivier avait quarante-deux pieds de tour et quatorze de diamètre; mais ces bois magnifiques furent dévastés par les charpentiers de marine, qui, lors de l'expédition espagnole contre Alger, en tirèrent toute une flottille de chaloupes canonnières. Les vexations auxquelles les propriétaires de ces bois furent soumis alors, et la mesquinerie des dédommagements qui leur furent donnés, engagèrent les Majorquins à détruire leurs bois, au lieu de les augmenter.

Aujourd'hui la végétation est encore si abondante et si belle que le voyageur ne songe point à regretter le passé ; mais aujourd'hui comme alors, et à Majorque comme dans toute l'Espagne, l'*abus* est encore le premier de tous les pouvoirs. Cependant le voyageur n'entend jamais une plainte, parce qu'au commencement d'un régime injuste le faible se tait par crainte, et que, quand le mal est fait, il se tait encore par habitude.

Quoique la tyrannie des *assentistes* ait disparu, le bétail ne s'est point relevé de sa ruine, et il ne s'en relèvera pas, tant que le droit d'exportation sera limité au commerce des pourceaux. On voit fort peu de bœufs et de vaches dans la plaine, aucunement dans la montagne. La viande est maigre et coriace. Les brebis sont de belle race, mais mal nourries et mal soignées ; les chèvres, qui sont de race africaine, ne donnent pas la dixième partie du lait que donnent les nôtres.

L'engrais manque aux terres, et, malgré tous les éloges que les Majorquins donnent à leur manière de les cultiver, je crois que l'algue qu'ils emploient est un très-maigre fumier, et que ces terres sont loin de rapporter ce qu'elles devraient produire sous un ciel aussi généreux. J'ai regardé attentivement ce blé si précieux que les habitants ne se croient pas dignes de le manger : c'est absolument le même que nous cultivons dans nos provinces centrales, et que nos paysans appellent blé blanc ou blé d'Espagne ; il est chez nous tout aussi beau, malgré la différence du climat. Celui de Majorque devrait avoir pourtant une supériorité marquée sur celui que nous disputons à nos hivers si rudes et à nos printemps si variables. Et pourtant notre agriculture est fort barbare aussi, et, sous ce rapport, nous avons tout à apprendre ; mais le cultivateur français a une persévérance et une énergie que le Majorquin mépriserait comme une agitation désordonnée.

La figue, l'olive, l'amande et l'orange viennent en abondance à Majorque; cependant, faute de chemins dans l'intérieur de l'île, ce commerce est loin d'avoir l'extension et l'activité nécessaires. Cinq cents oranges se vendent sur place environ 3 francs; mais, pour faire transporter à dos de mulet cette charge volumineuse du centre à la côte, il faut dépenser presque autant que la valeur première. Cette considération fait négliger la culture de l'oranger dans l'intérieur du pays. Ce n'est que dans la vallée de Soller et dans le voisinage des criques, où nos petits bâtiments viennent charger, que ces arbres croissent en abondance. Pourtant ils réussiraient partout, et dans notre montagne de Valdemosa, une des plus froides régions de l'île, nous avions des citrons et des oranges magnifiques, quoique plus tardives que celles de Soller. A la Granja, dans une autre région montagneuse, nous avons cueilli des limons gros comme la tête. Il me semble qu'à elle seule l'île de Majorque pourrait entretenir de ces fruits exquis toute la France, au même prix que les détestables oranges que nous tirons d'Hyères et de la côte de Gênes. Ce commerce, tant vanté à Majorque, est donc, comme le reste, entravé par une négligence superbe.

On peut en dire autant du produit immense des oliviers, qui sont certainement les plus beaux qu'il y ait au monde, et que les Majorquins, grâce aux traditions arabes, savent cultiver parfaitement. Malheureusement ils ne savent en tirer qu'une huile rance et nauséeuse qui nous ferait horreur, et qu'ils ne pourront jamais exporter abondamment qu'en Espagne, où le goût de cette huile infecte règne également. Mais l'Espagne elle-même est très-riche en oliviers, et si Majorque lui fournit de l'huile, ce doit être à fort bas prix.

Nous faisons une immense consommation d'huile d'olive en France, et nous l'avons fort mauvaise à un prix exorbitant. Si notre fabrication était connue à Majorque et si Majorque avait des chemins, enfin si la navigation commerciale était réellement organisée dans cette direction, nous aurions l'huile d'olive beaucoup au-dessous de ce que nous la payons, et nous l'aurions pure et abondante, quelle que fût la rigueur de l'hiver. Je sais bien que les industriels qui cultivent l'olivier de paix en France préfèrent de beaucoup vendre au poids de l'or quelques tonnes de ce précieux liquide, que nos épiciers noient dans des foudres d'huile d'œillet et de colza pour nous l'offrir au *prix coûtant;* mais il serait étrange qu'on s'obstinât à disputer cette denrée à la rigueur du climat, si, à vingt-quatre heures de chemin, nous pouvions nous la procurer meilleure à bon marché.

Que nos *assentistes* français ne s'effraient pourtant pas trop : nous promettrions au Majorquin, et, je crois, à l'Espagnol en général, de nous approvisionner chez eux et de décupler leur richesse, qu'ils ne changeraient rien à leur coutume. Ils méprisent si profondément l'amélioration qui vient de l'étranger, et surtout de la France, que je ne sais si pour de l'argent (cet argent que cependant ils ne méprisent pas en général) ils se résoudraient à changer quelque chose au procédé qu'ils tiennent de leurs pères[1].

[1] Cette huile est si infecte qu'on peut dire que dans l'île de Majorque, maisons, habitants, voitures, et jusqu'à l'air des champs, tout est imprégné de sa puanteur. Comme elle entre dans la composition de tous les mets, chaque maison la voit fumer deux ou trois fois par jour, et les murailles en sont imbibées.

III.

Ne sachant ni engraisser les bœufs, ni utiliser la laine, ni traire les vaches (le Majorquin déteste le lait et le beurre autant qu'il méprise l'industrie); ne sachant pas faire pousser assez de froment pour oser en manger; ne daignant guère cultiver le mûrier et recueillir la soie; ayant perdu l'art de la menuiserie autrefois très-florissant chez lui et aujourd'hui complétement oublié; n'ayant pas de chevaux (l'Espagne s'empare maternellement de tous les poulains de Majorque pour ses armées, d'où il résulte que le pacifique Majorquin n'est pas si sot que de travailler pour alimenter la cavalerie du royaume); ne jugeant pas nécessaire d'avoir une seule route, un seul sentier praticable dans toute son île, puisque le droit d'exportation est livré au caprice d'un gouvernement qui n'a pas le temps de s'occuper de si peu de chose, le Majorquin végétait et n'avait plus rien à faire qu'à dire son chapelet et rapiécer ses chausses, plus malades que celles de don Quichotte, son patron en misère et en fierté, lorsque le cochon est venu tout sauver. L'exportation de ce quadrupède a été permise, et l'ère nouvelle, l'ère du salut, a commencé.

En pleine campagne, si vous êtes égaré, vous n'avez qu'à ouvrir les narines; et, si une odeur d'huile rance arrive sur les ailes de la brise, vous pouvez être sûr que derrière le rocher ou sous le massif de cactus vous allez trouver une habitation. Si dans le lieu le plus sauvage et le plus désert cette odeur vous poursuit, levez la tête; vous verrez à cent pas de vous un Majorquin sur son âne descendre la colline et se diriger vers vous. Ceci n'est ni une plaisanterie ni une hyperbole; c'est l'exacte vérité.

Les Majorquins nommeront ce siècle, dans les siècles futurs, l'âge du cochon, comme les musulmans comptent dans leur histoire l'âge de l'éléphant.

Maintenant l'olive et la caroube ne jonchent plus le sol, la figue du cactus ne sert plus de jouet aux enfants, et les mères de famille apprennent à économiser la fève et la patate. Le cochon ne permet plus de rien gaspiller, car le cochon ne laisse rien perdre; et il est le plus bel exemple de voracité généreuse, jointe à la simplicité des goûts et des mœurs, qu'on puisse offrir aux nations. Aussi jouit-il à Majorque des droits et des prérogatives qu'on n'avait point songé jusque-là à offrir aux hommes. Les habitations ont été élargies, aérées; les fruits qui pourrissaient sur la terre ont été ramassés, triés et conservés, et la navigation à la vapeur, qu'on avait jugée superflue et déraisonnable, a été établie de l'île au continent.

C'est donc grâce au cochon que j'ai visité l'île de Majorque; car si j'avais eu la pensée d'y aller il y a trois ans, le voyage, long et périlleux sur les caboteurs, m'y eût fait renoncer. Mais, à dater de l'exportation du cochon, la civilisation a commencé à pénétrer.

On a acheté en Angleterre un joli petit *steamer*, qui n'est point de taille à lutter contre les vents du nord, si terribles dans ces parages; mais qui, lorsque le temps est serein, transporte une fois par semaine deux cents cochons et quelques passagers par-dessus le marché, à Barcelone.

Il est beau de voir avec quels égards et quelle tendresse ces messieurs (je ne parle point des passagers) sont traités à bord, et avec quel amour on les dépose à terre. Le capitaine du steamer est un fort aimable homme, qui, à force de vivre et de causer avec ces nobles bêtes, a pris tout à fait leur cri et même un peu de leur désinvolture. Si un passager se plaint du bruit qu'ils font, le capitaine répond que c'est le son de l'or monnayé roulant sur le comptoir. Si quelque femme est assez bégueule pour remarquer l'infection répandue dans le navire, son mari est là pour lui répondre que l'argent ne sent point mauvais, et que sans le cochon il n'y aurait pour elle ni robe de soie, ni chapeau de France, ni mantille de Barcelone. Si quelqu'un a le mal de mer, qu'il n'essaie pas de réclamer le moindre soin des gens de l'équipage; car les cochons aussi ont le mal de mer, et cette indisposition est chez eux accompagnée d'une langueur spleenétique et d'un dégoût de la vie qu'il faut combattre à tout prix. Alors, abjurant toute compassion et toute sympathie pour conserver l'existence à ses chers clients, le capitaine en personne, armé d'un fouet, se précipite au milieu d'eux, et derrière lui les matelots et les mousses, chacun saisissant ce qui lui tombe sous la main, qui une barre de fer, qui un bout de corde, en un instant toute la bande muette et couchée sur le flanc est fustigée d'une façon paternelle, obligée de se lever, de s'agiter, et de combattre par cette émotion violente l'influence funeste du roulis.

Lorsque nous revînmes de Majorque à Barcelone, au mois de mars, il faisait une chaleur étouffante; cependant il ne nous fut point possible de mettre le pied sur le pont. Quand même nous eussions bravé le danger d'avoir les jambes avalées par quelque pourceau de mauvaise humeur, le capitaine ne nous eût point permis, sans doute, de les contrarier par notre présence. Ils se tinrent fort tranquilles pendant les premières heures; mais, au milieu de la nuit, le pilote remarqua qu'ils avaient un sommeil bien morne, et qu'ils semblaient en proie à une noire mélancolie. Alors on leur administra le fouet, et régulièrement, à chaque quart d'heure, nous fûmes réveillés par des cris et des clameurs si épouvantables, d'une part la douleur et la rage des cochons fustigés, de l'autre les encouragements du capitaine à ses gens et les jurements que l'émulation inspirait à ceux-ci, que plusieurs fois nous crûmes que le troupeau dévorait l'équipage.

Quand nous eûmes jeté l'ancre, nous aspirions certainement à nous séparer d'une société aussi étrange, et j'avoue que celle des insulaires commençait à me peser presque autant que l'autre; mais il ne nous fut permis de prendre l'air qu'après le débarquement des cochons. Nous eussions pu mourir asphyxiés dans nos chambres que personne ne s'en fût soucié, tant qu'il y avait un cochon à mettre à terre et à délivrer du roulis.

Je ne crains point la mer, mais quelqu'un de ma famille était dangereusement malade. La traversée, la mauvaise odeur et l'absence de sommeil n'avaient pas contribué à diminuer ses souffrances. Le capitaine n'avait eu d'autre attention pour nous que de nous prier de ne pas faire coucher notre malade dans le meilleur lit de la cabine, parce que, selon le préjugé espagnol, toute maladie est contagieuse; et comme notre homme pensait déjà à faire brûler la couchette où reposait le malade, il désirait que ce fût la plus mauvaise. Nous le renvoyâmes à ses cochons; et quinze jours après, lorsque nous revenions en France sur *le Phénicien*, un magnifique bateau à vapeur de notre nation, nous comparions le dévouement du Français à l'hospitalité de l'Espagnol. Le capitaine d'*el Mallorquin* avait disputé un lit à un mourant; le capitaine marseillais, ne trouvant pas notre malade assez bien couché, avait ôté les matelas de son propre lit pour les lui donner.... Quand je voulus solder notre passage, le Français me fit observer que je lui donnais trop; le Majorquin m'avait fait payer double.

D'où je ne conclus pas que l'homme soit exclusivement bon sur un coin de ce *globe terraqué*, ni exclusivement mauvais sur un autre coin. Le mal moral n'est, dans l'humanité, que le résultat du mal matériel. La souffrance engendre la peur, la méfiance, la fraude, la lutte dans tous les sens. L'Espagnol est ignorant et superstitieux; par conséquent il croit à la contagion, il craint la maladie et la mort, il manque de foi et de charité. — Il est misérable et pressuré par l'impôt; par conséquent il est avide, égoïste, fourbe avec l'étranger. Dans l'histoire, nous voyons que là où il a pu être grand, il a montré que la grandeur était en lui; mais il est homme, et, dans la vie privée, là où l'homme doit succomber, il succombe.

J'ai besoin de poser ceci en principe avant de parler des hommes tels qu'ils me sont apparus à Majorque; car aussi bien j'espère qu'on me tient quitte de parler davantage des olives, des vaches et des pourceaux. La longueur même de ce dernier article n'est pas de trop bon goût. J'en demande pardon à ceux qui pourraient s'en trouver personnellement blessés, et je prends maintenant mon récit au sérieux; car je croyais n'avoir rien à faire ici, qu'à suivre M. Laurens pas à pas dans son *Voyage d'art*, et je vois que beaucoup de réflexions viendront m'assaillir en repassant par la mémoire dans les âpres sentiers de Majorque.

IV.

Mais, puisque vous n'entendez rien à la peinture, me dira-t-on, *que diable alliez-vous faire sur cette maudite galère?* — Je voudrais bien entretenir le lecteur le moins possible de moi et des miens; cependant je serai forcé de dire souvent, en parlant de ce que j'ai vu à Majorque, *moi* et *nous;* moi et nous, c'est la *subjectivité* fortuite sans laquelle l'*objectivité* majorquine ne se fût point révélée sous de certains aspects, sérieusement utiles peut-être à révéler maintenant au lecteur. Je prie donc ce dernier de regarder ici ma personnalité comme une chose toute passive, comme une lunette d'approche à travers laquelle il pourra regarder ce qui se passe en ces pays lointains desquels on dit volontiers avec le proverbe : J'aime mieux croire que d'y aller voir. Je le supplie en outre d'être bien persuadé que je n'ai pas la prétention de l'intéresser aux accidents qui me concernent. J'ai un but quelque peu philosophique en les retraçant ici; et quand j'aurai formulé ma pensée à cet égard, on me rendra la justice de reconnaître qu'il n'y entre pas la moindre préoccupation de moi-même.

Je dirai donc sans façon à mon lecteur pourquoi j'allai dans cette galère, et le voici en deux mots : c'est que j'avais envie de voyager. — Et, à mon tour, je ferai une question à mon lecteur : Lorsque vous voyagez, cher lecteur, pourquoi voyagez-vous? — Je vous entends d'ici me répondre ce que je répondrais à votre place : Je voyage pour voyager. — Je sais bien que le voyage est un plaisir par lui-même; mais, enfin, qui vous pousse à ce plaisir dispendieux, fatigant, périlleux parfois, et toujours semé de déceptions sans nombre?

— Le besoin de voyager. — Eh bien ! dites-moi donc ce que c'est que ce besoin-là, pourquoi nous en sommes tous plus ou moins obsédés, et pourquoi nous y cédons tous, même après avoir reconnu mainte et mainte fois que lui-même monte en croupe derrière nous pour ne nous point lâcher, et ne se contenter de rien ?

Si vous ne voulez pas me répondre, moi, j'aurai la franchise de le faire à votre place. C'est que nous ne sommes réellement bien nulle part en ce temps-ci, et que de toutes les faces que prend l'idéal (ou, si ce mot vous ennuie, le sentiment du *mieux*), le voyage est une des plus souriantes et des plus trompeuses. Tout va mal dans le monde officiel : ceux qui le nient le sentent aussi profondément et plus amèrement que ceux qui l'affirment. Cependant la divine espérance va toujours son train, poursuivant son œuvre dans nos pauvres cœurs, et nous soufflant toujours ce sentiment du mieux, cette recherche de l'idéal.

L'ordre social, n'ayant pas même les sympathies de ceux qui le défendent, ne satisfait aucun de nous, et chacun va de son côté où il lui plaît. Celui-ci se jette dans l'art, cet autre dans la science, le plus grand nombre s'étourdit comme il peut. Tous, quand nous avons un peu de loisir et d'argent, nous voyageons, ou plutôt nous fuyons; car il ne s'agit pas tant de voyager que de partir, entendez-vous? Quel est celui de nous qui n'a pas quelque douleur à distraire ou quelque joug à secouer? Aucun.

Quiconque n'est pas absorbé par le travail ou engourdi par la paresse est incapable, je le soutiens, de rester long-temps à la même place sans souffrir et sans désirer le changement. Si quelqu'un est heureux (il faut être très-grand ou très-lâche pour cela aujourd'hui), il s'imagine ajouter quelque chose à son bonheur en voyageant; les amants, les nouveaux époux partent pour la Suisse et l'Italie tout comme les oisifs et les hypocondriaques. En un mot, quiconque se sent vivre ou dépérir est possédé de la fièvre du juif errant, et s'en va chercher bien vite au loin quelque nid pour aimer ou quelque gîte pour mourir.

A Dieu ne plaise que je déclame contre le mouvement des populations, et que je me représente dans l'avenir les hommes attachés au pays, à la terre, à la maison, comme les polypes à l'éponge! mais si l'intelligence et la moralité doivent progresser simultanément avec l'industrie, il me semble que les chemins de fer ne sont pas destinés à promener d'un point du globe à l'autre des populations attaquées de spleen ou dévorées d'une activité maladive.

Je veux me figurer l'espèce humaine plus heureuse, par conséquent plus calme et plus éclairée, ayant deux vies : l'une, sédentaire, pour le bonheur domestique, les devoirs de la cité, les méditations studieuses, le recueillement philosophique; l'autre, active, pour l'échange loyal qui remplacerait le honteux trafic que nous appelons le commerce, pour les inspirations de l'art, les recherches scientifiques et surtout la propagation des idées. Il me semble, en un mot, que le but normal des voyages est le besoin de contact, de relation et d'échange sympathique avec les hommes, et qu'il ne devrait pas y avoir plaisir là où il n'y aurait pas devoir. Et il me semble qu'au contraire, la plupart d'entre nous, aujourd'hui, voyagent en vue du mystère, de l'isolement, et par une sorte d'ombrage que la société de nos semblables porte à nos impressions personnelles, soit douces, soit pénibles.

Quant à moi, je me mis en route pour satisfaire un besoin de repos que j'éprouvais à cette époque-là particulièrement. Comme le temps manque pour toutes choses dans ce monde que nous nous sommes fait, je m'imaginai encore une fois qu'en cherchant bien, je trouverais quelque retraite silencieuse, isolée, où je n'aurais ni billets à écrire, ni journaux à parcourir, ni visites à recevoir; où je pourrais ne jamais quitter ma robe de chambre, où les jours auraient douze heures; où je pourrais m'affranchir de tous les devoirs du savoir-vivre, me détacher du mouvement d'esprit qui nous travaille tous en France, et consacrer un ou deux ans à étudier un peu l'histoire et à apprendre ma langue *par principes* avec mes enfants.

Quel est celui de nous qui n'a pas fait ce rêve égoïste de planter là un beau matin ses affaires, ses habitudes, ses connaissances et jusqu'à ses amis, pour aller dans quelque île enchantée vivre sans soucis, sans tracasseries, sans obligations et surtout sans journaux?

L'on peut dire sérieusement que le journalisme, cette première et cette dernière des choses, comme eût dit Ésope, a créé aux hommes une vie toute nouvelle, pleine de progrès, d'avantages et de soucis. Cette voix de l'humanité qui vient chaque matin à notre réveil nous raconter comment l'humanité a vécu la veille, proclamant tantôt de grandes vérités, tantôt d'effroyables mensonges, mais toujours marquant chacun des pas de l'être humain, et sonnant toutes les heures de la vie collective, n'est-ce pas quelque chose de bien grand, malgré toutes les taches et les misères qui s'y trouvent?

Mais en même temps que cela est nécessaire à l'ensemble de nos pensées et de nos actions, n'est-ce pas bien affreux et bien repoussant à voir dans le détail, lorsque la lutte est partout, et que des semaines, des mois s'écoulent dans l'injure et la menace, sans avoir éclairé une seule question, sans avoir marqué un progrès sensible? Et dans cette attente qui paraît d'autant plus longue qu'on nous en signale toutes les phases minutieusement, ne nous prend-il pas souvent envie, à nous autres artistes qui n'avons point d'action au gouvernail, de nous endormir dans les flancs du navire, et de ne nous éveiller qu'au bout de quelques années pour saluer alors la terre nouvelle en vue de laquelle nous nous trouverons portés?

Oui, en vérité, si cela pouvait être, si nous pouvions nous abstenir de la vie collective, et nous isoler de tout contact avec la politique pendant quelque temps, nous serions frappés, en y rentrant, du progrès accompli hors de nos regards. Mais cela ne nous est pas donné; et, quand nous fuyons le foyer d'action pour chercher l'oubli et le repos chez quelque peuple à la marche plus lente et à l'esprit moins ardent que nous, nous souffrons là des maux que nous n'avions pu prévoir, et nous nous repentons d'avoir quitté le présent pour le passé, les vivants pour les morts.

Voilà tout simplement quel sera le texte de mon récit, et pourquoi je prends la peine de l'écrire, bien qu'il ne me soit point agréable de le faire, et que je me fusse promis, en commençant, de me garder le plus possible des impressions personnelles; mais il me semble à présent que cette paresse serait une lâcheté, et je me rétracte.

V.

Nous arrivâmes à Palma au mois de novembre 1838, par une chaleur comparable à celle de notre mois de juin. Nous avions quitté Paris quinze jours auparavant, par un temps extrêmement froid ; ce nous fut un grand plaisir, après avoir senti les premières atteintes de l'hiver, de laisser l'ennemi derrière nous. A ce plaisir se joignit celui de parcourir une ville très-caractérisée, et qui possède plusieurs monuments de premier ordre comme beauté ou comme rareté.

Mais la difficulté de nous établir vint nous préoccuper bientôt, et nous vîmes que les Espagnols qui nous avaient recommandé Majorque comme le pays le plus hospitalier et le plus fécond en ressources s'étaient fait grandement illusion, ainsi que nous. Dans une contrée aussi voisine des grandes civilisations de l'Europe, nous ne nous attendions guère à ne pas trouver une seule auberge. Cette absence de pied-à-terre pour les voyageurs eût dû nous apprendre, en un seul fait, ce qu'était Majorque par rapport au reste du monde, et nous engager à retourner sur-le-champ à Barcelone, où du moins il y a une méchante auberge appelée emphatiquement l'*hôtel des Quatre-Nations*.

A Palma, il faut être recommandé et annoncé à vingt personnes des plus marquantes, et attendu depuis plusieurs mois, pour espérer de ne pas coucher en plein champ. Tout ce qu'il fut possible de faire pour nous, ce fut de nous assurer deux petites chambres garnies, ou plutôt dégarnies, dans une espèce de mauvais lieu, où les étrangers sont bien heureux de trouver chacun un lit de sangle avec un matelas douillet et rebondi comme une ardoise, une chaise de paille, et, en fait d'aliments, du poivre et de l'ail à discrétion.

En moins d'une heure, nous pûmes nous convaincre que, si nous n'étions pas enchantés de cette réception, nous serions vus de mauvais œil, comme des impertinents et des brouillons, ou tout au moins regardés en pitié comme des fous. Malheur à qui n'est pas content de tout en Espagne! La plus légère grimace que vous feriez en trouvant de la vermine dans les lits et des scorpions dans la soupe vous attirerait le mépris le plus profond et soulèverait l'indignation universelle contre vous. Nous nous gardâmes donc bien de nous plaindre, et peu à peu nous comprîmes à quoi tenaient ce manque de ressources et ce manque apparent d'hospitalité.

Outre le peu d'activité et d'énergie des Majorquins, la guerre civile, qui bouleversait l'Espagne depuis si long-temps, avait intercepté, à cette époque, tout mouvement entre la population de l'île et celle du continent. Majorque était devenue le refuge d'autant d'Espagnols qu'il y en pouvait tenir, et les indigènes, retranchés dans leurs foyers, se gardaient bien d'en sortir pour aller chercher des aventures et des coups dans la mère-patrie.

A ces causes il faut joindre l'absence totale d'industrie et les douanes, qui frappent tous les objets nécessaires au bien-être [1] d'un impôt démesuré. Palma est arrangée

---

[1] Pour un piano que nous fîmes venir de France, on exigeait de nous 700 francs de droits d'entrée; c'était presque la valeur de l'instrument. Nous voulûmes le renvoyer, cela n'est point permis; le laisser dans le port jusqu'à nouvel ordre, cela est défendu; le faire passer hors de la ville (nous étions à la campagne), afin d'éviter au moins les droits de la porte, qui sont distincts

pour un certain nombre d'habitants ; à mesure que la population augmente, on se serre un peu plus, et on ne bâtit guère. Dans ces habitations, rien ne se renouvelle. Excepté peut-être chez deux ou trois familles, le mobilier n'a guère changé depuis deux cents ans. On ne connaît ni l'empire de la mode, ni le besoin du luxe, ni celui des aises de la vie. Il y a apathie d'une part, difficulté de l'autre ; on reste ainsi. On a le strict nécessaire, mais on n'a rien de trop. Aussi toute l'hospitalité se passe en paroles.

Il y a une phrase consacrée à Majorque, comme dans toute l'Espagne, pour se dispenser de rien prêter ; elle consiste à tout offrir : *La maison et tout ce qu'elle contient est à votre disposition.* Vous ne pouvez pas regarder un tableau, toucher une étoffe, soulever une chaise, sans qu'on vous dise avec une grâce parfaite : *Es a la disposicion de uste.* Mais gardez-vous bien d'accepter, fût-ce une épingle, car ce serait une indiscrétion grossière.

Je commis une impertinence de ce genre dès mon arrivée à Palma, et je crois bien que je ne m'en relèverai jamais dans l'esprit du marquis de ***. J'avais été très-recommandé à ce jeune *lion* palmesan, et je crus pouvoir accepter sa voiture pour faire une promenade. Elle m'était offerte d'une manière si aimable ! Mais le lendemain un billet de lui me fit bien sentir que j'avais man-

---

des droits de douane, cela était contraire aux lois ; le laisser dans la ville, afin d'éviter les droits de sortie, qui sont autres que les droits d'entrée, cela ne se pouvait pas ; le jeter à la mer, c'est tout au plus si nous en avions le droit.

Après quinze jours de négociations, nous obtînmes qu'au lieu de sortir de la ville par une certaine porte, il sortirait par une autre, et nous en fûmes quittes pour 400 francs environ.

qué à toutes les convenances, et je me hâtai de renvoyer l'équipage sans m'en être servi.

J'ai pourtant trouvé des exceptions à cette règle, mais c'est de la part de personnes qui avaient voyagé, et qui, sachant bien le monde, étaient véritablement de tous les pays. Si d'autres étaient portées à l'obligeance et à la franchise par la bonté de leur cœur, aucune (il est bien nécessaire de le dire pour constater la gêne que la douane et le manque d'industrie ont apportée dans ce pays si riche), aucune n'eût pu nous céder un coin de sa maison sans s'imposer de tels embarras et de telles privations, que nous eussions été véritablement indiscrets de l'accepter.

Ces impossibilités de leur part, nous fûmes bien à même de les reconnaître lorsque nous cherchâmes à nous installer. Il était impossible de trouver dans toute la ville un seul appartement qui fût habitable.

Un appartement à **Palma** se compose de quatre murs absolument nus, sans portes ni fenêtres. Dans la plupart des maisons bourgeoises, on ne se sert pas de vitres; et lorsqu'on veut se procurer cette douceur, bien nécessaire en hiver, il faut faire faire les châssis. Chaque locataire, en se déplaçant (et l'on ne se déplace guère), emporte donc les fenêtres, les serrures et jusqu'aux gonds des portes. Son successeur est obligé de commencer par les remplacer, à moins qu'il n'ait le goût de vivre en plein vent, et c'est un goût fort répandu à Palma.

Or, il faut au moins six mois pour faire faire nonseulement les portes et fenêtres, mais les lits, les tables, les chaises, tout enfin, si simple et si primitif que soit l'ameublement. Il y a fort peu d'ouvriers; ils ne vont pas vite, ils manquent d'outils et de matériaux. Il y a toujours quelque raison pour que le Majorquin ne se presse pas. La vie est si longue! Il faut être Français, c'est-à-dire extravagant et forcené, pour vouloir qu'une chose soit faite tout de suite. « Et si vous avez attendu déjà six mois, pourquoi n'attendriez-vous pas six mois de plus? Et si vous n'êtes pas content du pays, pourquoi y restez-vous? Avait-on besoin de vous ici? On s'en passait fort bien. Vous croyez donc que vous allez mettre tout sens dessus dessous? Oh! que non pas! Nous autres, voyez-vous, nous laissons dire, et nous faisons à notre guise. »

— Mais n'y a-t-il donc rien à louer? — Louer? qu'est-ce que cela? louer des meubles? Est-ce qu'il y en a de trop pour qu'on en loue? — Mais il n'y en a donc pas à vendre? — Vendre? il faudrait qu'il y en eût de tout faits. Est-ce qu'on a du temps de reste pour faire des meubles d'avance? Si vous en voulez, faites-en venir de France, puisqu'il y a de tout dans ce pays-là.

— Mais pour faire venir de France, il faut attendre six mois tout au moins, et payer les droits. Or donc, quand on fait la sottise de venir ici, la seule manière de la réparer, c'est de s'en aller?—C'est ce que je vous conseille, ou bien prenez patience, beaucoup de patience; *mucha calma*, c'est la sagesse majorquine.

Nous allions mettre ce conseil à profit, lorsqu'on nous rendit, à bonne intention certainement, le mauvais service de nous trouver une maison de campagne à louer.

C'était la villa d'un riche bourgeois qui pour un prix très-modéré, selon nous, mais assez élevé pour le pays (environ 100 fr. par mois), nous abandonna toute son habitation. Elle était meublée comme toutes les maisons de plaisance du pays. Toujours les lits de sangle ou de bois peint en vert, quelques-uns composés de deux tréteaux sur lesquels on pose deux planches et un mince matelas; les chaises de paille; les tables de bois brut; les murailles nues bien blanchies à la chaux, et, par surcroît de luxe, des fenêtres vitrées dans presque toutes les chambres; enfin, en guise de tableaux, dans la pièce qu'on appelait le salon, quatre horribles devants de cheminée, comme ceux qu'on voit dans nos plus misérables auberges de village, et que le señor Gomez, notre propriétaire, avait eu la naïveté de faire encadrer avec soin comme des estampes précieuses, pour en décorer les lambris de son manoir. Du reste, la maison était vaste, aérée (trop aérée), bien distribuée, et dans une très-riante situation, au pied de montagnes aux flancs arrondis et fertiles, au fond d'une vallée plantureuse que terminaient les murailles jaunes de Palma, la masse énorme de sa cathédrale, et la mer étincelante à l'horizon.

Les premiers jours que nous passâmes dans cette retraite furent assez bien remplis par la promenade et la douce *flânerie* à laquelle nous conviaient un climat délicieux, une nature charmante et tout à fait neuve pour nous.

Je n'ai jamais été bien loin de mon pays, quoique j'aie passé une grande partie de ma vie sur les chemins. C'était donc la première fois que je voyais une végétation et des aspects de terrain essentiellement différents de ceux que présentent nos latitudes tempérées. Lorsque je vis l'Italie, je débarquai sur les plages de la Toscane, et l'idée grandiose que je m'étais faite de ces contrées m'empêcha d'en goûter la beauté pastorale et la grâce riante. Aux bords de l'Arno, je me croyais sur les rives de l'Indre, et j'allai jusqu'à Venise sans m'étonner ni m'émouvoir de rien. Mais à Majorque il n'y avait pour moi aucune comparaison à faire avec des sites connus. Les hommes, les maisons, les plantes, et jusqu'aux moindres cailloux du chemin, avaient un caractère à part. Mes enfants en étaient si frappés, qu'ils faisaient collection de tout, et prétendaient remplir nos malles de ces beaux pavés de quartz et de marbres veinés de toutes couleurs, dont les talus à *pierres sèches* bordent tous les enclos. Aussi les paysans, en nous voyant ramasser jusqu'aux branches mortes, nous prenaient les uns pour des apothicaires, les autres nous regardaient comme de francs idiots.

VI.

L'ILE doit la grande variété de ses aspects au mouvement perpétuel que présente un sol labouré et tourmenté par des cataclysmes postérieurs à ceux du monde primitif. La partie que nous habitions alors, nommée *Establiments*, renfermait, dans un horizon de quelques lieues, des sites fort divers.

Autour de nous, toute la culture, inclinée sur des tertres fertiles, était disposée en larges gradins irrégulièrement jetés autour de ces monticules. Cette culture en terrasse, adoptée dans toutes les parties de l'île que les pluies et les crues subites des ruisseaux menacent continuellement, est très-favorable aux arbres, et donne à la campagne l'aspect d'un verger admirablement soigné.

A notre droite, les collines s'élevaient progressivement depuis le pâturage en pente douce jusqu'à la montagne couverte de sapins. Au pied de ces montagnes coule, en hiver et dans les orages de l'été, un torrent qui ne présentait encore à notre arrivée qu'un lit de cailloux en désordre. Mais les belles mousses qui couvraient ces pierres, les petits ponts verdis par l'humidité, fendus par la violence des courants, et à demi cachés dans les branches pendantes des saules et des peupliers, l'entrelacement de ces beaux arbres svelles et touffus qui se penchaient pour faire un berceau de verdure d'une rive à l'autre, un mince filet d'eau qui courait sans bruit parmi les joncs et les myrtes, et toujours quelque groupe d'enfants, de femmes et de chèvres accroupis dans les encaissements mystérieux, faisaient de ce site quelque chose d'admirable pour la peinture. Nous allions tous les jours nous promener dans le lit du torrent, et nous appelions ce coin de paysage *le Poussin*, parce que cette nature libre, élégante et fière dans sa mélancolie, nous rappelait les sites que ce grand maître semble avoir chéris particulièrement.

A quelques centaines de pas de notre ermitage, le torrent se divisait en plusieurs ramifications, et son cours semblait se perdre dans la plaine. Les oliviers et les caroubiers pressaient leurs rameaux au-dessus de la terre labourée, et donnaient à cette région cultivée l'aspect d'une forêt.

Sur les nombreux mamelons qui bordaient cette partie boisée s'élevaient des chaumières d'un grand style, quoique d'une dimension réellement lilliputienne. On ne se figure pas combien de granges, de hangars, d'étables, de cours et de jardins, un *pagès* (paysan propriétaire) accumule dans un arpent de terrain, et quel goût inné préside à son insu à cette disposition capricieuse. La maisonnette est ordinairement composée de deux étages avec un toit plat dont le rebord avancé ombrage une galerie percée à jour, comme une rangée de créneaux que surmonterait un toit florentin. Ce couronnement symétrique donne une apparence de splendeur et de force aux constructions les plus frêles et les plus pauvres, et les énormes grappes de maïs qui sèchent à l'air, suspendues entre chaque ouverture de la galerie, forment un lourd feston alterné de rouge et de jaune d'ambre, dont l'effet est incroyablement riche et coquet. Autour de cette maisonnette s'élève ordinairement une forte haie de cactus ou nopals, dont les raquettes bizarres s'entrelacent en muraille et protégent contre les vents du nord les frêles abris d'algues et de roseaux qui servent à serrer les brebis. Comme ces paysans ne se volent jamais entre eux, ils n'ont pour fermer leurs propriétés qu'une barrière de ce genre. Des massifs d'amandiers et d'orangers entourent le jardin, où l'on ne cultive guère d'autre légume que le piment et la pomme d'amour; mais tout cela est d'une couleur magnifique, et souvent, pour couronner le joli tableau que forme cette habitation, un seul palmier déploie au milieu son gracieux parasol, ou se penche sur le côté avec grâce, comme une belle aigrette.

Cette région est une des plus florissantes de l'île, et les motifs qu'en donne M. Grasset de Saint-Sauveur dans son Voyage aux îles Baléares confirment ce que j'ai dit précédemment de l'insuffisance de la culture en général à Majorque. Les remarques que ce fonctionnaire impérial faisait, en 1807, sur l'apathie et l'ignorance des *pagès* majorquins le conduisirent à en rechercher les causes. Il en trouva deux principales.

La première, c'est la grande quantité de couvents, qui absorbait une partie de la population déjà si restreinte. Cet inconvénient a disparu, grâce au décret énergique de M. Mendizabal, que les dévots de Majorque ne lui pardonneront jamais.

La seconde est l'esprit de domesticité qui règne chez eux, et qui les parque par douzaines au service des riches et des nobles. Cet abus subsiste encore dans toute sa vigueur. Tout aristocrate majorquin a une suite nombreuse que son revenu suffit à peine à entretenir, quoiqu'elle ne lui procure aucun bien-être; il est impossible d'être plus mal servi qu'on ne l'est par cette espèce de serviteurs honoraires. Quand on se demande à quoi un riche majorquin peut dépenser son revenu dans un pays où il n'y a ni luxe ni tentations d'aucun genre, on ne se l'explique qu'en voyant sa maison pleine de sales fainéants des deux sexes, qui occupent une portion des bâtiments réservée à cet usage, et qui, dès qu'ils ont passé une année au service du maître, ont droit pour toute leur vie au logement, à l'habillement et à la nourriture. Ceux qui veulent se dispenser du service le peuvent en renonçant à quelques bénéfices; mais l'usage les autorise encore à venir chaque matin manger le chocolat avec leurs anciens confrères, et à prendre part, comme Sancho chez Gamache, à toutes les bombances de la maison.

Au premier abord, ces mœurs semblent patriarcales, et on est tenté d'admirer le sentiment républicain qui préside à ces rapports de maître à valet; mais on s'aperçoit bientôt que c'est un républicanisme à la manière de l'ancienne Rome, et que ces valets sont des clients enchaînés par la paresse ou la misère à la vanité de leurs patrons. C'est un luxe à Majorque d'avoir quinze domestiques pour un état de maison qui en comporterait deux tout au plus. Et quand on voit de vastes terrains en friche, l'industrie perdue, et toute idée de progrès proscrite par l'ineptie et la nonchalance, on ne sait lequel mépriser le plus, du maître qui encourage et perpétue ainsi l'abaissement moral de ses semblables, ou de l'esclave qui préfère une oisiveté dégradante au travail qui lui ferait recouvrer une indépendance conforme à 'a dignité humaine.

Il est arrivé cependant qu'à force de voir augmenter le budget de leurs dépenses et diminuer celui de leurs revenus, de riches propriétaires majorquins se sont décidés à remédier à l'incurie de leurs tenanciers et à la disette des travailleurs. Ils ont vendu une partie de leurs terres en viager à des paysans, et M. Grasset de Saint-Sauveur s'est assuré que, dans toutes les grandes propriétés où l'on avait essayé de ce moyen, la terre, frappée en apparence de stérilité, avait produit en telle abondance entre les mains d'hommes intéressés à son amélioration, qu'en peu d'années les parties contractantes s'étaient trouvées soulagées de part et d'autre.

Les prédictions de M. Grasset à cet égard se sont réalisées tout à fait, et aujourd'hui la région d'Establiments, entre autres, est devenue un vaste jardin ; la population y a augmenté, de nombreuses habitations se sont élevées sur les tertres, et les paysans y ont acquis une certaine aisance qui ne les a pas beaucoup éclairés encore, mais qui leur a donné plus d'aptitude au travail. Il faudra bien des années encore pour que le Majorquin soit actif et laborieux ; et s'il faut que, comme nous, il traverse la douloureuse phase de l'âpreté au gain individuel pour arriver à comprendre que ce n'est pas encore là le but de l'humanité, nous pouvons bien lui laisser sa guitare et son rosaire pour tuer le temps. Mais sans doute de meilleures destinées que les nôtres sont réservées à ces peuples enfants que nous initierons quelque jour à une civilisation véritable, sans leur reprocher tout ce que nous aurons fait pour eux. Ils ne sont pas assez grands pour braver les orages révolutionnaires que le sentiment de notre perfectibilité a soulevés sur nos têtes. Seuls, désavoués, raillés et combattus par le reste de la terre, nous avons fait des pas immenses, et le bruit de nos luttes gigantesques n'a pas éveillé de leur profond sommeil ces petites peuplades qui dorment à la portée de notre canon au sein de la Méditerranée. Un jour viendra où nous leur conférerons le baptême de la vraie liberté, et ils s'assiéront au banquet comme les ouvriers de la douzième heure. Trouvons le mot de notre destinée sociale, réalisons nos rêves sublimes; et tandis que les nations environnantes entreront peu à peu dans notre église révolutionnaire, ces malheureux insulaires, que leur faiblesse livre sans cesse comme une proie aux nations marâtres qui se les disputent, accourront à notre communion.

En attendant ce jour où, les premiers en Europe, nous proclamerons la loi de l'égalité pour tous les hommes et de l'indépendance pour tous les peuples, la loi du plus fort à la guerre ou du plus rusé au jeu de la diplomatie gouverne le monde; le droit des gens n'est qu'un mot, et le sort de toutes les populations isolées et restreintes,

Comme le Transylvain, le Turc ou le Hongrois [1],

est d'être dévorées par le vainqueur. S'il en devait être toujours ainsi, je ne souhaiterais à Majorque ni l'Espagne, ni l'Angleterre, ni même la France pour tutrice,

[1] La Fontaine, fable des *Voleurs et l'Ane*.

et je m'intéresserais aussi peu à l'issue fortuite de son existence qu'à la civilisation étrange que nous portons en Afrique.

VII.

Nous étions depuis trois semaines à Establiments lorsque les pluies commencèrent. Jusque-là nous avions eu un temps adorable; les citronniers et les myrtes étaient encore en fleurs, et, dans les premiers jours de décembre, je restai en plein air sur une terrasse jusqu'à cinq heures du matin, livré au bien-être d'une température délicieuse. On peut s'en rapporter à moi, car je ne connais personne au monde qui soit plus frileux, et l'enthousiasme de la belle nature n'est pas capable de me rendre insensible au moindre froid. D'ailleurs, malgré le charme du paysage éclairé par la lune et le parfum des fleurs qui montait jusqu'à moi, ma veillée n'était pas fort émouvante. J'étais là, non comme eût fait un poète cherchant l'inspiration, mais comme un oisif qui contemple et qui écoute. J'étais fort occupé, je m'en souviens, à recueillir les bruits de la nuit et à m'en rendre compte.

Il est bien certain, et chacun le sait, que chaque pays a ses harmonies, ses plaintes, ses cris, ses chuchotements mystérieux, et cette langue matérielle des choses n'est pas un des moindres signes caractéristiques dont le voyageur est frappé. Le clapotement mystérieux de l'eau sur les froides parois des marbres, le pas pesant et mesuré des sbires sur le quai, le cri aigu et presque enfantin des mulots, qui se poursuivent et se querellent sur les dalles limoneuses, enfin tous les bruits furtifs et singuliers qui troublent faiblement le morne silence des nuits de Venise, ne ressemblent en rien au bruit monotone de la mer, au *quien vive* des sentinelles et au chant mélancolique des *serenos* de Barcelone. Le lac Majeur a des harmonies différentes de celles du lac de Genève. Le perpétuel craquement des pommes de pin dans les forêts de la Suisse ne ressemble en rien non plus aux craquements qui se font entendre sur les glaciers.

A Majorque, le silence est plus profond que partout ailleurs. Les ânesses et les mules qui passent la nuit au pâturage l'interrompent parfois en secouant leurs clochettes, dont le son est moins grave et plus mélodique que celles des vaches suisses. Le bolero y résonne dans les lieux les plus déserts et dans les plus sombres nuits. Il n'est pas un paysan qui n'ait sa guitare et qui ne marche avec elle à toute heure. De ma terrasse, j'entendais aussi la mer, mais si lointaine et si faible que la poésie étrangement fantastique et saisissante des Djins me revenait en mémoire.

> J'écoute,
> Tout fuit.
> On doute,
> La nuit,
> Tout passe;
> L'espace
> Efface
> Le bruit.

Dans la ferme voisine, j'entendais le vagissement d'un petit enfant, et j'entendais aussi la mère, qui, pour l'endormir, lui chantait un joli air du pays, bien monotone, bien triste, bien arabe. Mais d'autres voix moins poétiques vinrent me rappeler la partie grotesque de Majorque.

Les cochons s'éveillèrent et se plaignirent sur un mode que je ne saurais point définir. Alors le *pagès*, père de famille, s'éveilla à la voix de ses porcs chéris, comme la mère s'était éveillée aux pleurs de son nourrisson. Je l'entendis mettre la tête à la fenêtre et gourmander les hôtes de l'étable voisine d'une voix magistrale. Les cochons l'entendirent fort bien, car ils se turent. Puis le pagès, pour se rendormir apparemment, se mit à réciter son rosaire d'une voix lugubre, qui, à mesure que le sommeil venait et se dissipait, s'éteignait ou se ranimait comme le murmure lointain des vagues. De temps en temps encore les cochons laissaient échapper un cri sauvage; le pagès élevait alors la voix sans interrompre sa prière, et les dociles animaux, calmés par un *Ora pro nobis* ou un *Ave Maria* prononcé d'une certaine façon, se taisaient aussitôt. Quant à l'enfant, il écoutait sans doute, les yeux ouverts, livré à l'espèce de stupeur où les bruits incompris plongent cette pensée naissante de l'homme au berceau, qui fait un si mystérieux travail sur elle-même avant de se manifester.

Mais tout à coup, après des nuits si sereines, le déluge commença. Un matin, après que le vent nous eut bercés toute la nuit de ses longs gémissements, tandis que la pluie battait nos vitres, nous entendîmes, à notre réveil, le bruit du torrent qui commençait à se frayer une route parmi les pierres de son lit. Le lendemain, il parlait plus haut; le surlendemain, il roulait les roches qui gênaient sa course. Toutes les fleurs des arbres étaient tombées, et la pluie ruisselait dans nos chambres mal closes.

On ne comprend pas le peu de précautions que prennent les Majorquins contre ces fléaux du vent et de la pluie. Leur illusion ou leur fanfaronnade est si grande à cet égard, qu'ils nient absolument ces inclémences accidentelles, mais sérieuses, de leur climat. Jusqu'à la fin des deux mois de déluge que nous eûmes à essuyer, ils nous soutinrent qu'il ne pleuvait jamais à Majorque. Si nous avions mieux observé la position des pics de montagnes et la direction habituelle des vents, nous nous serions convaincus d'avance des souffrances inévitables qui nous attendaient.

Mais une autre déception nous était réservée : c'est celle que j'ai indiquée plus haut, lorsque j'ai commencé à raconter mon voyage par la fin. Un d'entre nous tomba malade. D'une complexion fort délicate, étant sujet à une forte irritation du larynx, il ressentit bientôt les atteintes de l'humidité. La Maison du Vent (*Son-Vent* en patois), c'est le nom de la villa que le señor Gomez nous avait louée, devint inhabitable. Les murs en étaient si minces, que la chaux dont nos chambres étaient crépies se gonflait comme une éponge. Jamais, pour mon compte, je n'ai tant souffert du froid, quoiqu'il ne fît pas très-froid en réalité : mais pour nous, qui sommes habitués à nous chauffer en hiver, cette maison sans cheminée était sur nos épaules comme un manteau de glace, et je me sentais paralysé.

Nous ne pouvions nous habituer à l'odeur asphyxiante des braseros, et notre malade commença à souffrir et à tousser.

De ce moment nous devînmes un objet d'horreur et d'épouvante pour la population. Nous fûmes atteints et convaincus de phthisie pulmonaire, ce qui équivaut à la peste dans les préjugés contagionistes de la médecine espagnole. Un riche médecin, qui, pour la modique rétribution de 45 francs, daigna venir nous faire une visite, déclara pourtant que ce n'était rien, et n'ordonna rien. Nous l'avions surnommé *Malvavisco*, à cause de sa prescription unique.

Un autre médecin vint obligeamment à notre secours; mais la pharmacie de Palma était dans un tel dénûment que nous ne pûmes nous procurer que des drogues détestables. D'ailleurs, la maladie devait être aggravée par des causes qu'aucune science et aucun dévouement ne pouvaient combattre efficacement.

Un matin, que nous étions livrés à des craintes sérieuses sur la durée de ces pluies et de ces souffrances qui étaient liées les unes aux autres, nous reçûmes une lettre du farouche Gomez, qui nous déclarait, dans le style espagnol, que nous *tenions* une personne, laquelle *tenait* une maladie qui portait la contagion dans ses foyers, et menaçait par anticipation les jours de sa famille; en vertu de quoi il nous priait de déguerpir de son palais dans le plus bref délai possible.

Ce n'était pas un grand regret pour nous, car nous ne pouvions plus rester là sans crainte d'être noyés dans nos chambres; mais notre malade n'était pas en état d'être transporté sans danger, surtout avec les moyens de transport qu'on a à Majorque, et le temps qu'il faisait. Et puis la difficulté était de savoir où nous irions; car le bruit de notre phthisie s'était répandu instantanément, et nous ne devions plus espérer de trouver un gîte nulle part, fût-ce à prix d'or, fût-ce pour une nuit. Nous savions bien que les personnes obligeantes qui nous en feraient l'offre n'étaient pas elles-mêmes à l'abri du préjugé, et que d'ailleurs nous attirerions sur elles, en les approchant, la réprobation qui pesait sur nous. Sans l'hospitalité du consul de France, qui fit des miracles pour nous recueillir tous sous son toit, nous étions menacés de camper dans quelque caverne comme des Bohémiens véritables.

Un autre miracle se fit, et nous trouvâmes un asile pour l'hiver. Il y avait à la chartreuse de Valdemosa un Espagnol réfugié qui s'était caché là pour je ne sais quel motif politique. En allant visiter la chartreuse, nous avions été frappés de la distinction de ses manières, de la beauté mélancolique de sa femme, et de l'ameublement rustique et pourtant comfortable de leur cellule. La poésie de cette chartreuse m'avait tourné la tête. Il se trouva que le couple mystérieux voulut quitter précipitamment le pays, et qu'il fut aussi charmé de nous céder son mobilier et sa cellule que nous l'étions d'en faire l'acquisition. Pour la modique somme de mille francs, nous eûmes donc un ménage complet, mais tel que nous eussions pu nous le procurer en France pour cent écus, tant les objets de première nécessité sont rares, coûteux, et difficiles à rassembler à Majorque.

Comme nous passâmes alors quatre jours à Palma, quoique j'y aie peu quitté cette fois la cheminée que le consul avait le bonheur de posséder (le déluge continuant toujours), je ferai ici une lacune à mon récit pour décrire un peu la capitale de Majorque. M. Laurens, qui vint l'explorer et en dessiner les plus beaux aspects l'année suivante, sera le cicérone que je présenterai maintenant au lecteur, comme plus compétent que moi sur l'archéologie.

DEUXIÈME PARTIE.

I.

Quoique Majorque ait été occupée pendant quatre cents ans par les Maures, elle a gardé peu de traces réelles de leur séjour. Il ne reste d'eux à Palma qu'une petite salle de bains.

Des Romains, il ne reste rien, et des Carthaginois, quelques débris seulement vers l'ancienne capitale Alcudia, et la tradition de la naissance d'Annibal, que M. Grasset de Saint-Sauveur attribue à l'outrecuidance majorquine, quoique ce fait ne soit pas dénué de vraisemblance [1].

Mais le goût mauresque s'est perpétué dans les moindres constructions, et il était nécessaire que M. Laurens redressât toutes les erreurs archéologiques de ses devanciers, pour que les voyageurs ignorants comme moi ne crussent pas retrouver à chaque pas d'authentiques vestiges de l'architecture arabe.

« Je n'ai point vu dans Palma, dit M. Laurens, de maisons dont la date parût fort ancienne. Les plus in-

[1] « Les Majorquins prétendent qu'Hamilcar, passant d'Afrique en Catalogne avec sa femme, alors enceinte, s'arrêta sur une pointe de l'île où était bâti un temple dédié à Lucine, et qu'Annibal naquit en cet endroit. On trouve ce même conte dans l'*Histoire de Majorque*, par Dameto. » (Grasset de Saint-Sauveur.)

téressantes par leur architecture et leur antiquité appartenaient toutes au commencement du seizième siècle; mais l'art gracieux et brillant de cette époque ne s'y montre pas sous la même forme qu'en France.

» Ces maisons n'ont au-dessus du rez-de-chaussée qu'un étage et un grenier très-bas [1]. L'entrée, dans la rue, consiste en une porte à plein cintre, sans aucun ornement; mais la dimension et le grand nombre de pierres disposées en longs rayons lui donnent une grande physionomie. Le jour pénètre dans les grandes salles du premier étage à travers de hautes fenêtres divisées par des colonnes excessivement effilées, qui leur donnent une apparence entièrement arabe.

» Ce caractère est si prononcé, qu'il m'a fallu examiner plus de vingt maisons construites d'une manière identique, et les étudier dans toutes les parties de leur construction pour arriver à la certitude que ces fenêtres n'avaient pas été enlevées à quelques murs de ces palais mauresques, vraiment féeriques, dont l'Alhambra de Grenade nous reste comme échantillon.

» Je n'ai rencontré qu'à Majorque des colonnes qui, avec une hauteur de six pieds, n'ont qu'un diamètre de trois pouces. La finesse des marbres dont elles sont faites, le goût du chapiteau qui les surmonte, tout cela m'avait fait supposer une origine arabe. Quoi qu'il en soit, l'aspect de ces fenêtres est aussi joli qu'original.

» Le grenier qui constitue l'étage supérieur est une galerie, ou plutôt une suite de fenêtres rapprochées et copiées exactement sur celles qui forment le couronnement de la *Lonja*. Enfin, un toit fort avancé, soutenu

---

[1] Ce ne sont pas précisément des greniers, mais bien des étendoirs, appelés dans le pays *porchos*.

par des poutres artistement ciselées, préserve cet étage de la pluie ou du soleil, et produit des effets piquants de lumière par les longues ombres qu'il projette sur la maison, et par l'opposition de la masse brune de la charpente avec les tons brillants du ciel.

» L'escalier, travaillé avec un grand goût, est placé dans une cour, au centre de la maison, et séparé de l'entrée sur la rue par un vestibule où l'on remarque des pilastres dont le chapiteau est orné de feuillages sculptés, ou de quelque blason supporté par des anges.

» Pendant plus d'un siècle encore après la renaissance, les Majorquins ont mis un grand luxe dans la construction de leurs habitations particulières. Tout en suivant la même distribution, ils ont apporté dans les vestibules et dans les escaliers les changements de goût que l'architecture devait amener. Ainsi l'on trouve partout la colonne toscane ou dorienne ; des rampes, des balustrades, donnent toujours une apparence somptueuse aux demeures de l'aristocratie.

» Cette prédilection pour l'ornement de l'escalier et ce souvenir du goût arabe se retrouvent aussi dans les plus humbles habitations, même lorsqu'une seule échelle conduit directement de la rue au premier étage. Alors, chaque marche est recouverte de carreaux en faïence peinte de fleurs brillantes, bleues, jaunes ou rouges. »

Cette description est fort exacte, et les dessins de M. Laurens rendent bien l'élégance de ces intérieurs dont le péristyle fournirait à nos théâtres de beaux décors d'une extrême simplicité.

Ces petites cours pavées en dalles, et parfois entourées de colonnes comme le *cortile* des palais de Venise, ont aussi pour la plupart un puits d'un goût très-pur au milieu. Elles n'ont ni le même aspect ni le même usage que nos cours malpropres et nues. On n'y place jamais l'entrée des écuries et des remises. Ce sont de véritables préaux, peut-être un souvenir de l'atrium des Romains. Le puits du milieu y tient évidemment la place de l'impluvium.

Lorsque ces péristyles sont ornés de pots de fleurs et de tendines de jonc, ils ont un aspect à la fois élégant et sévère, dont les seigneurs majorquins ne comprennent nullement la poésie; car ils ne manquent guère de s'excuser sur la vétusté de leurs demeures; et si vous en admirez le style, ils sourient, croyant que vous les raillez, ou méprisant peut-être en eux-mêmes ce ridicule excès de courtoisie française.

Au reste, tout n'est pas également poétique dans la demeure des nobles majorquins. Il est certains détails de malpropreté dont je serais fort embarrassé de donner l'idée à mes lecteurs, à moins, comme écrivait Jacquemont en parlant des mœurs indiennes, d'achever ma lettre en latin.

Ne sachant pas le latin, je renvoie les curieux au passage que M. Grasset de Saint-Sauveur, écrivain moins sérieux que M. Laurens, mais fort véridique sur ce point, consacre à la situation des garde-mangers à Majorque et dans beaucoup d'anciennes maisons d'Espagne et d'Italie. Ce passage est remarquable à cause d'une prescription de la médecine espagnole qui règne encore dans toute sa vigueur à Majorque, et qui est des plus étranges [1].

L'intérieur de ces palais ne répond nullement à l'extérieur. Rien de plus significatif, chez les nations comme chez les individus, que la disposition et l'ameublement des habitations.

[1] Voyez Grasset de Saint-Sauveur, p. 119.

A Paris, où les caprices de la mode et l'abondance des produits industriels font varier si étrangement l'aspect des appartements, il suffit bien, n'est-ce pas, d'entrer chez une personne aisée pour se faire en un clin d'œil une idée de son caractère, pour se dire si elle a du goût ou de l'ordre, de l'avarice ou de la négligence, un esprit méthodique ou romanesque, de l'hospitalité ou de l'ostentation.

J'ai mes systèmes là-dessus, comme chacun a les siens, ce qui ne m'empêche pas de me tromper fort souvent dans mes inductions, ainsi qu'il arrive à bien d'autres.

J'ai particulièrement horreur d'une pièce peu meublée et très-bien rangée. A moins qu'une grande intelligence et un grand cœur, tout à fait emportés hors de la sphère des petites observations matérielles, n'habitent là comme sous une tente, je m'imagine que l'hôte de cette demeure est une tête vide et un cœur froid.

Je ne comprends pas que, lorsqu'on habite réellement entre quatre murailles, on n'éprouve pas le besoin de les remplir, ne fût-ce que de bûches et de paniers, et d'y voir vivre quelque chose autour de soi, ne fût-ce qu'une pauvre giroflée ou un pauvre moineau.

Le vide et l'immobile me glacent d'effroi, la symétrie et l'ordre rigoureux me navrent de tristesse; et si mon imagination pouvait se représenter la damnation éternelle, mon enfer serait certainement de vivre à jamais dans certaines maisons de province où règne l'ordre le plus parfait, où rien ne change jamais de place, où l'on ne voit rien traîner, où rien ne s'use ni se brise, et où pas un animal ne pénètre, sous prétexte que les choses animées gâtent les choses inanimées. Eh! périssent tous les tapis du monde, si je ne dois en jouir qu'à la condition de n'y jamais voir gambader un enfant, un chien ou un chat!

Cette propreté rigide ne prend pas sa source dans l'amour véritable de la propreté, mais dans une excessive paresse, ou dans une économie sordide. Avec un peu plus de soin et d'activité, la *ménagère* sympathique à mes goûts peut maintenir dans notre intérieur cette propreté, dont je ne puis pas me passer non plus.

Mais que dire et que penser des mœurs et des idées d'une famille dont le *home* est vide et immobile, sans avoir l'excuse ou le prétexte de la propreté?

S'il arrive qu'on se trompe aisément, comme je le disais tout à l'heure, dans les inductions particulières, il est difficile de se tromper dans les inductions générales. Le caractère d'un peuple se révèle dans son costume et dans son ameublement, aussi bien que dans ses traits et dans son langage.

Ayant parcouru Palma pour y chercher des appartements, je suis entré dans un assez grand nombre de maisons; tout s'y ressemblait si exactement que je pouvais conclure de là à un caractère général chez leurs occupants. Je n'ai pénétré dans aucun de ces intérieurs sans avoir le cœur serré de déplaisir et d'ennui, rien qu'à voir les murailles nues, les dalles tachées et poudreuses, les meubles rares et malpropres. Tout y portait témoignage de l'indifférence et de l'inaction; jamais un livre, jamais un ouvrage de femme. Les hommes ne lisent pas, les femmes ne cousent même pas. Le seul indice d'une occupation domestique, c'est l'odeur de l'ail qui trahit le travail culinaire; et les seules traces d'un amusement intime, ce sont les bouts de cigare semés sur le pavé.

Cette absence de vie intellectuelle fait de l'habitation quelque chose de mort et de creux qui n'a pas d'analogue chez nous, et qui donne au Majorquin plus de ressemblance avec l'Africain qu'avec l'Européen.

Ainsi toutes ces maisons où les générations se succèdent sans rien transformer autour d'elles, et sans marquer aucune empreinte individuelle sur les choses qui ordinairement participent en quelque sorte à notre vie humaine, font plutôt l'effet de caravansérails que de maisons véritables; et tandis que les nôtres donnent l'idée d'un nid pour la famille, celles-là semblent des gîtes où les groupes d'une population errante se retireraient indifféremment pour passer la nuit. Des personnes qui connaissaient bien l'Espagne m'ont dit qu'il en était généralement ainsi dans toute la Péninsule.

Ainsi que je l'ai dit plus haut, le péristyle ou l'*atrium* des palais de *chevaliers* (c'est ainsi que s'intitulent encore les patriciens de Majorque) ont un grand caractère d'hospitalité et même de bien-être. Mais dès que vous avez franchi l'élégant escalier et pénétré dans l'intérieur des chambres, vous croyez entrer dans un lieu disposé uniquement pour la sieste. De vastes salles, ordinairement dans la forme d'un carré long, très-élevées, très-froides, très-sombres, toutes nues, blanchies à la chaux sans aucun ornement, avec de grands vieux portraits de famille tout noirs et placés sur une seule ligne, si haut qu'on n'y distingue rien; quatre ou cinq chaises d'un cuir gras et mangé aux vers, bordées de gros clous dorés qu'on n'a pas nettoyés depuis deux cents ans; quelques nattes valenciennes, ou seulement quelques peaux de mouton à longs poils jetées çà et là sur le pavé; des croisées placées très-haut et recouvertes de pagnes épaisses; de larges portes de bois de chêne noir ainsi que le plafond à solives, et parfois une antique portière de drap d'or portant l'écusson de la famille richement brodé, mais terni et rongé par le temps : tels sont les palais majorquins à l'intérieur. On n'y voit guère d'autres tables que celles où l'on mange ; les glaces sont fort rares, et tiennent si peu de place dans ces panneaux immenses, qu'elles n'y jettent aucune clarté.

On trouve le maître de la maison debout et fumant dans un profond silence, la maîtresse assise sur une grande chaise et jouant de l'éventail sans penser à rien. On ne voit jamais les enfants : ils vivent avec les domestiques, à la cuisine ou au grenier, je ne sais ; les parents ne s'en occupent pas. Un chapelain va et vient dans la maison sans rien faire. Les vingt ou trente valets font la sieste, pendant qu'une vieille servante hérissée ouvre la porte au quinzième coup de sonnette du visiteur.

Cette vie ne manque certainement pas de *caractère*, comme nous dirions dans l'acception illimitée que nous donnons aujourd'hui à ce mot ; mais, si l'on condamnait à vivre ainsi le plus calme de nos bourgeois, il y deviendrait certainement fou de désespoir, ou démagogue par réaction d'esprit.

II.

Les trois principaux édifices de Palma sont la cathédrale, la Lonja (bourse) et le Palacio-Real.

La cathédrale, attribuée par les Majorquins à don Jaime le Conquérant, leur premier roi chrétien et en quelque sorte leur Charlemagne, fut en effet entreprise sous ce règne, mais elle ne fut terminée qu'en 1601. Elle est d'une immense nudité ; la pierre calcaire dont elle est entièrement bâtie est d'un grain très-fin et d'une belle couleur d'ambre.

Cette masse imposante, qui s'élève au bord de la mer, est d'un grand effet lorsqu'on entre dans le port ; mais elle n'a de vraiment estimable, comme goût, que le portail méridional, signalé par M. Laurens comme le plus beau spécimen de l'art gothique qu'il ait jamais eu occasion de dessiner. L'intérieur est des plus sévères et des plus sombres.

Les vents maritimes pénétrant avec fureur par les larges ouvertures du portail principal et renversant les tableaux et les vases sacrés au milieu des offices, on a muré les portes et les rosaces de ce côté. Ce vaisseau n'a pas moins de cinq cent quarante palmes [1] de longueur sur trois cent soixante-quinze de largeur.

Au milieu du chœur on remarque un sarcophage de marbre fort simple, qu'on ouvre aux étrangers pour leur montrer la momie de don Jaime II, fils du *Conquistador*, prince dévot, aussi faible et aussi doux que son père fut entreprenant et belliqueux.

Les Majorquins prétendent que leur cathédrale est très-supérieure à celle de Barcelone, de même que leur Lonja est infiniment, selon eux, plus belle que celle de Valence. Je n'ai pas vérifié le dernier point ; quant au premier, il est insoutenable.

Dans l'une et dans l'autre cathédrale on remarque le singulier trophée qui orne la plupart des métropoles de l'Espagne : c'est la hideuse tête de Maure en bois peint,

---

[1] Le *palmo* espagnol est le *pan* de nos provinces méridionales.

coiffée d'un turban, qui termine le pendentif de l'orgue. Cette représentation d'une tête coupée est souvent ornée d'une longue barbe blanche et peinte en rouge en dessous pour figurer le sang impur du vaincu.

On voit sur les clefs de voûte des nefs de nombreux écussons armoriés. Apposer ainsi son blason dans la maison de Dieu était un privilége que les chevaliers majorquins payaient fort cher; et c'est grâce à cet impôt prélevé sur la vanité que la cathédrale a pu être achevée dans un siècle où la dévotion était refroidie. Il faudrait être bien injuste pour attribuer aux seuls Majorquins une faiblesse qui leur a été commune avec les nobles dévots du monde entier à cette époque.

La Lonja est le monument qui m'a le plus frappé par ses proportions élégantes et un caractère d'originalité que n'excluent ni une régularité parfaite ni une simplicité pleine de goût.

Cette bourse fut commencée et terminée dans la première moitié du quinzième siècle. L'illustre Jovellanos l'a décrite avec soin, et le *Magasin Pittoresque* l'a popularisée par un dessin fort intéressant, publié il y a déjà plusieurs années. L'intérieur est une seule vaste salle soutenue par six piliers cannelés en spirale, d'une ténuité élégante.

Destinée jadis aux réunions des marchands et des nombreux navigateurs qui affluaient à Palma, la Lonja témoigne de la splendeur passée du commerce majorquin; aujourd'hui elle ne sert plus qu'aux fêtes publiques. Ce devait être une chose intéressante de voir les Majorquins, revêtus des riches costumes de leurs pères, s'ébattre gravement dans cette antique salle de bal; mais la pluie nous tenait alors captifs dans la montagne, et il ne nous fut pas possible de voir ce carnaval, moins renommé et moins triste peut-être que celui de Venise. Quant à la Lonja, quelque belle qu'elle m'ait paru, elle n'a pas fait tort dans mes souvenirs à cet adorable bijou qu'on appelle la Cadoro, l'ancien hôtel des monnaies, sur le Grand-Canal.

Le Palacio-Real de Palma, que M. Grasset de Saint-Sauveur n'hésite point à croire romain et mauresque (ce qui lui a inspiré des émotions tout à fait dans le goût de l'empire), a été bâti, dit-on, en 1309. M. Laurens se déclare troublé dans sa conscience à l'endroit des petites fenêtres géminées, et des colonnettes énigmatiques qu'il a étudiées dans ce monument.

Serait-il donc trop audacieux d'attribuer les anomalies de goût qu'on remarque dans tant de constructions majorquines à l'intercalation d'anciens fragments dans des constructions subséquentes? De même qu'en France et en Italie le goût de la renaissance introduisit des médaillons et des bas-reliefs vraiment grecs et romains dans les ornements de sculpture, n'est-il pas probable que les chrétiens de Majorque, après avoir renversé tous les ouvrages mauresques [1], en utilisèrent les riches

---

[1] La prise et le sac de Palma par les chrétiens, au mois de décembre de l'année 1229, sont très-pittoresquement décrits dans la chronique de Marsili (inédite). En voici un fragment :

« Les pillards et les voleurs fouillant dans les maisons trouvaient de très-belles femmes et de charmantes filles maures qui tenaient dans leur giron des pièces de monnaie d'or et d'argent, des perles et pierres précieuses, des bracelets en or et en argent, des saphirs et toute sorte de joyaux de prix. Elles étalaient tous ces objets aux yeux des hommes armés qui se présentaient à elles, et, pleurant amèrement, elles leur disaient en sarrasin :
« — Que tout ceci soit à toi, mais donne-moi seulement de quoi vivre! »

» L'avidité du gain fut telle, tel fut le déportement, que les débris et les incrustèrent de plus en plus dans leurs constructions postérieures?

Quoi qu'il en soit, le Palacio-Real de Palma est d'un aspect fort pittoresque. Rien de plus irrégulier, de plus incommode et de plus sauvagement moyen âge que cette habitation seigneuriale; mais aussi rien de plus fier, de plus caractérisé, de plus hidalgo que ce manoir composé de galeries, de tours, de terrasses et d'arcades grimpant les unes sur les autres à une hauteur considérable, et terminées par un ange gothique, qui, du sein des nues, regarde l'Espagne par-dessus la mer.

Ce palais, qui renferme les archives, est la résidence du capitaine général, le personnage le plus éminent de l'île. Voici comment M. Grasset de Saint-Sauveur décrit l'intérieur de cette résidence:

« La première pièce est une espèce de vestibule servant de corps de garde. On passe à droite dans deux grandes salles, où à peine rencontre-t-on un siége.

» La troisième est la salle d'audience; elle est décorée d'un trône en velours cramoisi enrichi de crépines en or, porté sur une estrade de trois marches couvertes d'un tapis. Aux deux côtés sont deux lions en bois doré. Le dais qui couvre le trône est également de velours

---

hommes de la maison du roi d'Aragon ne parurent de huit jours en sa présence, occupés qu'ils étaient à chercher les objets cachés pour se les approprier.

» C'était à tel point que le lendemain, comme on n'avait pu découvrir le cuisinier ni les officiers de la maison du roi, un noble aragonais, Ladro, lui dit:

« — Seigneur, je vous invite parce que j'ai bien de quoi manger, et qu'on m'annonce que j'ai à mon logis une bonne vache là vous prendrez un repas et coucherez cette nuit. »

» Le roi en eut une grande joie et suivit ledit noble. »

cramoisi surmonté de panaches en plumes d'autruche. Au-dessus du trône sont suspendus les portraits du roi et de la reine.

» C'est dans cette salle que le général reçoit, les jours d'étiquette ou de *gala*, les différents corps de l'administration civile, les officiers de la garnison, et les étrangers de considération. »

Le capitaine général, faisant les fonctions de gouverneur, pour qui nous avions des lettres, nous fit en effet l'honneur de recevoir dans cette salle celui de nous qui se chargea d'aller les lui présenter. Notre compagnon trouva ce haut fonctionnaire près de son trône, le même à coup sûr que décrivait Grasset de Saint-Sauveur en 1807; car il était usé, fané, râpé, et quelque peu taché d'huile et de bougie. Les deux lions n'étaient plus guère dorés, mais ils faisaient toujours une grimace très-féroce. Il n'y avait de changé que l'effigie royale; cette fois, c'était l'innocente Isabelle, monstrueuse enseigne de cabaret, qui occupait le vieux cadre doré où ses augustes ancêtres s'étaient succédé comme les modèles dans le *passe-partout* d'un élève en peinture. Le gouverneur, pour être logé comme le duc d'Irénéus d'Hoffmann, n'en était pas moins un homme fort estimé et un prince fort affable.

Un quatrième monument fort remarquable est le palais de l'Ayuntamiento, ouvrage du seizième siècle, dont on compare avec raison le style à celui des palais de Florence. Le toit est surtout remarquable par l'avancement de ses bords, comme ceux des palais florentins et des chalets suisses; mais il a cela de particulier, qu'il est soutenu par des caissons à rosaces fort richement sculptées sur bois, alternées avec de longues cariatides couchées sous cet auvent, qu'elles semblent porter en gémissant, car la plupart d'entre elles ont la face cachée dans leurs mains.

Je n'ai pas vu l'intérieur de cet édifice, dans lequel se trouve la collection des portraits des grands hommes de Majorque. Au nombre de ces illustres personnages, on voit le fameux don Jaime, sous les traits d'un *roi de carreau*. On y voit aussi un très-ancien tableau représentant les funérailles de Raymond Lulle, Majorquin, lequel offre une série très-intéressante et très-variée des anciens costumes revêtus par l'innombrable cortége du docteur illuminé. Enfin on voit dans ce palais consistorial un magnifique *Saint Sébastien* de Van-Dyck, dont personne, à Majorque, ne m'a daigné signaler l'existence.

« Palma possède une école de dessin, ajoute M. Laurens, qui a déjà formé, dans notre dix-neuvième siècle seulement, trente-six peintres, huit sculpteurs, onze architectes et six graveurs, tous professeurs célèbres, s'il faut en croire le Dictionnaire des artistes célèbres de Majorque, que vient de publier le savant Antonio Furio. J'avoue ingénument que pendant mon séjour à Palma je ne me suis pas cru entouré de tant de grands hommes, et que je n'ai rien vu qui me fît deviner leur existence...

» Quelques riches familles conservent plusieurs tableaux de l'école espagnole... Mais si vous parcourez les magasins, si vous entrez dans la maison du simple citoyen, vous n'y trouverez que ces images coloriées étalées par des colporteurs sur nos places publiques, et qui ne trouvent accès en France que sous l'humble toit du pauvre paysan. »

Le palais dont Palma se glorifie le plus est celui du comte de Montenegro, vieillard octogénaire, autrefois capitaine général, un des personnages de Majorque les plus illustres par la naissance et les plus importants par la richesse.

Ce seigneur possède une bibliothèque que nous fûmes admis à visiter, mais dont je n'ouvris pas un seul volume, et dont je ne saurais absolument rien dire (tant mon respect pour les livres est voisin de l'épouvante), si un savant compatriote ne m'eût appris l'importance des trésors devant lesquels j'étais passé indifférent, comme le coq de la fable au milieu des perles.

Ce compatriote[1], qui est resté près de deux ans en Catalogne et à Majorque pour y faire des études sur la langue romane, m'a communiqué obligeamment ses notes, et m'a autorisé, avec une générosité bien rare chez les érudits, à y puiser à discrétion. Je ne le ferai pas sans prévenir mon lecteur que ce voyageur a été aussi enthousiasmé de toutes choses à Majorque que j'y ai été désappointé.

Je pourrais dire, pour expliquer cette divergence d'impressions, que, lors de mon séjour, la population majorquine s'était gênée et resserrée pour faire place à vingt mille Espagnols que la guerre y avait refoulés, et que j'ai pu, sans erreur et sans prévention, trouver Palma moins habitable, et les Majorquins moins disposés à accueillir un nouveau surcroît d'étrangers qu'ils ne l'étaient sans doute deux ans auparavant. Mais j'aime mieux encourir le blâme d'un bienveillant redresseur que d'écrire sous une autre impression que la mienne propre.

Je serai bien heureux, d'ailleurs, d'être contredit et

---

[1] M. Tastu, un de nos linguistes les plus érudits, et l'époux d'une de nos muses au talent le plus pur et au caractère le plus noble.

réprimandé publiquement, comme je l'ai été en particulier; car le public y gagnera un livre bien plus exact et bien plus intéressant sur Majorque que cette relation décousue, et peut-être injuste à mon insu, que je suis forcé de lui donner.

Que M. Tastu publie donc son voyage; je lirai avec grand contentement de cœur, je le jure, tout ce qui me pourra faire changer d'opinion sur les Majorquins: j'en ai connu quelques-uns que je voudrais pouvoir considérer comme les représentants du type général, et qui, je l'espère, ne douteront pas de mes sentiments à leur égard, si cet écrit tombe jamais entre leurs mains.

Je trouve donc dans les notes de M. Tastu, à l'endroit des richesses intellectuelles que possède encore Majorque, cette bibliothèque du comte de Montenegro, que j'ai parcourue peu révérencieusement à la suite du chapelain de la maison, occupé que j'étais d'examiner cet intérieur d'un vieux chevalier majorquin célibataire; intérieur triste et grave s'il en fut, régi silencieusement par un prêtre.

« Cette bibliothèque, dit M. Tastu, a été composée par l'oncle du comte de Montenegro, le cardinal Antonio Despuig, l'ami intime de Pie VI.

» Le savant cardinal avait réuni tout ce que l'Espagne, l'Italie et la France avaient de remarquable en bibliographie. La partie qui traite de la numismatique et des arts de l'antiquité y est surtout au grand complet.

» Parmi le petit nombre de manuscrits qu'on y trouve, il en est un fort curieux pour les amateurs de calligraphie: c'est un livre d'heures. Les miniatures en sont précieuses; il est des meilleurs temps de l'art.

» L'amateur de blason y trouvera encore un armorial

où sont dessinés avec leurs couleurs les écus d'armes de la noblesse espagnole, y compris ceux des familles aragonaises, mallorquines, roussillonnaises et languedociennes. Le manuscrit, qui paraît être du seizième siècle, a appartenu à la famille Dameto, alliée aux Despuig et aux Montenegro. En le feuilletant, nous y avons trouvé l'écu de la famille des *Bonapart,* d'où descendait notre grand Napoléon, et dont nous avons tiré le *fac-simile* qu'on verra ci-après...

» On trouve encore dans cette bibliothèque la belle carte nautique du Mallorquin Valsequa, manuscrit de 1439, chef-d'œuvre de calligraphie et de dessin topographique, sur lequel le miniaturiste a exercé son précieux travail. Cette carte avait appartenu à Améric Vespuce, qui l'avait achetée fort cher, comme l'atteste une légende en écriture du temps, placée sur le dos de ladite carte :

» *Questa ampla pelle di geographia fù pagata da Amerigo Vespucci CXXX ducati di oro di marco.*

» Ce précieux monument de la géographie du moyen âge sera incessamment publié pour faire suite à l'Atlas catalan-mallorquin de 1375, inséré dans le xive vol., 2e partie, des Notices de manuscrits de l'Académie des Inscriptions et Belles-Lettres. »

En transcrivant cette note, les cheveux me dressent à la tête, car une scène affreuse se retrace à ma pensée.

Nous étions dans cette même bibliothèque de Montenegro, et le chapelain déroulait devant nous cette même carte nautique, ce monument si précieux et si rare, acheté par Améric Vespuce 130 ducats d'or, et Dieu sait combien par l'amateur d'antiquités le cardinal

Despuig!... lorsqu'un des quarante ou cinquante domestiques de la maison imagina de poser un encrier de liége sur un des coins du parchemin pour le tenir ouvert sur la table. L'encrier était plein, mais plein jusqu'aux bords!...

Le parchemin, habitué à être roulé, et poussé peut-être en cet instant par quelque malin esprit, fit un effort, un craquement, un saut, et revint sur lui-même entraînant l'encrier, qui disparut dans le rouleau bondissant et vainqueur de toute contrainte. Ce fut un cri général; le chapelain devint plus pâle que le parchemin.

On déroula lentement la carte, se flattant encore d'une vaine espérance! Hélas! l'encrier était vide! La carte était inondée, et les jolis petits souverains peints en miniature voguaient littéralement sur une mer plus noire que le Pont-Euxin.

Alors chacun perdit la tête. Je crois que le chapelain s'évanouit. Les valets accoururent avec des seaux d'eau, comme s'il se fût agi d'un incendie, et, à grands coups d'éponge et de balai, se mirent à nettoyer la carte, emportant pêle-mêle rois, mers, îles et continents.

Avant que nous eussions pu nous opposer à ce zèle fatal, la carte fut en partie gâtée, mais non pas sans ressource; M. Tastu en avait pris le calque exact, et on pourra, grâce à lui, réparer tant bien que mal le dommage.

Mais quelle dut être la consternation de l'aumônier lorsque son seigneur s'en aperçut! Nous étions tous à six pas de la table au moment de la catastrophe; mais je suis bien certain que nous n'en portâmes pas moins tout le poids de la faute, et que ce fait, imputé à des Français, n'aura pas contribué à les remettre en bonne odeur à Majorque.

Cet événement tragique nous empêcha d'admirer et même d'apercevoir aucune des merveilles que renferme le palais de Montenegro, ni le cabinet de médailles, ni les bronzes antiques, ni les tableaux. Il nous tardait de fuir avant que le patron rentrât, et, certains d'être accusés auprès de lui, nous n'osâmes y retourner. La note de M. Tastu suppléera donc encore ici à mon ignorance.

« Attenant à la bibliothèque du cardinal se trouve un cabinet de médailles celtibériennes, mauresques, grecques, romaines et du moyen âge ; inappréciable collection, aujourd'hui dans un désordre affligeant, et qui attend un érudit pour être rangée et classée.

» Les appartements du comte de Montenegro sont décorés d'objets d'art en marbre ou en bronze antique, provenant des fouilles d'Ariccia, ou achetés à Rome par le cardinal. On y voit aussi beaucoup de tableaux des écoles espagnole et italienne, dont plusieurs pourraient figurer avec éclat dans les plus belles galeries de l'Europe. »

Il faut que je parle du château de Belver ou Bellver, l'ancienne résidence des rois de Majorque, quoique je ne l'aie vu que de loin, sur la colline d'où il domine la mer avec beaucoup de majesté. C'est une forteresse d'une grande antiquité, et une des plus dures prisons d'état de l'Espagne.

« Les murailles qui existent aujourd'hui, dit M. Laurens, ont été élevées à la fin du treizième siècle, et elles montrent dans un bel état de conservation un des plus curieux monuments de l'architecture militaire au moyen âge. »

Lorsque notre voyageur le visita, il y trouva une cinquantaine de prisonniers carlistes, couverts de haillons et presque nus, quelques-uns encore enfants, qui mangeaient à la gamelle avec une gaieté bruyante un chaudron de macaroni grossier cuit à l'eau. Ils étaient gardés par des soldats qui tricotaient des bas, le cigare à la bouche.

C'était au château de Belver qu'on transférait effectivement à cette époque le trop plein des prisons de Barcelone. Mais des captifs plus illustres ont vu se fermer sur eux ces portes redoutables.

Don Gaspar de Jovellanos, un des orateurs les plus éloquents et des écrivains les plus énergiques de l'Espagne, y expia son célèbre pamphlet *Pan y toros*, dans la *torre de homenage, cuya cuva*, dit Vargas, *es la mas cruda prision*. Il y occupa ses tristes loisirs à décrire scientifiquement sa prison, et à retracer l'histoire des événements tragiques dont elle avait été le théâtre au temps des guerres du moyen âge.

Les Majorquins doivent aussi à son séjour dans leur île une excellente description de leur cathédrale et de leur Lonja. En un mot, ses Lettres sur Majorque sont les meilleurs documents qu'on puisse consulter.

Le même cachot qu'avait occupé Jovellanos, sous le règne parasite du prince de la Paix, reçut bientôt après une autre illustration scientifique et politique.

Cette anecdote peu connue de la vie d'un homme aussi justement célèbre en France que Jovellanos l'est en Espagne intéressera d'autant plus, qu'elle est un des chapitres romanesques d'une vie que l'amour de la science jeta dans mille aventures périlleuses et touchantes.

III.

Chargé par Napoléon de la mesure du méridien, M. Arago était, en 1808, à Majorque, sur la montagne appelée le *Clot de Galatzo*, lorsqu'il reçut la nouvelle des événements de Madrid et de l'enlèvement de Ferdinand. L'exaspération des habitants de Majorque fut telle alors qu'ils s'en prirent au savant français, et se dirigèrent en foule vers le Clot de Galatzo pour le tuer.

Cette montagne est située au-dessus de la côte où descendit Jaime Ier lorsqu'il conquit Majorque sur les Maures; et comme M. Arago y faisait souvent allumer des feux pour son usage, les Majorquins s'imaginèrent qu'il faisait des signaux à une escadre française portant une armée de débarquement.

Un de ces insulaires nommé Damian, maître de timonnerie sur le brick affecté par le gouvernement espagnol aux opérations de la mesure du méridien, résolut d'avertir M. Arago du danger qu'il courait. Il devança ses compatriotes, et lui porta en toute hâte des habits de marin pour le déguiser.

M. Arago quitta aussitôt sa montagne et se rendit à Palma. Il rencontra en chemin ceux-là mêmes qui allaient pour le mettre en pièces, et qui lui demandèrent des renseignements sur le maudit *gabacho* dont ils voulaient se défaire. Parlant très-bien la langue du pays, M. Arago répondit à toutes leurs questions, et ne fut pas reconnu.

En arrivant à Palma, il se rendit à son brick; mais le capitaine don Manoel de Vacaro, qui jusque-là avait toujours déféré à ses ordres, refusa formellement de le conduire à Barcelone, et ne lui offrit à son bord pour tout refuge qu'une caisse dans laquelle, vérification faite, M. Arago ne pouvait tenir.

Le lendemain, un attroupement menaçant s'étant formé sur le rivage, le capitaine Vacaro avertit M. Arago qu'il ne pouvait plus désormais répondre de sa vie; ajoutant, sur l'avis du capitaine-général, qu'il n'y avait pour lui d'autre moyen de salut que d'aller se constituer prisonnier dans le fort de Belver. On lui fournit à cet effet une chaloupe sur laquelle il traversa la rade. Le peuple s'en aperçut, et, s'élançant à sa poursuite, allait l'atteindre au moment où les portes de la forteresse se fermèrent sur lui.

M. Arago resta deux mois dans cette prison, et le capitaine général lui fit dire enfin qu'il fermerait les yeux sur son évasion. Il s'échappa donc par les soins de M. Rodriguez, son associé espagnol dans la mesure du méridien.

Le même Majorquin Damian, qui lui avait sauvé la vie au Clot de Galatzo, le conduisit à Alger sur une barque de pêcheur, ne voulant à aucun prix débarquer en France ou en Espagne.

Durant sa captivité, M. Arago avait appris des soldats suisses qui le gardaient que des moines de l'île leur avaient promis de l'argent s'ils voulaient l'empoisonner.

En Afrique, notre savant eut bien d'autres revers, auxquels il échappa d'une façon encore plus miraculeuse; mais ceci sortirait de notre sujet, et nous espérons qu'un jour il écrira cette intéressante relation.

Au premier abord, la capitale majorquine ne révèle pas tout le caractère qui est en elle. C'est en la parcourant dans l'intérieur, en pénétrant le soir dans ses rues profondes et mystérieuses, qu'on est frappé du style élégant et de la disposition originale de ses moindres constructions. Mais c'est surtout du côté du nord, lorsqu'on y arrive de l'intérieur des terres, qu'elle se présente avec toute sa physionomie africaine.

M. Laurens a senti cette beauté pittoresque, qui n'eût point frappé un simple archéologue, et il a retracé un des aspects qui m'avait le plus pénétré par sa grandeur et sa mélancolie ; c'est la partie du rempart sur laquelle s'élève, non loin de l'église de Saint-Augustin, un énorme massif carré sans autre ouverture qu'une petite porte cintrée.

Un groupe de beaux palmiers couronne cette fabrique, dernier vestige d'une forteresse des templiers, premier plan admirable de tristesse et de nudité au tableau magnifique qui se déroule au bas du rempart, la plaine riante et fertile terminée au loin par les montagnes bleues de Valdemosa. Vers le soir, la couleur de ce paysage varie d'heure en heure en s'harmonisant toujours de plus en plus ; nous l'avons vu au coucher du soleil d'un rose étincelant, puis d'un violet splendide, et puis d'un lilas argenté, et enfin d'un bleu pur et transparent à l'entrée de la nuit.

M. Laurens a dessiné plusieurs autres vues prises des remparts de Palma.

« Tous les soirs, dit-il, à l'heure où le soleil colore vivement les objets, j'allais lentement par le rempart, m'arrêtant à chaque pas pour contempler les heureux accidents qui résultaient de l'arrangement des lignes des montagnes ou de la mer avec les sommités des édifices de la ville.

» Ici, le talus intérieur du rempart était garni d'une

effrayante haie d'aloès d'où sortaient par centaines ces hautes tiges dont l'inflorescence rappelle si bien un candélabre monumental. Au delà, des groupes de palmiers s'élevaient dans les jardins au milieu des figuiers, des cactus, des orangers et des ricins arborescents ; plus loin apparaissaient des belvédères et des terrasses ombragées de vignes; enfin, les aiguilles de la cathédrale, les clochers et les dômes des nombreuses églises se détachaient en silhouettes sur le fond pur et lumineux du ciel. »

Une autre promenade dans laquelle les sympathies de M. Laurens ont rencontré les miennes, c'est celle des ruines du couvent de Saint-Dominique.

Au bout d'un berceau de vigne soutenu par des piliers de marbre se trouvent quatre grands palmiers que l'élévation de ce jardin en terrasse fait paraître gigantesques, et qui font vraiment partie, à cette hauteur, des monuments de la ville avec lesquels leur cime se trouve de niveau. A travers leurs rameaux on aperçoit le sommet de la façade de Saint-Étienne, la tour massive de la célèbre horloge baléarique[1], et la tour de l'Ange du Palacio-Real.

[1] « Cette horloge, que les deux principaux historiens de Majorque, Dameto et Mut, ont longuement décrite, fonctionnait encore il y a trente ans, et voici ce qu'en dit M. Grasset de Saint-Sauveur : « Cette machine, très-ancienne, est appelée l'*horloge du Soleil*. Elle marque les heures depuis le lever jusqu'au coucher de cet astre, suivant l'étendue plus ou moins grande de l'arc diurne et nocturne; de manière que le 10 juin elle frappe la première heure du jour à cinq heures et demie, et la quatorzième à sept et demie, la première de la nuit à huit et demie, la neuvième à quatre et demie de la matinée suivante. C'est l'inverse à commencer du 10 décembre. Pendant tout le cours de l'année, les heures sont exactement réglées, suivant les variations du

Ce couvent de l'inquisition, qui n'offre plus qu'un monceau de débris, où quelques arbrisseaux et quelques plantes aromatiques percent çà et là les décombres, n'est pas tombé sous la main du temps. Une main plus prompte et plus inexorable, celle des révolutions, a renversé et presque mis en poudre, il y a peu d'années, ce monument que l'on dit avoir été un chef-d'œuvre, et dont les vestiges, les fragments de riche mosaïque, quelques arcs légers encore debout et se dressant dans le vide comme des squelettes, attestent du moins la magnificence.

C'est un grand sujet d'indignation pour l'aristocratie palmesane, et une source de regrets bien légitimes pour les artistes, que la destruction de ces sanctuaires de l'art catholique dans toute l'Espagne. Il y a dix ans, peut-être eussé-je été, moi aussi, plus frappé du van-

lever et du coucher du soleil. Cette horloge n'est pas d'une grande utilité pour les gens du pays, qui se règlent d'après les horloges modernes ; mais elle sert aux jardiniers pour déterminer les heures de l'arrosage. On ignore d'où et à quelle époque cette machine a été apportée à Palma ; on ne suppose pas que ce soit d'Espagne, de France, d'Allemagne ou d'Italie, où les Romains avaient introduit l'usage de diviser le jour en douze heures, à commencer au lever du soleil.

» Cependant un ecclésiastique, recteur de l'université de Palma, assure, dans la troisième partie d'un ouvrage sur la religion séraphique, que des Juifs fugitifs, du temps de Vespasien, retirèrent cette fameuse horloge des ruines de Jérusalem et la transportèrent à Majorque, où ils s'étaient réfugiés. Voilà une origine merveilleuse, conséquente avec le penchant caractéristique de nos insulaires pour tout ce qui tient du prodige.

» L'historien Dameto et Mut, son continuateur, ne font remonter qu'à l'année 1385 l'antiquité de l'horloge baléarique. Elle fut achetée des pères dominicains et placée dans la tour où elle existe. » (*Voyage aux îles Baléares et Pithiuses*, 1807.)

dalisme de cette destruction que de la page historique dont elle est la vignette.

Mais, quoiqu'on puisse avec raison, comme le fait M. Marliani dans son *Histoire politique de l'Espagne moderne*, déplorer le côté faible et violent à la fois des mesures que ce décret devait entraîner, j'avoue qu'au milieu de ces ruines je sentais une émotion qui n'était pas la tristesse que les ruines inspirent ordinairement. La foudre était tombée là, et la foudre est un instrument aveugle, une force brutale comme la colère de l'homme ; mais la loi providentielle qui gouverne les éléments et préside à leurs apparents désordres sait bien que les principes d'une vie nouvelle sont cachés dans la cendre des débris. Il y eut dans l'atmosphère politique de l'Espagne, le jour où les couvents tombèrent, quelque chose d'analogue à ce besoin de renouvellement qu'éprouve la nature dans ses convulsions fécondes.

Je ne crois pas ce qu'on m'a dit à Palma, que quelques mécontents avides de vengeances ou de dépouilles aient consommé cet acte de violence à la face de la population consternée. Il faut beaucoup de mécontents pour réduire ainsi en poussière une énorme masse de bâtiments, et il faut qu'il y ait bien peu de sympathies dans une population pour qu'elle voie ainsi accomplir un décret contre lequel elle protesterait dans son cœur.

Je crois bien plutôt que la première pierre arrachée du sommet de ces dômes fit tomber de l'âme du peuple un sentiment de crainte et de respect qui n'y tenait pas plus que le clocher monacal sur sa base ; et que chacun, sentant remuer ses entrailles par une impulsion mystérieuse et soudaine, s'élança sur le cadavre avec un mélange de courage et d'effroi, de fureur et de remords. Le monachisme protégeait bien des abus et caressait bien des égoïsmes ; la dévotion est bien puissante en Espagne, et sans doute plus d'un démolisseur se repentit et se confessa le lendemain au religieux qu'il venait de chasser de son asile. Mais il y a dans le cœur de l'homme le plus ignorant et le plus aveugle quelque chose qui le fait tressaillir d'enthousiasme quand le destin lui confère une mission souveraine.

Le peuple espagnol avait bâti de ses deniers et de ses sueurs ces insolents palais du clergé régulier, à la porte desquels il venait recevoir depuis des siècles l'obole de la mendicité fainéante et le pain de l'esclavage intellectuel. Il avait participé à ses crimes, il avait trempé dans ses lâchetés. Il avait élevé les bûchers de l'inquisition. Il avait été complice et délateur dans les persécutions atroces dirigées contre des races entières qu'on voulait extirper de son sein. Et quand il eut consommé la ruine de ces juifs qui l'avaient enrichi, quand il eut banni ces Maures auxquels il devait sa civilisation et sa grandeur, il eut pour châtiment céleste la misère et l'ignorance. Il eut la persévérance et la piété de ne pas s'en prendre à ce clergé, son ouvrage, son corrupteur et son fléau. Il souffrit long-temps, courbé sous ce joug façonné de ses propres mains. Et puis, un jour, des voix étranges, audacieuses, firent entendre à ses oreilles et à sa conscience des paroles d'affranchissement et de délivrance. Il comprit l'erreur de ses ancêtres, rougit de son abaissement, s'indigna de sa misère, et malgré l'idolâtrie qu'il conservait encore pour les images et les reliques, il brisa ces simulacres, et crut plus énergiquement à son droit qu'à son culte.

Quelle est donc cette puissance secrète qui transporta tout d'un coup le dévot prosterné, au point de tourner son fanatisme d'un jour contre les objets de l'adoration de toute sa vie ? Ce n'est, à coup sûr, ni le mécontentement des hommes, ni l'ennui des choses. C'est le mécontentement de soi-même, c'est l'ennui de sa propre timidité.

Et le peuple espagnol fut plus grand qu'on ne pense ce jour-là. Il accomplit un fait décisif, et s'ôta à lui-même les moyens de revenir sur sa détermination, comme un enfant qui veut devenir homme, et qui brise ses jouets, afin de ne plus céder à la tentation de les reprendre.

Quant à don Juan Mendizabal (son nom vaut bien la peine d'être prononcé à propos de tels événements), si ce que j'ai appris de son existence politique m'a été fidèlement rapporté, ce serait plutôt un homme de principes qu'un homme de faits, et, selon moi, c'est le plus bel éloge qu'on puisse faire de lui. De ce que cet homme d'état aurait trop présumé de la situation intellectuelle de l'Espagne en de certains jours, et trop douté en de certains autres, de ce qu'il aurait pris parfois des mesures intempestives ou incomplètes, et semé son idée sur des champs stériles où la semence devait être étouffée ou dévorée, c'est peut-être une raison suffisante pour qu'on lui dénie l'habileté d'exécution et la persistance de caractère nécessaires au succès immédiat de ses entreprises ; mais ce n'en est pas une pour que l'histoire, prise d'un point de vue plus philosophique qu'on ne le fait ordinairement, ne le signale un jour comme un des esprits les plus généreux et les plus ardemment progressifs de l'Espagne [1].

[1] Cette pensée droite, ce sentiment élevé de l'histoire, a inspiré M. Marliani lorsqu'il a tracé l'éloge de M. Mendizabal en tête de la critique de son ministère : « ... Ce qu'on ne pourra jamais lui refuser, ce sont des qualités d'autant plus admirables qu'elles

Ces réflexions me vinrent souvent parmi les ruines des couvents de Majorque, lorsque j'entendais maudire son nom, et qu'il n'était peut-être pas sans inconvénient pour nous de le prononcer avec éloge et sympathie. Je me disais alors qu'en dehors des questions politiques du moment, pour lesquelles il m'est bien permis de n'avoir ni goût ni intelligence, il y avait un jugement synthétique que je pouvais porter sur les hommes et même sur les faits, sans crainte de m'abuser. Il

se sont rarement trouvées dans les hommes qui l'ont précédé au pouvoir : c'est une foi vive dans l'avenir du pays, c'est un dévouement sans bornes à la cause de la liberté, c'est un sentiment passionné de nationalité, un élan sincère vers les idées progressives et même révolutionnaires pour opérer les réformes que réclame l'état de l'Espagne ; c'est une grande tolérance, une grande générosité envers ses ennemis ; c'est enfin un désintéressement personnel qui lui a fait en tout temps et en toute occasion sacrifier ses intérêts à ceux de sa patrie, et qu'il a porté assez loin pour être sorti de ses différents ministères sans un ruban à sa boutonnière... Il est le premier ministre qui ait pris au sérieux la régénération de son pays. Son passage aux affaires a marqué un progrès réel. Le ministre parlait cette fois le langage du patriote. Il n'eut pas la force d'abolir la censure, mais il eut la générosité de délivrer la presse de toute entrave en faveur de ses ennemis contre lui-même. Il soumit ses actes administratifs au libre examen de l'opinion publique ; et quand une opposition violente s'éleva contre lui du sein des cortès, soulevée par ses anciens amis, il eut assez de grandeur d'âme pour respecter la liberté du député dans le fonctionnaire public. Il déclara à la tribune qu'il se couperait la main plutôt que de signer la destitution d'un député qui avait été comblé de ses bienfaits et qui était devenu son plus ardent ennemi politique. Noble exemple donné par M. Mendizabal avec d'autant plus de mérite qu'il n'avait en ce genre aucun modèle à suivre ! Depuis il ne s'est pas trouvé de disciples de cette vertueuse tolérance. » (*Histoire politique de l'Espagne moderne,* par M. Marliani.)

n'est pas si nécessaire qu'on le croit et qu'on le dit de connaître directement une nation, d'en avoir étudié à fond les mœurs et la vie matérielle, pour se faire une idée droite, et concevoir un sentiment vrai de son histoire, de son avenir, de sa vie morale en un mot. Il me semble qu'il y a dans l'histoire générale de la vie humaine une grande ligne à suivre et qui est la même pour tous les peuples, et à laquelle se rattachent tous les fils de leur histoire particulière. Cette ligne, c'est le sentiment et l'action perpétuelle de l'idéal, ou, si l'on veut, de la perfectibilité, que les hommes ont porté en eux-mêmes, soit à l'état d'instinct aveugle, soit à l'état de théorie lumineuse. Les hommes vraiment éminents l'ont tous ressenti et pratiqué plus ou moins à leur manière, et les plus hardis, ceux qui en ont eu la plus lucide révélation, et qui ont frappé les plus grands coups dans le présent pour hâter le développement de l'avenir, sont ceux que les contemporains ont presque toujours le plus mal jugés. On les a flétris et condamnés sans les connaître, et ce n'est qu'en recueillant le fruit de leur travail qu'on les a replacés sur le piédestal d'où quelques déceptions passagères, quelques revers incompris les avaient fait descendre.

Combien de noms fameux dans notre révolution ont été tardivement et timidement réhabilités! et combien leur mission et leur œuvre sont encore mal comprises et mal développées! En Espagne, Mendizabal a été un des ministres les plus sévèrement jugés, parce qu'il a été le plus courageux, le seul courageux peut-être ; et l'acte qui marque sa courte puissance d'un souvenir ineffaçable, la destruction radicale des couvents, lui a été si durement reproché, que j'éprouve le besoin de protester ici en faveur de cette audacieuse résolution et de l'enivrement avec lequel le peuple espagnol l'adopta et la mit en pratique.

Du moins c'est le sentiment dont mon âme fut remplie soudainement à la vue de ces ruines que le temps n'a pas encore noircies, et qui, elles aussi, semblent protester contre le passé et proclamer le réveil de la vérité chez le peuple. Je ne crois pas avoir perdu le goût et le respect des arts, je ne sens pas en moi des instincts de vengeance et de barbarie; enfin je ne suis pas de ceux qui disent que le culte du beau est inutile, et qu'il faut dégrader les monuments pour en faire des usines; mais un couvent de l'inquisition rasé par le bras populaire est une page de l'histoire tout aussi grande, tout aussi instructive, tout aussi émouvante qu'un aqueduc romain ou un amphithéâtre. Une administration gouvernementale qui ordonnerait de sang-froid la destruction d'un temple, pour quelque raison d'utilité mesquine ou d'économie ridicule, ferait un acte grossier et coupable; mais un chef politique qui, dans un jour décisif et périlleux, sacrifie l'art et la science à des biens plus précieux, la raison, la justice, la liberté religieuse, et un peuple qui, malgré ses instincts pieux, son amour pour la pompe catholique et son respect pour ses moines, trouve assez de cœur et de bras pour exécuter ce décret en un clin d'œil, font comme l'équipage battu de la tempête, qui se sauve en jetant ses richesses à la mer.

Pleure donc qui voudra sur les ruines! Presque tous ces monuments dont nous déplorons la chute sont des cachots où a langui durant des siècles, soit l'âme, soit le corps de l'humanité. Et viennent donc des poètes qui, au lieu de déplorer la fuite des jours de l'enfance du monde, célèbrent dans leurs vers, sur ces débris de hochets dorés et de férules ensanglantées, l'âge viril qui a su s'en affranchir! Il y a de bien beaux vers de Chamisso sur le château de ses ancêtres rasé par la révolution française. Cette pièce se termine par une pensée très-neuve en poésie, comme en politique :

« Béni sois-tu, vieux manoir, sur qui passe maintenant le soc de la charrue! et béni soit celui qui fait passer la charrue sur toi! »

Après avoir évoqué le souvenir de cette belle poésie, oserai-je transcrire quelques pages que m'inspira le couvent des dominicains? Pourquoi non, puisque aussi bien le lecteur doit s'armer d'indulgence, là où il s'agit pour lui de juger une pensée que l'auteur lui soumet en immolant son amour-propre et ses anciennes tendances? Puisse ce fragment, quel qu'il soit, jeter un peu de variété sur la sèche nomenclature d'édifices que je viens de faire!

IV.

LE COUVENT DE L'INQUISITION.

Parmi les décombres d'un couvent ruiné, deux hommes se rencontrèrent à la clarté sereine de la lune. L'un semblait à la fleur de l'âge, l'autre courbé sous le poids des années, et pourtant celui-là était le plus jeune des deux.

Tous deux tressaillirent en se trouvant face à face; car la nuit était avancée, la rue déserte, et l'heure sonnait lugubre et lente au clocher de la cathédrale.

Celui qui paraissait vieux prit le premier la parole :

— Qui que tu sois, dit-il, homme, ne crains rien de

moi ; je suis faible et brisé : n'attends rien de moi non plus, car je suis pauvre et nu sur la terre.

— Ami, répondit le jeune homme, je ne suis hostile qu'à ceux qui m'attaquent, et, comme toi, je suis trop pauvre pour craindre les voleurs.

— Frère, reprit l'homme aux traits flétris, pourquoi donc as-tu tressailli tout à l'heure à mon approche?

— Parce que je suis un peu superstitieux, comme tous les artistes, et que je t'ai pris pour le spectre d'un de ces moines qui ne sont plus, et dont nous foulons les tombes brisées. Et toi, l'ami, pourquoi as-tu également frémi à mon approche?

— Parce que je suis très-superstitieux, comme tous les moines, et que je t'ai pris pour le spectre d'un de ces moines qui m'ont renfermé vivant dans les tombes que tu foules.

— Que dis-tu? Es-tu donc un de ces hommes que j'ai avidement et vainement cherchés sur le sol de l'Espagne?

— Tu ne nous trouveras plus nulle part à la clarté du soleil; mais, dans les ombres de la nuit, tu pourras nous rencontrer encore. Maintenant ton attente est remplie; que veux-tu faire d'un moine?

— Le regarder, l'interroger, mon père; graver ses traits dans ma mémoire, afin de les retracer par la peinture; recueillir ses paroles, afin de les redire à mes compatriotes; le connaître enfin, pour me pénétrer de ce qu'il y a de mystérieux, de poétique et de grand dans la personne du moine et dans la vie du cloître.

— D'où te vient, ô voyageur! l'étrange idée que tu te fais de ces choses? N'es-tu pas d'un pays où la domination des papes est abattue, les moines proscrits, les cloîtres supprimés?

— Il est encore parmi nous des âmes religieuses envers le passé, et des imaginations ardentes frappées de la poésie du moyen âge. Tout ce qui peut nous en apporter un faible parfum, nous le cherchons, nous le vénérons, nous l'adorons presque. Ah! ne crois pas, mon père, que nous soyons tous des profanateurs aveugles. Nous autres artistes, nous haïssons ce peuple brutal qui souille et brise tout ce qu'il touche. Bien loin de ratifier ses arrêts de meurtre et de destruction, nous nous efforçons dans nos tableaux, dans nos poésies, sur nos théâtres, dans toutes nos œuvres enfin, de rendre la vie aux vieilles traditions, et de ranimer l'esprit de mysticisme qui engendra l'art chrétien, cet enfant sublime!

— Que dis-tu là, mon fils? Est-il possible que les artistes de ton pays libre et florissant s'inspirent ailleurs que dans le présent? Ils ont tant de choses nouvelles à chanter, à peindre, à illustrer! et ils vivraient, comme tu le dis, courbés sur la terre où dorment leurs aïeux? Ils chercheraient dans la poussière des tombeaux une inspiration riante et féconde, lorsque Dieu, dans sa bonté, leur a fait une vie si douce et si belle?

— J'ignore, bon religieux, en quoi notre vie peut être telle que tu te la représentes. Nous autres artistes, nous ne nous occupons point des faits politiques, et les questions sociales nous intéressent encore moins. Nous chercherions en vain la poésie dans ce qui se passe autour de nous. Les arts languissent, l'inspiration est étouffée, le mauvais goût triomphe, la vie matérielle absorbe les hommes; et, si nous n'avions pas le culte du passé et les monuments des siècles de foi pour nous retremper, nous perdrions entièrement le feu sacré que nous gardons à grand'peine.

— On m'avait dit pourtant que jamais le génie humain n'avait porté aussi loin que dans vos contrées la science du bonheur, les merveilles de l'industrie, les bienfaits de la liberté. On m'avait donc trompé?

— Si on t'a dit, mon père, qu'en aucun temps on n'avait puisé dans les richesses matérielles un si grand luxe, un tel bien-être, et, dans la ruine de l'ancienne société, une si effrayante diversité de goûts, d'opinions et de croyances, on t'a dit la vérité. Mais si on ne t'a pas dit que toutes ces choses, au lieu de nous rendre heureux, nous ont avilis et dégradés, on ne t'a pas dit toute la vérité.

— D'où peut donc venir un résultat si étrange? Toutes les sources du bonheur se sont empoisonnées sur vos lèvres, et, ce qui fait l'homme grand, juste et bon, le bien-être et la liberté, vous a faits petits et misérables? Explique-moi ce prodige.

— Mon père, est-ce à moi de te rappeler que l'homme ne vit pas seulement de pain? Si nous avons perdu la foi, tout ce que nous avons acquis d'ailleurs n'a pu profiter à nos âmes.

— Explique-moi encore, mon fils, comment vous avez perdu la foi, alors que, les persécutions religieuses cessant chez vous, vous avez pu élargir vos âmes et lever vos yeux vers la lumière divine? C'était le moment de croire, puisque c'était le moment de savoir. Et, à ce moment-là, vous avez douté? Quel nuage a donc passé sur vos têtes?

— Le nuage de la faiblesse et de la misère humaines. L'examen n'est-il pas incompatible avec la foi, mon père?

— C'est comme si tu demandais, ô jeune homme! si la foi est compatible avec la vérité. Tu ne crois donc à rien, mon fils? ou bien tu crois au mensonge?

— Hélas! moi, je ne crois qu'à l'art. Mais n'est-ce pas

assez pour donner à l'âme une force, une confiance et des joies sublimes?

— Je l'ignorais, mon fils, et je ne le comprends pas. Il y a donc encore chez vous quelques hommes heureux? Et toi-même, tu t'es donc préservé de l'abattement et de la douleur?

— Non, mon père; les artistes sont les plus malheureux, les plus indignés, les plus tourmentés des hommes; car ils voient chaque jour tomber plus bas l'objet de leur culte, et leurs efforts sont impuissants pour le relever.

— D'où vient que des hommes aussi pénétrés laissent périr les arts au lieu de les faire revivre?

— C'est qu'ils n'ont plus de foi, et que sans la foi il n'y a plus d'art possible.

— Ne viens-tu pas de me dire que l'art était pour toi une religion? Tu te contredis, mon fils, ou bien je ne sais pas te comprendre.

— Et comment ne serions-nous pas en contradiction avec nous-mêmes, ô mon père! nous autres à qui Dieu a confié une mission que le monde nous dénie, nous à qui le présent ferme les portes de la gloire, de l'inspiration, de la vie; nous qui sommes forcés de vivre dans le passé, et d'interroger les morts sur les secrets de l'éternelle beauté dont les hommes d'aujourd'hui ont perdu le culte et renversé les autels? Devant les œuvres des grands maîtres, et lorsque l'espérance de les égaler nous sourit, nous sommes remplis de force et d'enthousiasme; mais lorsqu'il faut réaliser nos rêves ambitieux, et qu'un monde incrédule et borné souffle sur nous le froid du dédain et de la raillerie, nous ne pouvons rien produire qui soit conforme à notre idéal, et la pensée meurt dans notre sein avant que d'éclore à la lumière.

Le jeune artiste parlait avec amertume, la lune éclairait son visage triste et fier, et le moine immobile le contemplait avec une surprise naïve et bienveillante.

— Asseyons-nous ici, dit ce dernier après un moment de silence, en s'arrêtant près de la balustrade massive d'une terrasse qui dominait la ville, la campagne et la mer.

C'était à l'angle de ce jardin des dominicains, naguère riche de fleurs, de fontaines et de marbres précieux, aujourd'hui jonché de décombres et envahi par toutes les longues herbes qui poussent avec tant de vigueur et de rapidité sur les ruines.

Le voyageur, dans son agitation, en froissa une dans sa main, et la jeta loin de lui avec un cri de douleur. Le moine sourit :

— Cette piqûre est vive, dit-il, mais elle n'est point dangereuse. Mon fils, cette ronce que tu touches sans ménagement et qui te blesse, c'est l'emblème de ces hommes grossiers dont tu te plaignais tout à l'heure. Ils envahissent les palais et les couvents. Ils montent sur les autels, et s'installent sur les débris des antiques splendeurs de ce monde. Vois avec quelle sève et quelle puissance ces herbes folles ont rempli les parterres où nous cultivions avec soin des plantes délicates et précieuses dont pas une n'a résisté à l'abandon ! De même les hommes simples et à demi sauvages qu'on jetait dehors comme des herbes inutiles ont repris leurs droits, et ont étouffé cette plante vénéneuse qui croissait dans l'ombre et qu'on appelait l'inquisition.

— Ne pouvaient-ils donc l'étouffer sans détruire avec elle les sanctuaires de l'art chrétien et les œuvres du génie ?

— Il fallait arracher la plante maudite, car elle était

vivace et rampante. Il a fallu détruire jusque dans leurs fondements ces cloîtres où sa racine était cachée.

— Eh bien! mon père, ces herbes épineuses qui croissent à la place, en quoi sont-elles belles et à quoi sont-elles bonnes?

Le moine rêva un instant et répondit:

— Comme vous me dites que vous êtes peintre, sans doute vous ferez un dessin d'après ces ruines?

— Certainement. Où voulez-vous en venir?

— Éviterez-vous de dessiner ces grandes ronces qui retombent en festons sur les décombres, et qui se balancent au vent, ou bien en ferez-vous un accessoire heureux de votre composition, comme je l'ai vu dans un tableau de Salvator Rosa?

— Elles sont les inséparables compagnes des ruines, et aucun peintre ne manque d'en tirer parti.

— Elles ont donc leur beauté, leur signification, et par conséquent leur utilité.

— Votre parabole n'en est pas plus juste, mon père; asseyez des mendiants et des bohémiens sur ces ruines, elles n'en seront que plus sinistres et plus désolées. L'aspect du tableau y gagnera; mais l'humanité, qu'y gagne-t-elle?

— Un beau tableau peut-être, et à coup sûr une grande leçon. Mais vous autres artistes, qui donnez cette leçon-là, vous ne comprenez pas ce que vous faites, et vous ne voyez ici que des pierres qui tombent et de l'herbe qui pousse.

— Vous êtes sévère; vous qui parlez ainsi, on pourrait vous répondre que vous ne voyez dans cette grande catastrophe que votre prison détruite et votre liberté recouvrée; car je soupçonne, mon père, que le couvent n'était pas de votre goût.

— Et vous, mon fils, auriez-vous poussé l'amour de l'art et de la poésie jusqu'à vivre ici sans regret?

— Je m'imagine que c'eût été pour moi la plus belle vie du monde. Oh! que ce couvent devait être vaste et d'un noble style! Que ces vestiges annoncent de splendeur et d'élégance! Qu'il devait être doux de venir ici, le soir, respirer une douce brise et rêver au bruit de la mer, lorsque ces légères galeries étaient pavées de riches mosaïques, que des eaux cristallines murmuraient dans des bassins de marbre, et qu'une lampe d'argent s'allumait comme une pâle étoile au fond du sanctuaire! De quelle paix profonde, de quel majestueux silence vous deviez jouir lorsque le respect et la confiance des hommes vous entouraient d'une invincible enceinte, et qu'on se signait en baissant la voix chaque fois qu'on passait devant vos mystérieux portiques! Eh! qui n'eût voulu pouvoir abjurer tous les soucis, toutes les fatigues et toutes les ambitions de la vie sociale pour venir s'enterrer ici, dans le calme et l'oubli du monde entier, à la condition d'y rester artiste et d'y pouvoir consacrer dix ans, vingt ans peut-être, à un seul tableau qu'on eût poli lentement, comme un diamant précieux, et qu'on eût vu placer sur un autel, non pour y être jugé et critiqué par le premier ignorant venu, mais salué et invoqué comme une digne représentation de la Divinité même!

— Étranger, dit le moine d'un ton sévère, tes paroles sont pleines d'orgueil, et tes rêves ne sont que vanité. Dans cet art dont tu parles avec tant d'emphase et que tu fais si grand, tu ne vois que toi-même, et l'isolement que tu souhaiterais ne serait à tes yeux qu'un moyen de te grandir et de te déifier. Je comprends maintenant comment tu peux croire à cet art égoïste sans croire à aucune religion ni à aucune société. Mais peut-être n'as-tu pas mûri ces choses dans ton esprit avant de les dire ; peut-être ignores-tu ce qui se passait dans ces antres de corruption et de terreur. Viens avec moi, et peut-être que ce que je vais t'en apprendre changera tes sentiments et tes pensées.

A travers des montagnes de décombres et des précipices incertains et croulants, le moine conduisit, non sans danger, le jeune voyageur au centre du monastère détruit ; et là, à la place où avaient été les prisons, il le fit descendre avec précaution le long des parois d'un massif d'architecture épais de quinze pieds, que la bêche et la pioche avaient fendu dans toute sa profondeur. Au sein de cette affreuse croûte de pierre et de ciment s'ouvraient, comme des gueules béantes du sein de la terre, des loges sans air et sans jour, séparées les unes des autres par des massifs aussi épais que ceux qui pesaient sur leurs voûtes lugubres.

— Jeune homme, dit le moine, ces fosses que tu vois, ce ne sont pas des puits, ce ne sont pas même des tombes ; ce sont les cachots de l'inquisition. C'est là que, durant plusieurs siècles, ont péri lentement tous les hommes qui, soit coupables, soit innocents devant Dieu, soit dégradés par le vice, soit égarés par la fureur, soit inspirés par le génie et la vertu, ont osé avoir une pensée différente de celle de l'inquisition.

Ces pères dominicains étaient des savants, des lettrés, des artistes même. Ils avaient de vastes bibliothèques où les subtilités de la théologie, reliées dans l'or et la moire, étalaient sur des rayons d'ébène leurs marges reluisantes de perles et de rubis ; et cependant l'homme, ce livre vivant où de sa propre main Dieu a écrit sa pensée, ils le descendaient vivant et le tenaient caché dans les entrailles de la terre. Ils avaient des vases d'argent ciselés, des calices étincelants de pierreries, des tableaux magnifiques et des madones d'or et d'ivoire; et cependant l'homme, ce vase d'élection, ce calice rempli de la grâce céleste, cette vivante image de Dieu, ils le livraient vivant au froid de la mort et aux vers du sépulcre. Tel d'entre eux cultivait des roses et des jonquilles avec autant de soin et d'amour qu'on en met à élever un enfant, qui voyait sans pitié son semblable, son frère, blanchir et pourrir dans l'humidité de la tombe.

Voilà ce que c'est que le moine, mon fils, voilà ce que c'est que le cloître. Férocité brutale d'un côté, de l'autre lâche terreur; intelligence égoïste ou dévotion sans entrailles, voilà ce que c'est que l'inquisition.

Et de ce qu'en ouvrant ces caves infectes à la lumière des cieux la main des libérateurs a rencontré quelques colonnes et quelques dorures qu'elle a ébranlées ou ternies, faut-il replacer la dalle du sépulcre sur les victimes expirantes, et verser des larmes sur le sort de leurs bourreaux, parce qu'ils vont manquer d'or et d'esclaves? »

L'artiste était descendu dans une des caves pour en examiner curieusement les parois. Un instant il essaya de se représenter la lutte que la volonté humaine, ensevelie vivante, pouvait soutenir contre l'horrible désespoir d'une telle captivité. Mais à peine ce tableau se fut-il peint à son imagination vive et impressionnable, qu'elle en fut remplie d'angoisse et de terreur. Il crut sentir ces voûtes glacées peser sur son âme; ses membres frémirent, l'air manqua à sa poitrine, il se sentit défaillir en voulant s'élancer hors de cet abîme, et il s'écria, en étendant les bras vers le moine, qui était resté à l'entrée : — Aidez-moi, mon père, au nom du ciel, aidez-moi à sortir d'ici !

— Eh bien ! mon fils, dit le moine en lui tendant la main, ce que tu éprouves en regardant maintenant les étoiles brillantes sur ta tête, imagine comment je l'éprouvai lorsque je revis le soleil après dix ans d'un pareil supplice !

— Vous, malheureux moine ! s'écria le voyageur en se hâtant de marcher vers le jardin ; vous avez pu supporter dix ans de cette mort anticipée sans perdre la raison ou la vie ? Il me semble que, si j'étais resté là un instant de plus, je serais devenu idiot ou furieux. Non, je ne croyais pas que la vue d'un cachot pût produire d'aussi subites, d'aussi profondes terreurs, et je ne comprends pas que la pensée s'y habitue et s'y soumette. J'ai vu les instruments de torture à Venise ; j'ai vu aussi les cachots du palais ducal, avec l'impasse ténébreuse où l'on tombait frappé par une main invisible, et la dalle percée de trous par où le sang allait rejoindre les eaux du canal sans laisser de traces. Je n'ai eu là que l'idée d'une mort plus ou moins rapide. Mais dans ce cachot où je viens de descendre, c'est l'épouvantable idée de la vie qui se présente à l'esprit. O mon Dieu ! être là et ne pouvoir mourir !

— Regarde-moi, mon fils, dit le moine en découvrant sa tête chauve et flétrie ; je ne compte pas plus d'années que n'en révèlent ton visage mâle et ton front serein, et pourtant tu m'as pris sans doute pour un vieillard.

Comment je méritai et comment je supportai ma lente agonie, il n'importe. Je ne demande pas ta pitié ; je n'en ai plus besoin, heureux et jeune que je me sens aujourd'hui en regardant ces murs détruits et ces cachots vides. Je ne veux pas non plus t'inspirer l'horreur des moines; ils sont libres, je le suis aussi; Dieu est bon pour tous. Mais, puisque tu es artiste, il te sera salutaire d'avoir connu une de ces émotions sans lesquelles l'artiste ne comprendrait pas son œuvre.

Et si maintenant tu veux peindre ces ruines sur lesquelles tu venais tout à l'heure pleurer le passé, et parmi lesquelles je reviens chaque nuit me prosterner pour remercier Dieu du présent, ta main et ton génie seront animés peut-être d'une pensée plus haute que celle d'un lâche regret ou d'une stérile admiration. Bien des monuments, qui sont pour les antiquaires des objets d'un prix infini, n'ont d'autre mérite que de rappeler les faits que l'humanité consacra par leur érection, et souvent ce furent des faits iniques ou puérils. Puisque tu as voyagé, tu as vu à Gênes un pont jeté sur un abîme, des quais gigantesques, une riche et pesante église coûteusement élevée dans un quartier désert par la vanité d'un patricien qui ne voulait point passer l'eau ni s'agenouiller dant un temple avec les dévots de sa paroisse. Tu as vu peut-être aussi ces pyramides d'Égypte qui sont l'effrayant témoignage de l'esclavage des nations, ou ces dolmens sur lesquels le sang humain coulait par torrents pour satisfaire la soif inextinguible des divinités barbares. Mais vous autres artistes, vous ne considérez, pour la plupart, dans les œuvres de l'homme que la beauté ou la singularité de l'exécution, sans vous pénétrer de l'idée dont cette œuvre est la forme. Ainsi votre intelligence adore souvent l'expression d'un sentiment que votre cœur repousserait s'il en avait conscience.

Voilà pourquoi vos propres œuvres manquent souvent de la vraie couleur de la vie, surtout lorsque, au lieu d'exprimer celle qui circule dans les veines de l'humanité agissante, vous vous efforcez froidement d'interpréter celle des morts que vous ne voulez pas comprendre.

— Mon père, répondit le jeune homme, je comprends tes leçons et je ne les rejette pas absolument; mais crois-tu donc que l'art puisse s'inspirer d'une telle philosophie? Tu expliques, avec la raison de notre âge, ce qui fut conçu dans un poétique délire par l'ingénieuse superstition de nos pères. Si, au lieu des riantes divinités de la Grèce, nous mettions à nu les banales allégories cachées sous leurs formes voluptueuses; si, au lieu de la divine madone des Florentins, nous peignions, comme les Hollandais, une robuste servante d'estaminet; enfin, si nous faisions de Jésus, fils de Dieu, un philosophe naïf de l'école de Platon; au lieu de divinités nous n'aurions plus que des hommes, de même qu'ici, au lieu d'un temple chrétien, nous n'avons plus sous les yeux qu'un monceau de pierres.

— Mon fils, reprit le moine, si les Florentins ont donné des traits divins à la Vierge, c'est parce qu'ils y croyaient encore; et si les Hollandais lui ont donné des traits vulgaires, c'est parce qu'ils n'y croyaient déjà plus. Et vous vous flattez aujourd'hui de peindre des sujets sacrés, vous qui ne croyez qu'à l'art, c'est-à-dire à vous-mêmes! vous ne réussirez jamais. N'essayez donc de retracer que ce qui est palpable et vivant pour vous. Si j'avais été peintre, moi, j'aurais fait un beau tableau consacré à retracer le jour de ma délivrance; j'aurais représenté des hommes hardis et robustes, le marteau dans une main et le flambeau dans l'autre, pénétrant dans ces limbes de l'inquisition que je viens de te montrer, et relevant de la dalle fétide des spectres à l'œil terne, au sourire effaré. On aurait vu, en guise d'auréole, au-dessus de toutes ces têtes, la lumière des cieux tombant sur elles par la fente des voûtes brisées, et c'eût été un sujet aussi beau, aussi approprié à mon temps que le Jugement dernier de Michel-Ange le fut au sien : car ces hommes du peuple, qui te semblent si grossiers et si méprisables dans l'œuvre de la destruction, m'apparurent plus beaux et plus nobles que tous les anges du ciel ; de même que cette ruine, qui est pour toi un objet de tristesse et de consternation, est pour moi un monument plus religieux qu'il ne le fut jamais avant sa chute.

Si j'étais chargé d'ériger un autel destiné à transmettre aux âges futurs un témoignage de la grandeur et de la puissance du nôtre, je n'en voudrais pas d'autre que cette montagne de débris, au faîte de laquelle j'écrirais ceci sur la pierre consacrée :

« Au temps de l'ignorance et de la cruauté, les hommes adorèrent sur cet autel le Dieu des vengeances et des supplices. Au jour de la justice, et au nom de l'humanité, les hommes ont renversé ces autels sanguinaires, abominables au Dieu de miséricorde. »

V.

Ce n'est pas à Palma, mais à Barcelone, dans les ruines de la maison de l'inquisition, que j'ai vu ces cachots creusés dans des massifs de quatorze pieds d'épaisseur. Il est fort possible qu'il n'y eût point de prisonniers dans ceux de Palma lorsque le peuple y pénétra. Il est bon de demander grâce à la susceptibilité majorquine pour la *licence poétique* que j'ai prise dans le fragment qu'on vient de lire.

Cependant je dois dire que, comme on n'invente rien qui n'ait un certain fonds de vérité, j'ai vu, à Majorque, un prêtre, aujourd'hui curé d'une paroisse de Palma, qui m'a dit avoir passé sept ans de sa vie, *la fleur de sa jeunesse*, dans les prisons de l'inquisition, et n'en être sorti que par la protection d'une dame qui lui portait un vif intérêt. C'était un homme dans la force de l'âge, avec des yeux fort vifs et des manières enjouées. Il ne paraissait pas regretter beaucoup le régime du saint-office.

A propos de ce couvent des dominicains, je citerai un passage de Grasset de Saint-Sauveur, qu'on ne peut accuser de partialité; car il fait, au préalable, un pompeux éloge des inquisiteurs avec lesquels il a été en relation à Majorque :

« On voit cependant encore dans le cloître de Saint-Dominique des peintures qui rappellent la barbarie exercée autrefois sur les juifs. Chacun des malheureux qui ont été brûlés est représenté dans un tableau au bas duquel sont écrits son nom, son âge, et l'époque où il fut victimé.

» On m'a assuré qu'il y a peu d'années les descendants de ces infortunés, formant aujourd'hui une classe particulière parmi les habitants de Palma, sous la ridicule dénomination de *chouettes*, avaient en vain offert des sommes assez fortes pour obtenir qu'on effaçât ces monuments affligeants. Je me suis refusé à croire ce fait...

» Je n'oublierai cependant jamais qu'un jour, me promenant dans le cloître des dominicains, je considérais avec douleur ces tristes peintures : un moine s'approcha de moi, et me fit remarquer parmi ces tableaux plusieurs marqués d'ossements en croix. — Ce sont, me dit-il, les portraits de ceux dont les cendres ont été exhumées et jetées au vent.

» Mon sang se glaça; je sortis brusquement, le cœur navré et l'esprit frappé de cette scène.

» Le hasard fit tomber entre mes mains une relation imprimée en 1755 par l'ordre de l'inquisition, contenant les noms, surnoms, qualités et délits des malheureux sentenciés à Majorque depuis l'année 1645 jusqu'en 1691.

» Je lus en frémissant cet écrit : j'y trouvai quatre Majorquins, dont une femme, brûlés vifs pour cause de judaïsme; trente-deux autres morts, pour le même délit, dans les cachots de l'inquisition, et dont les corps avaient été brûlés; trois dont les cendres ont été exhumées et jetées au vent; un Hollandais accusé de luthéranisme; un Majorquin, de mahométisme; six Portugais, dont une femme, et sept Majorquins, prévenus de judaïsme, brûlés en effigie, ayant eu le bonheur de s'échapper. Je comptai deux cent seize autres victimes, Majorquins et étrangers, accusés de judaïsme, d'hérésie ou de mahométisme, sortis des prisons, après s'être rétractés publiquement et remis dans le sein de l'église. »

Cet affreux catalogue était clôturé par un arrêté de l'inquisition non moins horrible.

M. Grasset donne ici le texte espagnol, dont voici la traduction exacte :

« Tous les coupables mentionnés dans cette relation ont été publiquement condamnés par le saint-office, comme hérétiques formels; tous leurs biens confisqués et appliqués au fisc royal; déclarés inhabiles et incapables d'occuper ni d'obtenir ni dignités ni bénéfices, tant ecclésiastiques que séculiers, ni autres offices publics ni honorifiques; ne pouvant porter sur leurs personnes, ni faire porter à celles qui en dépendent, ni or ni argent, perles, pierres précieuses, corail, soie, camelot, ni drap fin; ni monter à cheval, ni porter des armes, ni exercer et user des autres choses qui, par droit commun, lois et pragmatiques de ce royaume, instructions et style du saint-office, sont prohibées à des individus ainsi dégradés; la même prohibition s'étendant, pour les femmes condamnées au feu, à leurs fils et à leurs filles, et pour les hommes jusqu'à leurs petits-fils en ligne masculine; condamnant en même temps la mémoire de ceux exécutés en effigie, ordonnant que leurs ossements (pouvant les distinguer de ceux des fidèles chrétiens) soient exhumés, remis à la justice et au bras séculier, pour être brûlés et réduits en cendres; que l'on effacera ou raclera toutes inscriptions qui se trouveraient sur les sépultures, ou armes, soit apposées, soit peintes, en quelque lieu que ce soit, de manière *qu'il ne reste d'eux, sur la face de la terre, que la mémoire de leur sentence et de son exécution.* »

Quand on lit de semblables documents, si voisins de notre époque, et quand on voit l'invincible haine qui, après douze ou quinze générations de juifs convertis au christianisme, poursuit encore aujourd'hui cette race infortunée à Majorque, on ne saurait croire que l'esprit de l'inquisition y fût éteint aussi parfaitement qu'on le dit à l'époque du décret de Mendizabal.

Je ne terminerai pas cet article, et je ne sortirai pas du couvent de l'inquisition, sans faire part à mes lecteurs d'une découverte assez curieuse, dont tout l'honneur revient à M. Tastu, et qui eût fait, il y a trente ans, la fortune de cet érudit, à moins qu'il ne l'eût, d'un cœur joyeux, portée au maître du monde, sans songer à en tirer parti pour lui-même, supposition qui est bien plus conforme que l'autre à son caractère d'artiste insouciant et désintéressé.

Cette note est trop intéressante pour que j'essaie de la tronquer. La voici telle qu'elle a été remise entre mes mains, avec l'autorisation de la publier.

COUVENT DE SAINT-DOMINIQUE,

A PALMA DE MALLORCA.

Un compagnon de saint Dominique, Michel de Fabra, fut le fondateur de l'ordre des frères prêcheurs à Mallorca. Il était originaire de la Vieille-Castille, et accompagnait Jacques Ier à la conquête de la grande Baléare, en 1229. Son instruction était grande et variée, sa dévotion remarquable ; ce qui lui donnait auprès du *Conquistador,* de ses nobles compagnons, et des soldats même, une puissante autorité. Il haranguait les troupes, célébrait le service divin, donnait la communion aux assistants et combattait les infidèles, comme le faisaient à cette époque les ecclésiastiques. Les Arabes disaient que la sainte Vierge et le père Michel seuls les avaient conquis. Les soldats aragonais-catalans priaient, dit-on, après Dieu et la sainte Vierge, le père Michel Fabra.

L'illustre dominicain avait reçu l'habit de son ordre à Toulouse des mains de son ami Dominique : il fut envoyé par lui à Paris avec deux autres compagnons pour y remplir une mission importante. Ce fut lui qui établit à Palma le premier couvent des dominicains, au moyen d'une donation que lui fit le procureur du premier évêque de Mallorca, D. J. R. de Torella : ceci se passait en l'an 1231.

Une mosquée et quelques toises de terrain qui en dépendaient servirent à la première fondation. Les frères prêcheurs agrandirent plus tard la communauté, au moyen d'un commerce lucratif de toute espèce de marchandises, et des donations assez fréquentes qui leur étaient faites par les fidèles. Cependant le premier fondateur, frère de Michel de Fabra, était allé mourir à Valence, qu'il avait aidé à conquérir.

Jaime Fabra fut l'architecte du couvent des dominicains. On ne dit pas que celui-ci fût de la famille du père Michel, son homonyme ; on sait seulement qu'il donna ses plans vers 1296, comme il traça plus tard ceux de la cathédrale de Barcelone (1317), et bien d'autres sur les terres des rois d'Aragon.

Le couvent et son église ont dû éprouver bien des changements avec le temps, si l'on compare un instant, comme nous l'avons fait, les diverses parties des monuments ruinés par la mine. Ici reste à peine debout un riche portail, dont le style tient du quatorzième siècle ; mais plus loin, faisant partie du monument, ces arches brisées, ces lourdes clefs de voûte gisantes sur les décombres, vous annoncent que des architectes autres que Jaime Fabra, mais bien inférieurs à lui, ont passé par là.

Sur ces vastes ruines où il n'est resté debout que quelques palmiers séculaires, conservés à notre instante prière, nous avons pu déplorer, comme nous l'avons fait sur celles des couvents de Sainte-Catherine et de Saint-François de Barcelone, que la froide politique eût seule présidé à ces démolitions faites sans discernement.

En effet, l'art et l'histoire n'ont rien perdu à voir tomber les couvents de Saint-Jérôme à Palma, ou le couvent de Saint-François qui bordait en la gênant la *muralla de Mar* à Barcelone ; mais, au nom de l'histoire, au nom de l'art, pourquoi ne pas conserver, comme monuments, les couvents de Sainte-Catherine de Barcelone et celui de Saint-Dominique de Palma, dont les nefs abritaient les tombes des gens de bien, *las sepulturas de personas de be,* comme le dit un petit cahier que nous avons eu entre les mains, et qui faisait partie des archives du couvent ? On y lisait, après les noms de N. Cotoner, grand maître de Malte, ceux des Dameto, des Muntaner, des Villalonga, des La Romana, des *Bonapart !* Ce livre, ainsi que tout ce qui était le couvent, appartient aujourd'hui à l'entrepreneur des démolitions.

Cet homme, vrai type mallorquin, dont le premier abord vous saisit, mais ensuite vous captive et vous rassure, voyant l'intérêt que nous prenions à ces ruines, à ces souvenirs historiques, et d'ailleurs, comme tout homme du peuple, partisan du grand Napoléon, s'empressa de nous indiquer la tombe armoriée des *Bonapart*, ses aïeux, car telle est la tradition mallorquine. Elle nous a paru assez curieuse pour faire quelques recherches à ce sujet ; mais, occupé d'autres travaux, nous n'avons pu y donner le temps et l'attention nécessaires pour les compléter.

Nous avons retrouvé les armoiries des *Bonapart*, qui sont :

Parti d'azur, chargé de six étoiles d'or, à six pointes, deux, deux et deux; et de gueules, au lion d'or léopardé; au chef d'or, chargé d'un aigle naissant de sable;

1° Dans un nobiliaire, ou livre de blason, qui fait partie des richesses renfermées dans la bibliothèque de M. le comte de Montenegro, nous avons pris un *fac-simile* de ces armoiries;

2° A Barcelone, dans un autre nobiliaire espagnol, moins beau d'exécution, appartenant au savant archiviste de la couronne d'Aragon, et dans lequel on trouve, à la date du 15 juin 1549, les preuves de noblesse de la famille des Fortuny, au nombre desquelles figure, parmi les quatre quartiers, celui de l'aïeule maternelle, qui était de la maison de *Bonapart*.

Dans le registre: *Indice: Pedro III*, tome II des archives de la couronne d'Aragon, se trouvent mentionnés deux actes à la date de 1276, relatifs à des membres de la famille *Bonpar*. Ce nom, d'origine provençale ou languedocienne, en subissant, comme tant d'autres de la même époque, l'altération mallorquine, serait devenu *Bonapart*.

En 1411, *Hugo Bonapart*, natif de Mallorca, passa dans l'île de Corse en qualité de *régent* ou gouverneur pour le roi Martin d'Aragon; et c'est à lui qu'on ferait remonter l'origine des *Bonaparte*, ou, comme on a dit plus tard, *Buonaparte;* ainsi *Bonapart* est le nom roman, *Bonaparte* l'italien ancien, et *Buonaparte* l'italien moderne. On sait que les membres de la famille de Napoléon signaient indifféremment *Bonaparte* ou *Buonaparte*.

Qui sait l'importance que ces légers indices, découverts quelques années plus tôt, auraient pu acquérir, s'ils avaient servi à démontrer à Napoléon, qui tenait tant à être Français, que sa famille était originaire de France ?

Pour n'avoir plus la même valeur politique aujourd'hui, la découverte de M. Tastu n'en est pas moins intéressante, et si j'avais quelque voix au chapitre des fonds destinés aux lettres par le gouvernement français, je procurerais à ce bibliographe les moyens de la compléter.

Il importe assez peu aujourd'hui, j'en conviens, de s'assurer de l'origine française de Napoléon. Ce grand capitaine, qui, dans mes idées (j'en demande bien pardon à la mode), n'est pas un si grand prince, mais qui, de sa nature personnelle, était certes un grand homme, a bien su se faire adopter par la France, et la postérité ne lui demandera pas si ses ancêtres furent Florentins, Corses, Majorquins ou Languedociens; mais l'histoire sera toujours intéressée à lever le voile qui couvre cette race prédestinée, où Napoléon n'est certes pas un accident fortuit, un fait isolé. Je suis sûr qu'en cherchant bien, on trouverait dans les générations antérieures de cette famille des hommes ou des femmes dignes d'une telle descendance; et ici les blasons, ces insignes dont la loi d'égalité a fait justice, mais dont l'historien doit toujours tenir compte, comme de monuments très-significatifs, pourraient bien jeter quelque lumière sur la destinée guerrière ou ambitieuse des anciens Bonaparte.

En effet, jamais écu fut-il plus fier et plus symbolique que celui de ces chevaliers majorquins? Ce lion dans l'attitude du combat, ce ciel parsemé d'étoiles d'où cherche à se dégager l'aigle prophétique, n'est-ce pas comme l'hiéroglyphe mystérieux d'une destinée peu commune? Napoléon, qui aimait la poésie des étoiles avec une sorte de superstition, et qui donnait l'aigle pour blason à la France, avait-il donc connaissance de son écu majorquin, et, n'ayant pu remonter jusqu'à la source présumée des Bonpar provençaux, gardait-il le silence sur ses aïeux espagnols? C'est le sort des grands hommes, après leur mort, de voir les nations se disputer leurs berceaux ou leurs tombes.

BONAPART.

(Tiré d'un armorial MS, contenant les blasons des principales familles de Mallorca, etc., etc. Le MS. appartenait à D. Juan Dameto, cronista de Mallorca, mort en 1633, et se conserve dans la bibliothèque du comte de Montenegro Le MS. est du seizième siècle.)

Mallorca, 20 septembre 1837.

(M. TASTU.)

PROVAS DE PERA FORTUNY A 13 DE JUNY DE 1549.

N° 1.

FORTUNY,

SON PARE, SOLAR DE MALLORCA.

FORTUNY,

Son père, ancienne maison noble de Mallorca.
Camp de plata, cinq torteus negres, en dos, dos, y un.
Champ d'argent, cinq tourteaux de sable, deux, deux et un.

N° 2.

COS,

SA MARE, SOLAR DE MALLORCA.

COS,

Sa mère, maison noble de Mallorca.
Camp vermell; un os de or, portant una flor de lliri sobre lo cap, del mateix.
Champ de gueules, ours d'or couronné d'une fleur de lis de même.

N° 3.

BONAPART,

SA AVIA PATERNA, SOLAR DE MALLORCA.

BONAPART,

Son aïeule paternelle, ancienne maison noble de Mallorca.
Ici manquait l'explication du blason : les différences proviennent de celui qui a peint ce nobiliaire : il n'a pas tenu compte qu'il décalquait ; d'ailleurs il a manqué d'exactitude.

N° 4.

GARI,

SA AVIA MATERNA, SOLAR DE MALLORCA.

GARI,

Son aïeule maternelle, ancienne maison noble de Mallorca.
Partit en pal, primer vermell, ad tres torres de plata, en dos, y una; segon blau, ab tres faxas ondeades, de plata.
Parti de gueules et d'azur, trois tours d'argent, deux, une, et trois fasces ondées, d'argent.

TROISIÈME PARTIE.

I.

Nous partîmes pour Valldemosa, vers la mi-décembre, par une matinée sereine, et nous allâmes prendre possession de notre chartreuse au milieu d'un de ces beaux rayons de soleil d'automne qui allaient devenir de plus en plus rares pour nous. Après avoir traversé les plaines fertiles d'Establiments, nous atteignîmes ces vagues terrains, tantôt boisés, tantôt secs et pierreux, tantôt humides et frais, et partout cahotés de mouvements abrupts qui ne ressemblent à rien.

Nulle part, si ce n'est en quelques vallées des Pyrénées, la nature ne s'était montrée à moi aussi libre dans ses allures que sur ces bruyères de Majorque, espaces assez vastes, et qui portaient dans mon esprit un certain démenti à cette culture si parfaite à laquelle les Majorquins se vantent d'avoir soumis tout leur territoire.

Je ne songeais pourtant pas à leur en faire un reproche; car rien n'est plus beau que ces terrains négligés qui produisent tout ce qu'ils veulent, et qui ne se font faute de rien; arbres tortueux, penchés, échevelés; ronces affreuses, fleurs magnifiques, tapis de mousses et de joncs, câpriers épineux, asphodèles délicates et charmantes; et toutes choses prenant là les formes qu'il plaît à Dieu, ravin, colline, sentier pierreux tombant tout à coup dans une carrière, chemin verdoyant s'enfonçant dans un ruisseau trompeur, prairie ouverte à tout venant et s'arrêtant bientôt devant une montagne à pic; puis des taillis semés de gros rochers qu'on dirait tombés du ciel, des chemins creux au bord du torrent entre des buissons de myrte et de chèvrefeuille; enfin une ferme jetée comme une oasis au sein de ce désert, élevant son palmier comme une vigie pour guider le voyageur dans la solitude.

La Suisse et le Tyrol n'ont pas eu pour moi cet aspect de création libre et primitive qui m'a tant charmé à Majorque. Il me semblait que, dans les sites les plus sauvages des montagnes helvétiques, la nature, livrée à de trop rudes influences atmosphériques, n'échappait à la main de l'homme que pour recevoir du ciel de plus dures contraintes, et pour subir, comme une âme fougueuse livrée à elle-même, l'esclavage de ses propres déchirements. A Majorque, elle fleurit sous les baisers d'un ciel ardent, et sourit sous les coups des tièdes bourrasques qui la rasent en courant les mers. La fleur couchée se relève plus vivace, le tronc brisé enfante de plus nombreux rejetons après l'orage; et quoiqu'il n'y ait point, à vrai dire, de lieux déserts dans cette île, l'absence de chemins frayés lui donne un air d'abandon ou de révolte qui doit la faire ressembler à ces belles savanes de la Louisiane, où, dans les rêves chéris de ma jeunesse, je suivais René en cherchant les traces d'Atala ou de Chactas.

Je suis bien sûr que cet éloge de Majorque ne plairait guère aux Majorquins, et qu'ils ont la prétention d'avoir des chemins très-agréables. Agréables à la vue, je ne le nie pas; mais praticables aux voitures, vous allez en juger.

La voiture *à volonté* du pays est la *tartane*, espèce

de coucou-omnibus conduit par un cheval ou par un mulet, et sans aucune espèce de ressort; ou le *birlucho*, sorte de cabriolet à quatre places, portant sur son brancard comme la tartane, comme elle doué de roues solides, de ferrures massives, et garni à l'intérieur d'un demi-pied de bourre de laine. Une telle doublure vous donne bien un peu à penser quand vous vous installez pour la première fois dans ce véhicule aux abords doucereux! Le cocher s'assied sur une planchette qui lui sert de siége, les pieds écartés sur les brancards, et la croupe du cheval entre les jambes, de sorte qu'il a l'avantage de sentir non-seulement tous les cahots de sa brouette, mais encore tous les mouvements de sa bête, et d'être ainsi en carrosse et à cheval en même temps. Il ne paraît point mécontent de cette façon d'aller, car il chante tout le temps, quelque effroyable secousse qu'il reçoive; et il ne s'interrompt que pour proférer d'un air flegmatique des juremens épouvantables lorsque son cheval hésite à se jeter dans quelque précipice, ou à grimper quelque muraille de rochers.

Car c'est ainsi qu'on se promène : ravins, torrents, fondrières, haies vives, fossés se présentent en vain; on ne s'arrête pas pour si peu. Tout cela s'appelle d'ailleurs le chemin.

Au départ, vous prenez cette course au clocher pour une gageure de mauvais goût, et vous demandez à votre guide quelle mouche le pique. — C'est le chemin, vous répond-il. — Mais cette rivière? — C'est le chemin. — Et ce trou profond? — Le chemin. — Et ce buisson aussi? — Toujours le chemin. — A la bonne heure!

Alors vous n'avez rien de mieux à faire que de prendre votre parti, de bénir le matelas qui tapisse la caisse de la voiture et sans lequel vous auriez infailliblement les membres brisés, de remettre votre âme à Dieu, et de contempler le paysage en attendant la mort ou un miracle.

Et pourtant vous arrivez quelquefois sain et sauf, grâce au peu de balancement de la voiture, à la solidité des jambes du cheval, et peut-être à l'incurie du cocher, qui le laisse faire, se croise les bras et fume tranquillement son cigare, tandis qu'une roue court sur la montagne et l'autre dans le ravin.

On s'habitue très-vite à un danger dont on voit les autres ne tenir aucun compte : pourtant le danger est fort réel. On ne verse pas toujours; mais, quand on verse, on ne se relève guère. M. Tastu avait éprouvé l'année précédente un accident de ce genre sur notre route d'Establiments, et il était resté pour mort sur la place. Il en a gardé d'horribles douleurs à la tête, qui ne refroidissent pourtant pas son désir de retourner à Majorque.

Les personnes du pays ont presque toutes une sorte de voiture; et les nobles ont de ces carrosses du temps de Louis XIV, à boîte évasée, quelques-uns à huit glaces, et dont les roues énormes bravent tous les obstacles. Quatre ou six fortes mules traînent légèrement ces lourdes machines mal suspendues, pompeusement disgracieuses, mais spacieuses et solides, dans lesquelles on franchit au galop et avec une incroyable audace les plus effrayants défilés, non sans en rapporter quelques contusions, bosses à la tête, et tout au moins de fortes courbatures.

Le grave Miguel de Vargas, auteur vraiment espagnol, qui ne plaisante jamais, parle en ces termes de *los horrorosos caminos* de Mallorca : « En cuyo esencial » ramo de policia no se puede ponderar bastantemente

» el abandono de esta Balear. El que llaman camino es
» una cadena de precipicios intratables, y el transito
» desde Palma hasta los montes de Galatzo presenta al
» infeliz pasagero la muerte a cada paso, » etc.

Aux environs des villes, les chemins sont un peu moins dangereux; mais ils ont le grave inconvénient d'être resserrés entre deux murailles ou deux fossés qui ne permettent pas à deux voitures de se rencontrer. Le cas échéant, il faut dételer les bœufs de la charrette ou les chevaux de la voiture, et que l'un des deux équipages s'en aille à reculons, souvent pendant un long trajet. Ce sont alors d'interminables contestations pour savoir qui prendra ce parti; et, pendant ce temps, le voyageur, retardé, n'a rien de mieux à faire qu'à répéter la devise majorquine : *mucha calma*, pour son édification particulière.

Avec le peu de frais où se mettent les Majorquins pour entretenir leurs routes, ils ont l'avantage d'avoir de ces routes-là à discrétion. On n'a que l'embarras du choix. J'ai fait trois fois seulement la route de la Chartreuse à Palma, et réciproquement; six fois j'ai suivi une route différente, et six fois le *birlucho* s'est perdu et nous a fait errer par monts et par vaux, sous prétexte de chercher un septième chemin qu'il disait être le meilleur de tous, et qu'il n'a jamais trouvé.

De Palma à Valldemosa on compte trois lieues, mais trois lieues majorquines, qu'on ne fait pas, en trottant bien, en moins de trois heures. On monte insensiblement pendant les deux premières; à la troisième, on entre dans la montagne et on suit une rampe très-unie (ancien travail des chartreux vraisemblablement), mais très-étroite, horriblement rapide, et plus dangereuse que tout le reste du chemin.

Là on commence à saisir le côté alpestre de Majorque ; mais c'est en vain que les montagnes se dressent de chaque côté de la gorge, c'est en vain que le torrent bondit de roche en roche ; c'est seulement dans le cœur de l'hiver que ces lieux prennent l'aspect sauvage que les Majorquins leur attribuent. Au mois de décembre, et malgré les pluies récentes, le torrent était encore un charmant ruisseau courant parmi des touffes d'herbes et de fleurs ; la montagne était riante, et le vallon encaissé de Valldemosa s'ouvrit devant nous comme un jardin printanier.

Pour atteindre la Chartreuse, il faut mettre pied à terre ; car aucune charrette ne peut gravir le chemin pavé qui y mène, chemin admirable à l'œil par son mouvement hardi, ses sinuosités parmi de beaux arbres, et les sites ravissants qui se déroulent à chaque pas, grandissant de beauté à mesure qu'on s'élève. Je n'ai rien vu de plus riant et de plus mélancolique, en même temps que ces perspectives où le chêne vert, le caroubier, le pin, l'olivier, le peuplier et le cyprès marient leurs nuances variées en berceaux profonds ; véritables abîmes de verdure, où le torrent précipite sa course sous des buissons d'une richesse somptueuse et d'une grâce inimitable. Je n'oublierai jamais un certain détour de la gorge où, en se retournant, on distingue, au sommet d'un mont, une de ces jolies maisonnettes arabes que j'ai décrites, à demi cachée dans les raquettes de ses nopals, et un grand palmier qui se penche sur l'abîme en dessinant sa silhouette dans les airs. Quand la vue des boues et des brouillards de Paris me jette dans le spleen, je ferme les yeux, et je revois comme dans un rêve cette montagne verdoyante, ces roches fauves et ce palmier solitaire perdu dans un ciel rose.

La chaîne de Valldemosa s'élève de plateaux en plateaux resserrés jusqu'à une sorte d'entonnoir entouré de hautes montagnes et fermé au nord par le versant d'un dernier plateau à l'entrée duquel repose le monastère. Les chartreux ont adouci, par un travail immense, l'âpreté de ce lieu romantique. Ils ont fait du vallon qui termine la chaîne un vaste jardin ceint de murailles qui ne gênent point la vue, et auquel une bordure de cyprès à forme pyramidale, disposés deux à deux sur divers plans, donne l'aspect *arrangé* d'un cimetière d'opéra.

Ce jardin, planté de palmiers et d'amandiers, occupe tout le fond incliné du vallon, et s'élève en vastes gradins sur les premiers plans de la montagne. Au clair de la lune, et lorsque l'irrégularité de ces gradins est dissimulée par les ombres, on dirait d'un amphithéâtre taillé pour des combats de géants. Au centre et sous un groupe de beaux palmiers, un réservoir en pierre reçoit les eaux de source de la montagne, et les déverse aux plateaux inférieurs par des canaux en dalles, tout semblables à ceux qui arrosent les alentours de Barcelone. Ces ouvrages sont trop considérables et trop ingénieux pour n'être pas, à Majorque comme en Catalogne, un travail des Maures. Ils parcourent tout l'intérieur de l'île, et ceux qui partent du jardin des chartreux, côtoyant le lit du torrent, portent à Palma une eau vive en toute saison.

La Chartreuse, située au dernier plan de ce col de montagnes, s'ouvre au nord sur une vallée spacieuse qui s'élargit et s'élève en pente douce jusqu'à la côte escarpée dont la mer frappe et ronge la base. Un des bras de la chaîne s'en va vers l'Espagne, et l'autre vers l'orient. De cette chartreuse pittoresque on domine donc la mer des deux côtés. Tandis qu'on l'entend gronder au nord, on l'aperçoit comme une faible ligne brillante au delà des montagnes qui s'abaissent, et de l'immense plaine qui se déroule au midi ; tableau sublime, encadré au premier plan par de noirs rochers couverts de sapins, au second par des montagnes au profil hardiment découpé et frangé d'arbres superbes, au troisième et au quatrième par des mamelons arrondis que le soleil couchant dore des nuances les plus chaudes, et sur la croupe desquels l'œil distingue encore, à une lieue de distance, la silhouette microscopique des arbres, fine comme l'antenne des papillons, noire et nette comme un trait de plume à l'encre de Chine sur un fond d'or étincelant. Ce fond lumineux, c'est la plaine ; et à cette distance, lorsque les vapeurs de la montagne commencent à s'exhaler et à jeter un voile transparent sur l'abîme, on croirait que c'est déjà la mer. Mais la mer est encore plus loin, et, au retour du soleil, quand la plaine est comme un lac bleu, la Méditerranée trace une bande d'argent vif aux confins de cette perspective éblouissante.

C'est une de ces vues qui accablent parce qu'elles ne laissent rien à désirer, rien à imaginer. Tout ce que le poëte et le peintre peuvent rêver, la nature l'a créé en cet endroit. Ensemble immense, détails infinis, variété inépuisable, formes confuses, contours accusés, vagues profondeurs, tout est là, et l'art n'y peut rien ajouter. L'esprit ne suffit pas toujours à goûter et à comprendre l'œuvre de Dieu ; et s'il fait un retour sur lui-même, c'est pour sentir son impuissance à créer une expression quelconque de cette immensité de vie qui le subjugue et l'enivre. Je conseillerais aux gens que la vanité de l'art dévore, de bien regarder de tels sites et de les regarder souvent. Il me semble qu'ils y prendraient pour cet art divin qui préside à l'éternelle création des choses un certain respect qui leur manque, à ce que je m'imagine d'après l'emphase de leur forme.

Quant à moi, je n'ai jamais mieux senti le néant des mots que dans ces heures de contemplation passées à la Chartreuse. Il me venait bien des élans religieux ; mais il ne m'arrivait pas d'autre formule d'enthousiasme que celle-ci : Bon Dieu, béni sois-tu pour m'avoir donné de bons yeux !

Au reste, je crois que si la jouissance accidentelle de ces spectacles sublimes est rafraîchissante et salutaire, leur continuelle possession est dangereuse. On s'habitue à vivre sous l'empire de la sensation, et la loi qui préside à tous les abus de la sensation, c'est l'énervement. C'est ainsi que l'on peut s'expliquer l'indifférence des moines en général pour la poésie de leurs monastères, et celle des paysans et des pâtres pour la beauté de leurs montagnes.

Nous n'eûmes pas le temps de nous lasser de tout cela, car le brouillard descendait presque tous les soirs au coucher du soleil, et hâtait la chute des journées déjà si courtes que nous avions dans cet entonnoir. Jusqu'à midi nous étions enveloppés dans l'ombre de la grande montagne de gauche, et à trois heures nous retombions dans l'ombre de celle de droite. Mais quels beaux effets de lumière nous pouvions étudier, lorsque les rayons obliques pénétrant par les déchirures des rochers, ou glissant entre les croupes des montagnes, venaient tracer des crêtes d'or et de pourpre sur nos seconds plans ! Quelquefois nos cyprès, noirs obélisques qui servaient de repoussoir au fond du tableau, trempaient leurs têtes dans ce fluide embrasé ; les régimes de dattes de nos palmiers semblaient des grappes de rubis, et une grande ligne d'ombre, coupant la vallée en biais, la partageait en deux zones : l'une inondée des clartés de l'été, l'autre bleuâtre et froide à la vue comme un paysage d'hiver.

La chartreuse de Valldemosa contenant tout juste, suivant la règle des chartreux, treize religieux y compris le supérieur, avait échappé au décret qui ordonna, en 1836, la démolition des monastères contenant moins de douze personnes en communauté ; mais, comme toutes les autres, celle-là avait été dispersée et le couvent supprimé, c'est-à-dire considéré comme domaine de l'état. L'état majorquin, ne sachant comment utiliser ces vastes bâtiments, avait pris le parti, en attendant qu'ils achevassent de s'écrouler, de louer les cellules aux personnes qui voudraient les habiter. Quoique le prix de ces loyers fût d'une modicité extrême, les villageois de Valldemosa n'en avaient pas voulu profiter, peut-être à cause de leur extrême dévotion et du regret qu'ils avaient de leurs moines, peut-être aussi par effroi superstitieux : ce qui ne les empêchait pas de venir y danser dans les nuits du carnaval, comme je le dirai ci-après ; mais ce qui leur faisait regarder de très-mauvais œil notre présence irrévérencieuse dans ces murs vénérables.

Cependant la Chartreuse est en grande partie habitée, durant les chaleurs de l'été, par les petits bourgeois palmesans, qui viennent chercher, sur ces hauteurs et sous ces voûtes épaisses, un air plus frais que dans la plaine ou dans la ville. Mais aux approches de l'hiver le froid les en chasse, et lorsque nous y demeurâmes, la Chartreuse avait pour tous habitants, outre moi et ma famille, le pharmacien, le sacristain et la Maria-Antonia.

La Maria-Antonia était une sorte de femme de charge qui était venue d'Espagne pour échapper, je crois, à la misère, et qui avait loué une cellule pour exploiter les hôtes passagers de la Chartreuse. Sa cellule était située à côté de la nôtre et nous servait de cuisine, tandis que la dame était censée nous servir de ménagère. C'était une ex-jolie femme, fine, proprette en apparence, doucereuse, se disant bien née, ayant de charmantes manières, un son de voix harmonieux, des airs patelins, et exerçant une sorte d'hospitalité fort singulière. Elle avait coutume d'offrir ses services aux arrivants, et de refuser, d'un air outragé, et presque en se voilant la face, toute espèce de rétribution pour ses soins. Elle agissait ainsi, disait-elle, pour l'amour de Dieu *por l'assistencia*, et dans le seul but d'obtenir l'amitié de ses voisins. Elle possédait, en fait de mobilier, un lit de sangle, une chaufferette, un brasero, deux chaises de paille, un crucifix, et quelques plats de terre. Elle mettait tout cela à votre disposition avec beaucoup de générosité, et vous pouviez installer chez elle votre servante et votre marmite.

Mais aussitôt elle entrait en possession de tout votre ménage, et prélevait pour elle le plus pur de vos nippes et de votre dîner. Je n'ai jamais vu de bouche dévote plus friande, ni de doigts plus agiles pour puiser, sans se brûler, au fond des casseroles bouillantes, ni de gosier plus élastique pour avaler le sucre et le café de ses hôtes chéris à la dérobée, tout en fredonnant un cantique ou un boléro. C'eût été une chose curieuse et divertissante, si on eût pu être tout à fait désintéressé dans la question, que de voir cette bonne Antonia, et la Catalina, cette grande sorcière walldemosane qui nous servait de valet de chambre, et la niña, petit monstre ébouriffé qui nous servait de groom, aux prises toutes trois avec notre dîner. C'était l'heure de l'Angelus, et ces trois chattes ne manquaient pas de le réciter : les deux vieilles en duo, faisant main basse sur tous les plats, et la petite répondant *amen*, tout en escamotant avec une dextérité sans égale quelque côtelette ou quelque fruit confit. C'était un tableau à faire et qui valait bien la peine qu'on feignît de ne rien voir ; mais lorsque les pluies interceptèrent fréquemment les communications avec Palma, et que les aliments devinrent rares, *l'assistencia* de la Maria-Antonia et de sa clique devint moins plaisante, et nous fûmes forcés de nous succéder, mes enfants et moi, dans le rôle de planton pour surveiller les vivres. Je me souviens d'avoir couvé, presque sous mon chevet, certains paniers de biscottes bien nécessaires au déjeuner du lendemain, et d'avoir plané comme un vautour sur certains plats de poisson, pour écarter de nos fourneaux en plein vent ces petits oiseaux de rapine qui ne nous eussent laissé que les arêtes.

Le sacristain était un gros gars qui avait peut-être servi la messe aux chartreux dans son enfance, et qui désormais était dépositaire des clefs du couvent. Il y avait une histoire scandaleuse sur son compte ; il était atteint et convaincu d'avoir séduit et mis à mal une señorita qui avait passé quelques mois avec ses parents à la Chartreuse, et il disait pour s'excuser, qu'il n'était chargé par l'état que de garder les vierges en peinture. Il n'était pas beau le moins du monde ; mais il avait des prétentions au dandysme. Au lieu du beau costume demi-arabe que portent les gens de sa classe, il avait un pantalon européen et des bretelles qui certainement donnaient dans l'œil des filles de l'endroit. Sa sœur était la plus belle Majorquine que j'aie vue. Ils n'habitaient pas le couvent, ils étaient riches et fiers, et avaient une maison dans le village; mais ils faisaient leur ronde chaque jour et fréquentaient la Maria-Antonia, qui les invitait à manger notre dîner quand elle n'avait pas d'appétit.

Le pharmacien était un chartreux qui s'enfermait dans sa cellule pour reprendre sa robe jadis blanche, et réciter tout seul ses offices en grande tenue. Quand on sonnait à sa porte pour lui demander de la guimauve ou du chiendent (les seuls spécifiques qu'il possédât), on le voyait jeter à la hâte son froc sous son lit, et apparaître en culotte noire, en bas et en petite veste, absolument dans le costume des opérateurs que Molière faisait danser en ballet dans ses intermèdes. C'était un vieillard très-méfiant, ne se plaignant de rien, et priant peut-être pour le triomphe de don Carlos et le retour de la sainte inquisition, sans vouloir de mal à personne. Il nous vendait son chiendent à prix d'or, et se consolait par ces petits profits d'avoir été relevé de son vœu de pauvreté. Sa cellule était située bien loin de la nôtre, à l'entrée du monastère, dans une sorte de bouge dont la porte se dissimulait derrière un buisson de ricins et d'autres plantes médicinales de la plus belle venue. Caché là comme un vieux lièvre qui craint de mettre les chiens sur sa piste, il ne se montrait guère; et si nous n'eussions été plusieurs fois le réclamer pour lui demander ses juleps, nous ne nous serions jamais doutés qu'il y eût encore un chartreux à la Chartreuse.

Cette Chartreuse n'a rien de beau comme ornement d'architecture, mais c'est un assemblage de bâtiments très-fortement et très-largement construits. Avec une pareille enceinte et une telle masse de pierres de taille, il y aurait de quoi loger un corps d'armée; et pourtant cette vaste construction avait été élevée pour douze personnes. Rien que dans le nouveau cloître (car ce monastère se compose de trois chartreuses accolées l'une à l'autre à diverses époques), il y a douze cellules composées chacune de trois pièces spacieuses donnant sur un des côtés du cloître. Sur les deux faces latérales sont situées douze chapelles. Chaque religieux avait la sienne, dans laquelle il s'enfermait pour prier seul. Toutes ces chapelles sont diversement ornées, couvertes de dorures et de peintures du goût le plus grossier, avec des statues de saints en bois colorié, si horribles que je n'aurais pas trop aimé, je le confesse, à les rencontrer la nuit hors de leurs niches. Le pavé de ces oratoires est formé de faïences émaillées et disposées en divers dessins de mosaïque d'un très-bel effet. Le goût arabe règne encore en ceci, et c'est le seul bon goût dont la tradition ait traversé les siècles à Majorque. Enfin chacune de ces chapelles est munie d'une fontaine ou d'une conque en beau marbre du pays, chaque chartreux étant tenu de laver tous les jours son oratoire. Il règne dans ces pièces voûtées, sombres, et carrelées d'émail, une fraîcheur qui pouvait bien faire des longues heures de la prière une sorte de volupté dans les jours brûlants de la canicule.

La quatrième face du nouveau cloître, au centre duquel règne un petit préau planté symétriquement de buis qui n'ont pas encore perdu tout à fait les formes pyramidales imposées par le ciseau des moines, est parallèle à une jolie église dont la fraîcheur et la propreté contrastent avec l'abandon et la solitude du monastère. Nous espérions y trouver des orgues; nous avions oublié que la règle des chartreux supprimait toute espèce d'instruments de musique, comme un vain luxe et un plaisir des sens. L'église se compose d'une seule nef pavée en belles faïences très-finement peintes, à bouquets de fleurs artistement disposés comme sur un tapis. Les lambris boisés, les confessionnaux et les portes sont d'une grande simplicité ; mais la perfection de leurs nervures et la netteté d'un travail sobrement et délicatement orné attestent une habileté dans la main-d'œuvre qu'on ne trouve plus en France dans les ouvrages de menuiserie. Malheureusement cette exécution consciencieuse est perdue aussi à Majorque. Il n'y a dans toute l'île, m'a dit M. Tastu, que deux ouvriers qui aient conservé cette profession à l'état d'art. Le menuisier que nous employâmes à la Chartreuse était certainement un artiste, mais seulement en musique et en peinture. Étant venu un jour à notre cellule pour y poser quelques rayons de bois blanc, il regarda tout notre petit bagage d'artistes avec cette curiosité naïve et indiscrète que j'avais remarquée autrefois chez les Grecs esclavons. Les esquisses que mon fils avait faites d'après des dessins de Goya représentant des moines en goguette, et dont il avait orné notre chambre, le scandalisèrent un peu ; mais ayant aperçu la *Descente de croix* gravée d'après Rubens, il resta long-temps absorbé dans une contemplation étrange. Nous lui demandâmes ce qu'il en pensait : « Il n'y a rien dans toute l'île de Majorque, nous répondit-il dans son patois, d'aussi beau et d'aussi *naturel.* »

Ce mot de *naturel* dans la bouche d'un paysan qui avait la chevelure et les manières d'un sauvage nous frappa beaucoup. Le son du piano et le jeu de l'artiste le jetaient dans une sorte d'extase. Il abandonnait son travail et venait se placer derrière la chaise de l'exécutant, la bouche entr'ouverte et les yeux hors de la tête. Ces instincts élevés ne l'empêchaient pas d'être voleur comme tous les paysans majorquins le sont avec les étrangers; et cela sans aucune espèce de scrupule, quoiqu'ils soient d'une loyauté religieuse, dit-on, dans les rapports qu'ils ont entre eux. Il demandait de son travail un prix fabuleux, et il portait les mains avec convoitise sur tous les petits objets d'industrie française que nous avions apportés pour notre usage. J'eus bien de la peine à sauver de ses larges poches les pièces de mon nécessaire de toilette. Ce qui le tentait le plus, c'était un verre de cristal taillé, ou peut-être la brosse à dents qui s'y trouvait, et dont certainement il ne comprenait pas la destination. Cet homme avait les besoins d'art d'un Italien et les instincts de rapine d'un Malais ou d'un Cafre.

Cette digression ne me fera pas oublier de mentionner le seul objet d'art que nous trouvâmes à la Chartreuse. C'était une statue de saint Bruno en bois peint, placée dans l'église. Le dessin et la couleur en étaient remarquables; les mains, admirablement étudiées, avaient un mouvement d'invocation pieuse et déchirante; l'expression de la tête était vraiment sublime de foi et de douleur. Et pourtant c'était l'œuvre d'un ignorant; car la statue placée en regard, et exécutée par le même manœuvre, était pitoyable sous tous les rapports; mais il avait eu en créant saint Bruno un éclair d'inspiration, un élan d'exaltation religieuse peut-être, qui l'avait élevé au-dessus de lui-même. Je doute que jamais le saint fanatique de Grenoble ait été compris et rendu avec un sentiment aussi profond et aussi ardent. C'était la personnification de l'ascétisme chrétien. Mais, à Majorque même, l'emblème de cette philosophie du passé est debout dans la solitude.

L'ancien cloître, qu'il faut traverser pour entrer dans le nouveau, communique à celui-ci par un détour fort simple que, grâce à mon peu de mémoire locale, je n'ai jamais pu retrouver sans me perdre préalablement dans le troisième cloître.

Ce troisième bâtiment, que je devrais appeler le premier parce qu'il est le plus ancien, est aussi le plus petit. Il présente un coup d'œil charmant. Le préau qu'il embrasse de ses murailles brisées est l'ancien cimetière des moines. Aucune inscription ne distingue ces tombes que le chartreux creusait durant sa vie, et où rien ne devait disputer sa mémoire au néant de la mort. Les sépultures sont à peine indiquées par le renflement des touffes de gazon. M. Laurens a retracé la physionomie de ce cloître dans un joli dessin, où j'ai retrouvé avec un plaisir incroyable le petit puits à gable aigu, les fenêtres à croix de pierre où se suspendent en festons toutes les herbes vagabondes des ruines, et les grands cyprès verticaux qui s'élèvent la nuit comme des spectres noirs autour de la croix de bois blanc. Je suis fâché qu'il n'ait pas vu la lune se lever derrière la belle montagne de grès couleur d'ambre qui domine ce cloître, et qu'il n'ait pas mis au premier plan un vieux laurier au tronc énorme et à la tête desséchée qui n'existait peut-être déjà plus lorsqu'il visita la Chartreuse. Mais j'ai retrouvé dans son dessin et dans son texte une mention honorable pour le beau palmier nain (*chamærops*) que j'ai défendu contre l'ardeur naturaliste de mes enfants, et qui est peut-être un des plus vigoureux de l'Europe dans son espèce.

Autour de ce petit cloître sont disposées les anciennes

chapelles des chartreux du quinzième siècle. Elles sont hermétiquement fermées, et le sacristain ne les ouvre à personne, circonstance qui piquait beaucoup notre curiosité. A force de regarder au travers des fentes dans nos promenades, nous avons cru apercevoir de beaux débris de meubles et de sculptures en bois très-anciennes. Il pourrait bien se trouver dans ces galetas mystérieux beaucoup de richesses enfouies dont personne à Majorque ne se souciera jamais de secouer la poussière.

Le second cloître a douze cellules et douze chapelles comme les autres. Ses arcades ont beaucoup de caractère dans leur délabrement. Elles ne tiennent plus à rien, et quand nous les traversions le soir par un gros temps, nous recommandions notre âme à Dieu ; car il ne passait pas d'ouragan sur la Chartreuse qui ne fît tomber un pan de mur ou un fragment de voûte. Jamais je n'ai entendu le vent promener des voix lamentables et pousser des hurlements désespérés, comme dans ces galeries creuses et sonores. Le bruit des torrents, la course précipitée des nuages, la grande clameur monotone de la mer interrompue par le sifflement de l'orage, et les plaintes des oiseaux de mer qui passaient tout effarés et tout déroutés dans les rafales ; puis de grands brouillards qui tombaient tout à coup comme un linceul, et qui, pénétrant dans les cloîtres par les arcades brisées, nous rendaient invisibles et faisaient paraître la petite lampe que nous portions pour nous diriger, comme un esprit follet errant sous les galeries, et mille autres détails de cette vie cénobitique qui se pressent à la fois dans mon souvenir : tout cela faisait bien de cette Chartreuse le séjour le plus romantique de la terre.

Je n'étais pas fâché de voir en plein, et en réalité

une bonne fois, ce que je n'avais vu qu'en rêve, ou dans les ballades à la mode, et dans l'acte des nonnes de *Robert-le-Diable*, à l'Opéra. Les apparitions fantastiques ne nous manquèrent même pas, comme je le dirai tout à l'heure; et à propos de tout ce romantisme matérialisé qui posait devant moi, je n'étais pas sans faire quelques réflexions sur le romantisme en général.

A la masse des bâtiments que je viens d'indiquer, il faut joindre la partie réservée au supérieur, que nous ne pûmes visiter, non plus que bien d'autres recoins mystérieux; les cellules des frères convers, une petite église appartenant à l'ancienne Chartreuse, et plusieurs autres constructions destinées aux personnes de marque qui y venaient faire des retraites ou accomplir des dévotions pénitentiaires; plusieurs petites cours entourées d'étables pour le bétail de la communauté, des logements pour la nombreuse suite des visiteurs; enfin, tout un phalanstère, comme on dirait aujourd'hui, sous l'invocation de la Vierge et de saint Bruno.

Quand le temps était trop mauvais pour nous empêcher de gravir la montagne, nous faisions notre promenade à couvert dans le couvent, et nous en avions pour plusieurs heures à explorer l'immense manoir. Je ne sais quel attrait de curiosité me poussait à surprendre dans ces murs abandonnés le secret intime de la vie monastique. Sa trace était si récente, que je croyais toujours entendre le bruit des sandales sur le pavé et le murmure de la prière sous les voûtes des chapelles. Dans nos cellules, des oraisons latines imprimées et collées sur les murs, jusque dans des réduits secrets où je n'aurais jamais imaginé qu'on allât dire des *oremus*, étaient encore lisibles.

Un jour que nous allions à la découverte dans des

galeries supérieures, nous trouvâmes devant nous une jolie tribune, d'où nos regards plongèrent dans une grande et belle chapelle, si meublée et si bien rangée, qu'on l'eût dite abandonnée de la veille. Le fauteuil du supérieur était encore à sa place, et l'ordre des exercices religieux de la semaine, affiché dans un cadre de bois noir, pendait de la voûte au milieu des stalles du chapitre. Chaque stalle avait une petite image de saint collée au dossier, probablement le patron de chaque religieux. L'odeur d'encens dont les murs avaient été si long-temps imprégnés n'était pas encore tout à fait dissipée. Les autels étaient parés de fleurs desséchées, et les cierges à demi consumés se dressaient encore dans leurs flambeaux. L'ordre et la conservation de ces objets contrastaient avec les ruines du dehors, la hauteur des ronces qui envahissaient les fenêtres, et les cris des polissons qui jouaient aux petits palets dans les cloîtres avec des fragments de mosaïque.

Quant à mes enfants, l'amour du merveilleux les portait bien plus vivement encore à ces explorations enjouées et passionnées. Certainement, ma fille s'attendait à trouver quelque palais de fée rempli de merveilles dans les greniers de la Chartreuse, et mon fils espérait découvrir la trace de quelque drame terrible et bizarre enfoui sous les décombres. J'étais souvent effrayé de les voir grimper comme des chats sur des planches déjetées et sur des terrasses tremblantes; et quand, me devançant de quelques pas, ils disparaissaient dans un tournant d'escalier en spirale, je m'imaginais qu'ils étaient perdus pour moi, et je doublais le pas avec une sorte de terreur où la superstition entrait peut-être bien pour quelque chose.

Car, on s'en défendrait en vain, ces demeures sinistres, consacrées à un culte plus sinistre encore, agissent quelque peu sur l'imagination, et je défierais le cerveau le plus calme et le plus froid de s'y conserver long-temps dans un état de parfaite santé. Ces petites peurs fantastiques, si je puis les appeler ainsi, ne sont pas sans attrait; elles sont pourtant assez réelles pour qu'il soit nécessaire de les combattre en soi-même. J'avoue que je n'ai guère traversé le cloître le soir sans une certaine émotion mêlée d'angoisse et de plaisir que je n'aurais pas voulu laisser paraître devant mes enfants, dans la crainte de la leur faire partager. Ils n'y paraissaient cependant pas disposés, et ils couraient volontiers au clair de la lune sous ces arceaux rompus qui vraiment avaient l'air d'appeler les danses du sabbat. Je les ai conduits plusieurs fois, vers minuit, dans le cimetière.

Cependant je ne les laissai plus sortir seuls, le soir, après que nous eûmes rencontré un grand vieillard qui se promenait parfois dans les ténèbres. C'était un ancien serviteur ou client de la communauté, à qui le vin et la dévotion faisaient souvent partir la cervelle. Lorsqu'il était ivre, il venait errer dans les cloîtres, frapper aux portes des cellules désertes avec un grand bourdon de pèlerin, où était suspendu un long rosaire, appelant les moines dans ses déclamations avinées, et priant d'une voix lugubre devant les chapelles. Comme il voyait un peu de lumière s'échapper de notre cellule, c'était là surtout qu'il venait rôder avec des menaces et des jurements épouvantables. Il entrait chez la Maria-Antonia, qui en avait grand'peur, et, lui faisant de longs sermons entrecoupés de jurons cyniques, il s'installait auprès de son brasero jusqu'à ce que le sacristain vînt l'en arracher à force de politesses et de ruses; car le sacristain n'était pas très-brave, et craignait de s'en faire un ennemi. Notre homme venait alors frapper à notre porte à des heures indues; et quand il était fatigué d'appeler en vain le père Nicolas, qui était son idée fixe, il se laissait tomber aux pieds de la madone dont la niche était située à quelques pas de notre porte, et s'y endormait, son couteau ouvert dans une main, et son chapelet dans l'autre.

Son tapage ne nous inquiétait guère, parce que ce n'était point un homme à se jeter sur les gens à l'improviste. Comme il s'annonçait de loin par ses exclamations entrecoupées et le bruit de son bâton sur le pavé, on avait le temps de battre en retraite devant cet animal sauvage, et la double porte en plein chêne de notre cellule eût pu soutenir un siége autrement formidable; mais cet assaut obstiné pendant que nous avions un malade accablé, auquel il disputait quelques heures de repos, n'était pas toujours comique. Il fallait le subir pourtant avec *mucha calma*, car nous n'eussions certes reçu aucune protection de la police de l'endroit; nous n'allions point à la messe, et notre ennemi était un saint homme qui n'en manquait aucune.

Un soir, nous eûmes une alerte et une apparition d'un autre genre, que je n'oublierai jamais. Ce fut d'abord un bruit inexplicable et que je ne pourrais comparer qu'à des milliers de sacs de noix roulant avec continuité sur un parquet. Nous nous hâtâmes de sortir dans le cloître, pour voir ce que ce pouvait être. Le cloître était désert et sombre comme à l'ordinaire; mais le bruit se rapprochait toujours sans interruption, et bientôt une faible clarté blanchit la vaste profondeur des voûtes. Peu à peu elles s'éclairèrent du feu de plusieurs torches, et nous vîmes apparaître, dans la vapeur rouge qu'elles répandaient, un bataillon d'êtres abominables à Dieu et aux hommes. Ce n'était rien moins que Lucifer en personne, accompagné de toute sa cour, un maître diable tout noir, cornu, avec la face couleur de sang; et autour de lui un essaim de diablotins avec des têtes d'oiseau, des queues de cheval, des oripeaux de toutes couleurs, et des diablesses ou des bergères, en habits blancs et roses, qui avaient l'air d'être enlevées par ces vilains gnômes. Après les confessions que je viens de faire, je puis avouer que pendant une ou deux minutes, et même encore un peu de temps après avoir compris ce que c'était, il me fallut un certain effort de volonté pour tenir ma lampe élevée au niveau de cette laide mascarade, à laquelle l'heure, le lieu et la clarté des torches donnaient une apparence vraiment surnaturelle.

C'étaient des gens du village, riches fermiers et petits bourgeois, qui fêtaient le mardi-gras et venaient établir leur bal rustique dans la cellule de Maria-Antonia. Le bruit étrange qui accompagnait leur marche était celui des castagnettes, dont plusieurs gamins, couverts de masques sales et hideux, jouaient en même temps, et non sur un rhythme coupé et mesuré, comme en Espagne, mais avec un roulement continu semblable à celui du tambour battant aux champs. Ce bruit, dont ils accompagnent leurs danses, est si sec et si âpre, qu'il faut du courage pour le supporter un quart d'heure. Quand ils sont en marche de fête, ils l'interrompent tout d'un coup pour chanter à l'unisson une *coplita* sur une phrase musicale qui recommence toujours et semble ne finir jamais; puis les castagnettes reprennent leur roulement, qui dure trois ou quatre minutes. Rien de plus sauvage que cette manière de se réjouir en se brisant le tympan avec le claquement du bois. La phrase musicale, qui n'est rien par elle-même, prend un grand caractère jetée ainsi à de longs intervalles, et par ces voix qui ont aussi un caractère très-particulier. Elles sont voilées dans leur plus grand éclat et traînantes dans leur plus grande animation.

Je m'imagine que les Arabes chantaient ainsi, et M. Tastu, qui a fait des recherches à cet égard, s'est convaincu que les principaux rhythmes majorquins, leurs fioritures favorites, que leur manière, en un mot, est de type et de tradition arabes [1].

Quand tous ces diables furent près de nous, ils nous entourèrent avec beaucoup de douceur et de politesse, car les Majorquins n'ont rien de farouche ni d'hostile, en général, dans leurs manières. Le roi Belzébuth daigna m'adresser la parole en espagnol, et me dit qu'il était avocat. Puis il essaya, pour me donner une plus

---

[1] Lorsque nous allions de Barcelone à Palma, par une nuit tiède et sombre, éclairée seulement par une phosphorescence extraordinaire dans le sillage du navire, tout le monde dormait à bord, excepté le timonier, qui, pour résister au danger d'en faire autant, chanta toute la nuit, mais d'une voix si douce et si ménagée qu'on eût dit qu'il craignait d'éveiller les hommes de quart, ou qu'il était à demi endormi lui-même. Nous ne nous lassâmes point de l'écouter, car son chant était des plus étranges. Il suivait un rhythme et des modulations en dehors de toutes nos habitudes, et semblait laisser aller sa voix au hasard, comme la fumée du bâtiment, emportée et balancée par la brise. C'était une rêverie plutôt qu'un chant, une sorte de divagation nonchalante de la voix, où la pensée avait peu de part, mais qui suivait le balancement du navire, le faible bruit du remou, et ressemblait à une improvisation vague, renfermée pourtant dans des formes douces et monotones.

Cette voix de la contemplation avait un grand charme.

haute idée encore de sa personne, de me parler en français; et, voulant me demander si je me plaisais à la Chartreuse, il traduisit le mot espagnol *cartuxa* par le mot français *cartouche*, ce qui ne laissait pas de faire un léger contre-sens. Mais le diable majorquin n'est pas forcé de parler toutes les langues.

Leur danse n'est pas plus gaie que leur chant. Nous les suivîmes dans la cellule de Maria-Antonia, qui était décorée de petites lanternes de papier suspendues, en travers de la salle, à des guirlandes de lierre. L'orchestre, composé d'une grande et d'une petite guitare, d'une espèce de violon aigu et de trois ou quatre paires de castagnettes, commença à jouer les jotas et les fandangos indigènes, qui ressemblent à ceux de l'Espagne, mais dont le rhythme est plus original et le tour plus hardi encore.

Cette fête était donnée en l'honneur de Rafaël Torres, un riche tenancier du pays, qui s'était marié, peu de jours auparavant, avec une assez belle fille. Le nouvel époux fut le seul homme condamné à danser presque toute la soirée face à face avec une des femmes qu'il allait inviter tour à tour. Pendant ce duo, toute l'assemblée, grave et silencieuse, était assise par terre, accroupie à la manière des Orientaux et des Africains, l'alcalde lui-même, avec sa cape de moine et son grand bâton noir à tête d'argent.

Les boleros majorquins ont la gravité des ancêtres, et point de ces grâces profanes qu'on admire en Andalousie. Hommes et femmes se tiennent les bras étendus et immobiles, les doigts roulant avec précipitation et continuité sur les castagnettes. Le beau Rafaël dansait pour l'acquit de sa conscience. Quand il eut fait sa corvée, il alla s'asseoir en chien comme les autres, et les *matins* de l'endroit vinrent briller à leur tour. Un jeune gars, mince comme une guêpe, fit l'admiration universelle par la roideur de ses mouvements et des sauts sur place qui ressemblaient à des bonds galvaniques, sans éclairer sa figure du moindre éclair de gaieté. Un gros laboureur, très-coquet et très-suffisant, voulut passer la jambe et arrondir les bras à la manière espagnole; il fut bafoué, et il le méritait bien, car c'était la plus risible caricature qu'on pût voir. Ce bal rustique nous eût long-temps captivés, n'était l'odeur d'huile rance et d'ail qu'exhalaient ces messieurs et ces dames, et qui prenait réellement à la gorge.

Les déguisements de carnaval avaient moins d'intérêt pour nous que les costumes indigènes; ceux-là sont très-élégants et très-gracieux. Les femmes portent une sorte de guimpe blanche en dentelle ou en mousseline, appelée *rebozillo*, composée de deux pièces superposées; une qui est attachée sur la tête un peu en arrière, passant sous le menton comme une guimpe de religieuse, et qui se nomme *rebozillo en amount;* et l'autre qui flotte en pèlerine sur les épaules, et se nomme *rebozillo en volant;* les cheveux, séparés en bandeaux lissés sur le front, sont attachés derrière pour retomber en une grosse tresse qui sort du rebozillo, flotte sur le dos et se relève sur le côté, passée dans la ceinture. En négligé de la semaine, la chevelure non tressée reste flottante sur le dos *en estoffade*. Le corsage, en mérinos ou en soie noire, décolleté, à manches courtes, est garni, au-dessus du coude et sur les coutures du dos, de boutons de métal et de chaînes d'argent passées dans les boutons avec beaucoup de goût et de richesse. Elles ont la taille fine et bien prise, le pied très-petit et chaussé avec recherche dans les jours de fête.

Une simple villageoise a des bas à jour, des souliers de satin, une chaîne d'or au cou, et plusieurs brasses de chaînes d'argent autour de la taille et pendantes à la ceinture. J'en ai vu beaucoup de fort bien faites, peu de jolies ; leurs traits étaient réguliers comme ceux des Andalouses, mais leur physionomie plus candide et plus douce. Dans le canton de Soller, où je ne suis point allé, elles ont une grande réputation de beauté.

Les hommes que j'ai vus n'étaient pas beaux, mais ils le semblaient tous au premier abord, à cause du costume avantageux qu'ils portent. Il se compose, le dimanche, d'un gilet (*guarde-pits*) d'étoffe de soie bariolée, découpé en cœur et très-ouvert sur la poitrine, ainsi que la veste noire (*sayo*) courte et collante à la taille, comme un corsage de femme. Une chemise d'un blanc magnifique, attachée au cou et aux manches par une bandelette brodée, laisse le cou libre et la poitrine couverte de beau linge, ce qui donne toujours un grand lustre à la toilette. Ils ont la taille serrée dans une ceinture de couleur, et de larges caleçons bouffants comme les Turcs, en étoffes rayées, coton et soie, fabriquées dans le pays. Avec cela, ils ont des bas de fil blanc, noir ou fauve, et des souliers de peau de veau sans apprêt et sans teint. Le chapeau à larges bords, en poil de chat sauvage (*moxine*), avec des cordons et des glands noirs en fil de soie et d'or, nuit au caractère oriental de cet ajustement. Dans les maisons, ils roulent autour de leur tête un foulard ou un mouchoir d'indienne en manière de turban, qui leur sied beaucoup mieux. L'hiver, ils ont souvent une calotte de laine noire qui couvre leur tonsure ; car ils se rasent, comme des prêtres, le sommet de la tête, soit par mesure de propreté, et Dieu sait que cela ne leur sert pas à grand'chose ! soit par dévotion. Leur vigoureuse crinière bouffante, rude et crépue, flotte donc (autant que du crin peut flotter) autour de leur cou. Un trait de ciseau sur le front complète cette chevelure, taillée exactement à la mode du moyen âge, et qui donne de l'énergie à toutes les figures.

Dans les champs, leur costume, plus négligé, est plus pittoresque encore. Ils ont les jambes nues ou couvertes de guêtres de cuir jaune jusqu'aux genoux, suivant la saison. Quand il fait chaud, ils n'ont pour tout vêtement que la chemise et le pantalon bouffant. Dans l'hiver, ils se couvrent ou d'une cape grise qui a l'air d'un froc de moine, ou d'une grande peau de chèvre d'Afrique avec le poil en dehors. Quand ils marchent par groupes avec ces peaux fauves traversées d'une raie noire sur le dos, et tombant de la tête aux pieds, on les prendrait volontiers pour un troupeau marchant sur les pieds de derrière. Presque toujours, en se rendant aux champs ou en revenant à la maison, l'un d'eux marche en tête, jouant de la guitare ou de la flûte, et les autres suivent en silence, emboîtant le pas, et baissant le nez d'un air plein d'innocence et de stupidité. Ils ne manquent pourtant pas de finesse, et bien sot qui se fierait à leur mine.

Ils sont généralement grands, et leur costume, en les rendant très-minces, les fait paraître plus grands encore. Leur cou, toujours exposé à l'air, est beau et vigoureux; leur poitrine, libre de gilets étroits et de bretelles, est ouverte et bien développée; mais ils ont presque tous les jambes arquées.

Nous avons cru observer que les vieillards et les hommes mûrs étaient, sinon beaux dans leurs traits, du moins graves et d'un type noblement accentué. Ceux-là ressemblent tous à des moines, tels qu'on se les représente poétiquement. La jeune génération nous a semblé commune et d'un type grivois, qui rompt tout à coup la filiation. Les moines auraient-ils cessé d'intervenir dans l'intimité domestique depuis une vingtaine d'années seulement?

— Ceci n'est qu'une facétie de voyage.

II.

J'AI dit plus haut que je cherchais à surprendre le secret de la vie monastique dans ces lieux, où sa trace était encore si récente. Je n'entends point dire par là que je m'attendisse à découvrir des faits mystérieux relatifs à la Chartreuse en particulier; mais je demandais à ces murs abandonnés de me révéler la pensée intime des reclus licencieux qu'ils avaient, durant des siècles, séparés de la vie humaine. J'aurais voulu suivre le fil amoindri ou rompu de la foi chrétienne dans ces âmes jetées là par chaque génération comme un holocauste à ce Dieu jaloux, auquel il avait fallu des victimes humaines aussi bien qu'aux dieux barbares. Enfin j'aurais voulu ranimer un chartreux du quinzième siècle et un du dix-neuvième pour comparer entre eux ces deux catholiques séparés dans leur foi, sans le savoir, par des abîmes, et demander à chacun ce qu'il pensait de l'autre.

Il me semblait que la vie du premier était assez facile à reconstruire avec vraisemblance dans ma pensée. Je voyais ce chrétien du moyen âge tout d'une pièce, fervent, sincère, brisé au cœur par le spectacle des guerres, des discordes et des souffrances de ses contemporains, fuyant cet abîme de maux et cherchant dans la contemplation ascétique à s'abstraire et à se détacher autant que possible d'une vie où la notion de la perfectibilité des masses n'était point accessible aux individus. Mais le chartreux du dix-neuvième siècle, fermant les yeux à la marche devenue sensible et claire de l'humanité, indifférent à la vie des autres hommes, ne comprenant plus ni la religion, ni le pape, ni l'église, ni la société, ni lui-même, et ne voyant plus dans sa Chartreuse qu'une habitation spacieuse, agréable et sûre, dans sa vocation qu'une existence assurée, l'impunité accordée à ses instincts, et un moyen d'obtenir, sans mérite individuel, la déférence et la considération des dévots, des paysans et des femmes, celui-là je ne pouvais me le représenter aussi aisément. Je ne pouvais faire une appréciation exacte de ce qu'il devait avoir eu de remords, d'aveuglement, d'hypocrisie ou de sincérité. Il était impossible qu'il y eût une foi réelle à l'Église romaine dans cet homme, à moins qu'il ne fût absolument dépourvu d'intelligence. Il était impossible aussi qu'il y eût un athéisme prononcé ; car sa vie entière eût été un odieux mensonge, et je ne saurais croire à un homme complétement stupide ou complétement vil. C'est l'image de ses combats intérieurs, de ses alternatives de révolte et de soumission, de doute philosophique et de terreur superstitieuse que j'avais devant les yeux comme un enfer ; et plus je m'identifiais avec ce dernier chartreux qui avait habité ma cellule avant moi, plus je sentais peser sur mon imagination frappée ces angoisses et ces agitations que je lui attribuais [1].

---

[1] C'est dans cette Chartreuse et sous ces impressions que j'ai

Il suffisait de jeter les yeux sur les anciens cloîtres et sur la Chartreuse moderne pour suivre la marche des besoins de bien-être, de salubrité et même d'élégance, qui s'étaient glissés dans la vie de ces anachorètes, mais aussi pour signaler le relâchement des mœurs cénobitiques, de l'esprit de mortification et de pénitence. Tandis que toutes les anciennes cellules étaient sombres, étroites et mal closes, les nouvelles étaient aérées, claires et bien construites. Je ferai la description de celle que nous habitions pour donner une idée de l'austérité de la règle des chartreux, même éludée et adoucie autant que possible.

Les trois pièces qui la composaient étaient spacieuses, voûtées avec élégance et aérées au fond par des rosaces à jour, toutes diverses et d'un très-joli dessin. Ces trois pièces étaient séparées du cloître par un retour sombre et fermé d'un fort battant de chêne. Le mur avait trois pieds d'épaisseur. La pièce du milieu était destinée à la lecture, à la prière, à la méditation ; elle avait pour tout meuble un large siége à prie-Dieu et à dossier, de six ou huit pieds de haut, enfoncé et fixé dans la muraille. La pièce à droite de celle-ci était la chambre à coucher du chartreux ; au fond était située l'alcôve, très-basse et dallée en dessus comme un sépulcre. La pièce de gauche était l'atelier de travail, le réfectoire, le magasin du solitaire. Une armoire située au fond avait un compartiment de bois qui s'ouvrait en lucarne sur le cloître, et par où on lui faisait passer ses aliments. Sa cuisine consistait en deux petits fourneaux situés au dehors, mais non plus, suivant la règle absolue,

---

fait presque entier un roman qui a pour sujet la vie monastique, et pour titre *Spiridion*.

en plein air : une voûte ouverte sur le jardin protégeait contre la pluie le travail culinaire du moine, et lui permettait de s'adonner à cette occupation un peu plus que le fondateur ne l'aurait voulu. D'ailleurs une cheminée introduite dans cette troisième pièce annonçait bien d'autres relâchements, quoique la science de l'architecte n'eût pas été jusqu'à rendre cette cheminée praticable.

Tout l'appartement avait en arrière, à la hauteur des rosaces, un boyau long, étroit et sombre, destiné à l'aération de la cellule, et au-dessus un grenier pour serrer le maïs, les oignons, les fèves et autres frugales provisions d'hiver. Au midi, les trois pièces s'ouvraient sur un parterre dont l'étendue répétait exactement celle de la totalité de la cellule, qui était séparé des jardins voisins par des murailles de dix pieds, et s'appuyait sur une terrasse fortement construite, au-dessus d'un petit bois d'orangers, qui occupait ce gradin de la montagne. Le gradin inférieur était rempli d'un beau berceau de vignes, le troisième d'amandiers et de palmiers, et ainsi de suite jusqu'au fond du vallon, qui, ainsi que je l'ai dit, était un immense jardin.

Chaque parterre de cellule avait sur toute sa longueur à droite un réservoir en pierres de taille, de trois à quatre pieds de large sur autant de profondeur, recevant, par des canaux pratiqués dans la balustrade de la terrasse, les eaux de la montagne, et les déversant dans le parterre par une croix de pierre qui le coupait en quatre carrés égaux. Je n'ai jamais compris une telle provision d'eau pour abreuver la soif d'un seul homme, ni un tel luxe d'irrigation pour un parterre de vingt pieds de diamètre. Si on ne connaissait l'horreur particulière des moines pour le bain et la sobriété des mœurs majorquines à cet égard, on pourrait croire que ces bons chartreux passaient leur vie en ablutions comme des prêtres indiens.

Quant à ce parterre planté de grenadiers, de citronniers et d'orangers, entouré d'allées exhaussées en briques et ombragées, ainsi que le réservoir, de berceaux embaumés, c'était comme un joli salon de fleurs et de verdure, où le moine pouvait se promener à pied sec les jours humides et rafraîchir ses gazons d'une nappe d'eau courante dans les jours brûlants, respirer au bord d'une belle terrasse le parfum des orangers, dont la cime touffue apportait sous ses yeux un dôme éclatant de fleurs et de fruits, et contempler, dans un repos absolu, le paysage à la fois austère et gracieux, mélancolique et grandiose, dont j'ai parlé déjà; enfin cultiver pour la volupté de ses regards des fleurs rares et précieuses, cueillir pour étancher sa soif les fruits les plus savoureux, écouter les bruits sublimes de la mer, contempler la splendeur des nuits d'été sous le plus beau ciel, et adorer l'Éternel dans le plus beau temple que jamais il ait ouvert à l'homme dans le sein de la nature. Telles me parurent au premier abord les ineffables jouissances du chartreux; telles je me les promis à moi-même en m'installant dans une de ces cellules qui semblaient avoir été disposées pour satisfaire les magnifiques caprices d'imagination ou de rêverie d'une phalange choisie de poètes et d'artistes.

Mais quand on se représente l'existence d'un homme sans intelligence et par conséquent sans rêverie et sans méditation, sans foi peut-être, c'est-à-dire sans enthousiasme et sans recueillement, enfouie dans cette cellule aux murs massifs, muets et sourds, soumise aux abrutissantes privations de la règle, et forcée d'en observer la lettre sans en comprendre l'esprit, condamnée à l'horreur de la solitude, réduite à n'apercevoir que de loin, du haut des montagnes, l'espèce humaine rampant au fond de la vallée, à rester éternellement étrangère à quelques autres âmes captives, vouées au même silence, enfermées dans la même tombe, toujours voisines et toujours séparées, même dans la prière ; enfin quand on se sent soi-même, être libre et pensant, conduit par sympathie à de certaines terreurs et à de certaines défaillances, tout cela redevient triste et sombre comme une vie de néant, d'erreur et d'impuissance.

Alors on comprend l'ennui incommensurable de ce moine pour qui la nature a épuisé ses plus beaux spectacles, et qui n'en jouit pas, parce qu'il n'a point un autre homme à qui faire partager sa jouissance ; la tristesse brutale de ce pénitent qui ne souffre plus que du froid et du chaud, comme un animal, comme une plante ; et le refroidissement mortel de ce chrétien chez qui rien ne ranime et ne vivifie l'esprit d'ascétisme. Condamné à manger seul, à travailler seul, à souffrir et à prier seul, il ne doit plus avoir qu'un besoin, celui d'échapper à cette épouvantable claustration ; et l'on m'a dit que les derniers chartreux s'en faisaient si peu faute, que certains d'entre eux s'absentaient des semaines et des mois entiers sans qu'il fût possible au prieur de les faire rentrer dans l'ordre.

Je crains bien d'avoir fait une longue et minutieuse description de notre Chartreuse, sans avoir donné la moindre idée de ce qu'elle eut pour nous d'enchanteur au premier abord, et de ce qu'elle perdit de poésie à nos yeux quand nous l'eûmes bien interrogée. J'ai cédé, comme je fais toujours, à l'ascendant de mes souvenirs, et maintenant que j'ai tâché de communiquer mes impressions, je me demande pourquoi je n'ai pas pu dire en vingt lignes ce que j'ai dit en vingt pages, à savoir que le repos insouciant de l'esprit, et tout ce qui le provoque, paraissent délicieux à une âme fatiguée, mais qu'avec la réflexion ce charme s'évanouit. C'est qu'il n'appartient qu'au génie de tracer une vive et complète peinture en un seul trait de pinceau. Lorsque M. La Mennais visita les camaldules de Tivoli, il fut saisi du même sentiment, et il l'exprima en maître :

« Nous arrivâmes chez eux, dit-il, à l'heure de la
» prière commune. Ils nous parurent tous d'un âge assez
» avancé, et d'une stature au-dessus de la moyenne.
» Rangés des deux côtés de la nef, ils demeurèrent après
» l'office à genoux, immobiles, dans une méditation
» profonde. On eût dit que déjà ils n'étaient plus de la
» terre ; leur tête chauve ployait sous d'autres pensées
» et d'autres soucis ; nul mouvement d'ailleurs, nul si-
» gne extérieur de vie ; enveloppés de leur long man-
» teau blanc, ils ressemblaient à ces statues qui prient
» sur les vieux tombeaux.

» Nous concevons très-bien le genre d'attrait qu'a,
» pour certaines âmes fatiguées du monde et désabu-
» sées de ses illusions, cette existence solitaire. Qui n'a
» point aspiré à quelque chose de pareil? Qui n'a pas,
» plus d'une fois, tourné ses regards vers le désert
» et rêvé le repos en un coin de la forêt, ou dans la
» grotte de la montagne, près de la source ignorée où
» se désaltèrent les oiseaux du ciel?

» Cependant telle n'est pas la vraie destinée de
» l'homme : il est né pour l'action ; il a sa tâche qu'il

» doit accomplir. Qu'importe qu'elle soit rude? n'est-
» ce point à l'amour qu'elle est proposée? » (*Affaires
de Rome.*)

Cette courte page, si pleine d'images, d'aspirations, d'idées et de réflexions profondes, jetée comme par hasard au milieu du récit des explications de M. La Mennais avec le saint-siége, m'a toujours frappé, et je suis certain qu'un jour elle fournira à quelque grand peintre le sujet d'un tableau. D'un côté, les camaldules en prières, moines obscurs, paisibles, à jamais inutiles, à jamais impuissants, spectres affaissés, dernières manifestations d'un culte près de rentrer dans la nuit du passé, agenouillés sur la pierre du tombeau, froids et mornes comme elle; de l'autre, l'homme de l'avenir, le dernier prêtre, animé de la dernière étincelle du génie de l'église, méditant sur le sort de ces moines, les regardant en artistes, les jugeant en philosophe. Ici, les lévites de la mort immobiles sous leurs suaires; là, l'apôtre de la vie, voyageur infatigable dans les champs infinis de la pensée, donnant déjà un dernier adieu sympathique à la poésie du cloître, et secouant de ses pieds la poussière de la ville des papes, pour s'élancer dans la voie sainte de la liberté morale.

Je n'ai point recueilli d'autres faits historiques sur ma Chartreuse que celui de la prédication de saint Vincent Ferrier à Valldemosa, et c'est encore à M. Tastu que j'en dois la relation exacte. Cette prédication fut l'événement important de Majorque en 1413, et il n'est pas sans intérêt d'apprendre avec quelle ardeur on désirait un missionnaire dans ce temps-là, et avec quelle solennité on le recevait.

« Dès l'année 1409, les Mallorquins, réunis en grande assemblée, décidèrent qu'on écrirait à maître Vincent

Ferrer, ou Ferrier, pour l'engager à venir prêcher à Mallorca. Ce fut don Louis de Prades, évêque de Mallorca, camerlingue du pape Benoît XIII (l'anti-pape Pierre de Luna), qui écrivit, en 1412, aux jurats de Valence une lettre pour implorer l'assistance apostolique de maître Vincent, et qui, l'année suivante, l'attendit à Barcelone et s'embarqua avec lui pour Palma. Dès le lendemain de son arrivée, le saint missionnaire commença ses prédications et ordonna des processions de nuit. La plus grande sécheresse régnait dans l'île; mais au troisième sermon de maître Vincent, la pluie tomba. Ces détails furent ainsi mandés au roi Ferdinand par son procureur royal don Pedro de Casaldaguila :

« Très-haut, très-excellent prince et victorieux sei-
» gneur, j'ai l'honneur de vous annoncer que maître
» Vincent est arrivé dans cette cité le premier jour de
» septembre, et qu'il y a été solennellement reçu. Le
» samedi au matin, il a commencé à prêcher devant
» une foule immense, qui l'écoute avec tant de dévo-
» tion, que toutes les nuits on fait des processions dans
» lesquelles on voit des hommes, des femmes et des en-
» fants se flageller. Et comme depuis long-temps il n'é-
» tait tombé de l'eau, le Seigneur Dieu, touché des
» prières des enfants et du peuple, a voulu que ce
» royaume, qui périssait par la sécheresse, vît tomber,
» dès le troisième sermon, une pluie abondante sur
» toute l'île, ce qui a beaucoup réjoui les habitants.

» Que Notre-Seigneur Dieu vous aide longues années,
» très-victorieux seigneur, et exhausse votre royale
» couronne.

» Mallorca, 11 septembre 1413. »

» La foule qui voulait entendre le saint missionnaire

croissait de telle façon, que, ne pouvant l'admettre dans la vaste église du couvent de Saint-Dominique, on fut obligé de lui livrer l'immense jardin du couvent, en dressant des échafauds et abattant des murailles.

» Jusqu'au 3 octobre, Vincent Ferrier prêcha à Palma, d'où il partit pour visiter l'île. Sa première station fut à Valldemosa, dans le monastère qui devait le recevoir et le loger, et qu'il avait choisi sans doute en considération de son frère Boniface, général de l'ordre des chartreux. Le prieur de Valldemosa était venu le prendre à Palma et voyageait avec lui. A Valldemosa plus encore qu'à Palma, l'église se trouva trop petite pour contenir la foule avide. Voici ce que rapportent les chroniqueurs :

» La ville de Valldemosa garde la mémoire du temps où saint Vincent Ferrier y sema la divine parole. Sur le territoire de ladite ville se trouve une propriété qu'on appelle *Son Gual*[1] ; là se rendit le missionnaire, suivi d'une multitude infinie. Le terrain était vaste et uni ; le tronc creusé d'un antique et immense olivier lui servit de chaire. Tandis que le saint prêchait du haut de l'olivier, la pluie vint à tomber en abondance. Le démon, promoteur des vents, des éclairs et du tonnerre, semblait vouloir forcer les auditeurs à quitter la place pour se mettre à l'abri, ce que faisaient déjà quelques-uns d'entre eux, lorsque Vincent leur commanda de ne pas bouger, se mit en prière, et à l'instant un nuage s'étendit comme un dais sur lui et sur ceux qui l'écoutaient, tandis que ceux qui étaient restés travaillant dans le champ voisin furent obligés de quitter leur ouvrage.

---

[1] *Son* signifie maison, propriété rurale, *villa*, en majorquin.

» Le vieux tronc existait encore il n'y a pas un siècle, car nos ancêtres l'avaient religieusement conservé. Depuis, les héritiers de la propriété de *Son Gual* ayant négligé de s'occuper de cet objet sacré, le souvenir s'en effaça. Mais Dieu ne voulut pas que la chaire rustique de saint Vincent fût à jamais perdue. Des domestiques de la propriété, ayant voulu faire du bois, jetèrent leur vue sur l'olivier et se mirent en devoir de le dépecer ; mais les outils se brisaient à l'instant, et, comme la nouvelle en vint aux oreilles des anciens, on cria au miracle, et l'olivier sacré resta intact. Il arriva plus tard que cet arbre se fendit en trente-quatre morceaux ; et, quoique à portée de la ville, personne n'osa y toucher, le respectant comme une relique.

» Cependant le saint prédicateur allait prêchant dans les moindres hameaux, guérissant le corps et l'âme des malheureux. L'eau d'une fontaine qui coule dans les environs de Valldemosa était le seul remède ordonné par le saint. Cette fontaine ou source est connue encore sous le nom de *Sa bassa Ferrera*.

» Saint Vincent passa six mois dans l'île, d'où il fut rappelé par Ferdinand, roi d'Aragon, pour l'aider à éteindre le schisme qui désolait l'Occident. Le saint missionnaire prit congé des Mallorquins dans un sermon qu'il prêcha le 22 février 1414 à la cathédrale de Palma ; et après avoir béni son auditoire, il partit pour s'embarquer, accompagné des jurés, de la noblesse, et de la multitude du peuple, opérant bien des miracles, comme le racontent les chroniques, et comme la tradition s'en est perpétuée jusqu'à ce jour aux îles Baléares. »

Cette relation, qui ferait sourire mademoiselle Fanny Elssler, donne lieu à une remarque de M. Tastu, curieuse sous deux rapports : le premier, en ce qu'elle explique fort naturellement un des miracles de saint Vincent Ferrier ; le second, en ce qu'elle confirme un fait important dans l'histoire des langues. Voici cette note :

« Vincent Ferrier écrivait ses sermons en latin, et les prononçait en langue limosine. On a regardé comme un miracle cette puissance du saint prédicateur, qui faisait qu'il était compris de ses auditeurs quoique leur parlant un idiome étranger. Rien n'est pourtant plus naturel, si on se reporte au temps où florissait maître Vincent. A cette époque, la langue romane des trois grandes contrées du nord, du centre et du midi, était, à peu de chose près, la même ; les peuples et les lettrés surtout s'entendaient très-bien. Maître Vincent eut des succès en Angleterre, en Écosse, en Irlande, à Paris, en Bretagne, en Italie, en Espagne, aux îles Baléares ; c'est que dans toutes ces contrées on comprenait, si on ne la parlait, une langue romane, sœur, parente ou alliée de la langue valencienne, la langue maternelle de Vincent Ferrier.

» D'ailleurs, le célèbre missionnaire n'était-il pas le contemporain du poète Chaucer, de Jean Froissart, de Christine de Pisan, de Boccace, d'Ausias-March, et de tant d'autres célébrités européennes [1] ? »

---

[1] Les peuples baléares parlent l'ancienne langue romane limosine, cette langue que M. Raynouard, sans examen, sans distinction, a comprise dans la langue provençale. De toutes les langues romanes, la mallorquine est celle qui a subi le moins de variations, concentrée qu'elle est dans ses îles, où elle est préservée de tout contact étranger. Le languedocien, aujourd'hui même dans son état de décadence, le gracieux patois languedocien de Montpellier et de ses environs, est celui qui offre le plus

III.

JE ne puis continuer mon récit sans achever de compulser les annales dévotes de Valldemosa ; car, ayant à parler de la piété fanatique des villageois avec lesquels

d'analogie avec le mallorquin ancien et moderne. Cela s'explique par les fréquents séjours que les rois d'Aragon faisaient avec leur cour dans la ville de Montpellier. Pierre II, tué à Muret (1213) en combattant Simon de Montfort, avait épousé Marie, fille d'un comte de Montpellier, et eut de ce mariage Jaime Ier, dit *lo Conquistador*, qui naquit dans cette ville et y passa les premières années de son enfance. Un des caractères qui distinguent l'idiome mallorquin des autres dialectes romans de la langue d'oc, ce sont les articles de sa grammaire populaire, et, chose à remarquer, ces articles se trouvent pour la plupart dans la langue vulgaire de quelques localités de l'île de Sardaigne. Indépendamment de l'article *lo* masculin, le, et *la* féminin, la, le mallorquin a les articles suivants :

MASCULIN. — Singulier : *So*, le ; *sos*, les, au pluriel.

FÉMININ. — Singulier : *Sa*, la ; *sas*, les, au pluriel.

MASCULIN ET FÉMININ. — Singulier : *Es*, le ; *els*, les, au pluriel.

MASCULIN. — Singulier : *En*, le ; *na*, la, au féminin singulier ; *nas*, les, au féminin pluriel.

Nous devons déclarer en passant que ces articles, quoique d'un usage antique, n'ont jamais été employés dans les instruments qui datent de la conquête des Baléares par les Aragonais ; c'està-dire que dans ces îles, comme dans les contrées italiques, deux langues régnaient simultanément : la rustique, *plebea*, à l'usage des peuples (celle-là change peu) ; et la langue académique littéraire, *aulica illustra*, que le temps, la civilisation ou le génie épurent ou perfectionnent. Ainsi, aujourd'hui, le castillan est la langue littéraire des Espagnes ; cependant chaque province a conservé pour l'usage journalier son dialecte spécial. A Mallorca, nous fûmes en rapport, je dois mentionner la sainte dont ils s'enorgueillissent et dont ils nous ont montré la maison rustique.

« Valldemosa est aussi la patrie de Catalina Tomas, béatifiée en 1792 par le pape Pie VI. La vie de cette

le castillan n'est guère employé que dans les circonstances officielles ; mais dans la vie habituelle, chez le peuple comme chez les grands seigneurs, vous n'entendrez parler que le mallorquin. Si vous passez devant le balcon où une jeune fille, une Atlote (du mauresque *aila*, *lella*) arrose ses fleurs, c'est dans son doux idiome national que vous l'entendrez chanter :

> *Sas* atlotes, tots *es* diumenges,
> Quan no tenen res mes que fer,
> Van à regar *es* claveller,
> Dihent-li : Veu! jà que no menjes!

> « Les jeunes filles, tous les dimanches,
> » Lorsqu'elles n'ont rien de mieux à faire,
> » Vont arroser le pot d'œillets,
> » Et lui disent : Bois, puisque tu ne manges pas ! »

La musique qui accompagne les paroles de la jeune fille est rhythmée à la mauresque, dans un ton tristement cadencé qui vous pénètre et vous fait rêver. Cependant la mère prévoyante qui a entendu la jeune fille ne manque pas de lui répondre :

> Atlotes, fi!au! filau!
> Que *sa* camya se riu ;
> Y sino l'apadassau,
> No v's arribar 'à s'estiu !

> » Fillettes, filez! filez!
> » Car la chemise va s'usant (littéralement, la chemise rit).
> » Et si vous n'y mettez une pièce,
> » Elle ne pourra vous durer jusqu'à l'été. »

Le mallorquin, surtout dans la bouche des femmes, a pour l'oreille des étrangers un charme particulier de suavité et de grâce. Lorsqu'une Mallorquine vous dit ces paroles d'adieu, si doucement mélodieuses : « Bona nit tengua! *es* meu cô no basta per di li : Adios! » « Bonne nuit! mon cœur ne suffit pas à vous sainte fille a été écrite plusieurs fois, et en dernier lieu par le cardinal Antonio Despuig. Elle offre plusieurs traits d'une gracieuse naïveté. Dieu, dit la légende, ayant favorisé sa servante d'une raison précoce, on la vit observer rigoureusement les jours de jeûne, bien avant l'âge où l'Église les prescrit. Dès ses premiers ans elle s'abstint de faire plus d'un repas par jour. Sa dévotion à la passion du Rédempteur et aux douleurs de

dire : Adieu ! » il semble qu'on pourrait noter la molle cantilène comme une phrase musicale.

Après ces échantillons de la langue vulgaire mallorquine, je me permettrai de citer un exemple de l'ancienne langue académique. C'est le *Mercader mallorqui* (le marchand mallorquin), troubadour du quatorzième siècle, qui chante les rigueurs de sa dame et prend ainsi congé d'elle :

> Cercats d'uy may, jà siats bella e pros,
> 'quels vostres pres, e laus, e ris plesents,
> Car vengut es lo temps que m'aurets mens.
> No m' auclrà vostre 'sguard amoros,
>   Ne la semblança gaya ;
>   Car trobat n'ay
>   Altra qui m'play,
>   Sol que lui playa !
> Altra, sens vos, per que l'in volray be,
> E tindr' en car s'amor, que 'xi s'conve.

« Cherchez désormais, quoique vous soyez belle et noble,
» Ces mérites, ces louanges, ces sourires charmants qui n'étaient que pour vous ;
» Or, le temps est venu où vous m'aurez moins près de vous,
» Votre regard d'amour ne pourra plus me tuer,
  » Ni votre feinte gaieté ;
  » Car j'en ai trouvé
  » Une autre qui me plait :
  » Si je pouvais seulement lui plaire !
» Une autre, non plus vous, ce dont je lui saurai gré,
» De qui l'amour me sera cher : ainsi dois-je faire. »

Les Mallorquins, comme tous les peuples méridionaux, sont naturellement musiciens et poètes, ou, comme disaient leurs sa sainte mère était si fervente, que dans ses promenades elle récitait continuellement le rosaire, se servant, pour compter les dizaines, des feuilles des oliviers ou des lentisques. Son goût pour la retraite et les exercices religieux, son éloignement pour les bals et les divertissements profanes, l'avaient fait surnommer la *viejecita*, la petite vieille. Mais sa solitude et son abstinence étaient récompensées par les visites des anges et de toute la cour céleste : Jésus-Christ, sa mère et les saints se faisaient ses domestiques ; Marie la soignait dans ses maladies ; saint Bruno la relevait dans ses chutes ; saint Antoine l'accompagnait dans l'obscurité de la nuit, portant et remplissant sa cruche à la fontaine ; sainte Catherine sa patronne accommodait ses cheveux et la soignait en tout comme eût fait une mère attentive et vigilante ; saint Côme et saint Damien guérissaient les blessures qu'elle avait reçues dans ses luttes avec le démon, car sa victoire n'était pas sans combat ; enfin saint Pierre et saint Paul se tenaient à ses côtés pour l'assister et la défendre dans les tentations.

» Elle embrassa la règle de saint Augustin dans le monastère de Sainte-Madeleine de Palma, et fut l'exem-

---

ancêtres, troubadours, *trobadors*, ce que nous pourrions traduire par improvisateurs. L'île de Mallorca en compte encore plusieurs qui ont une réputation méritée, entre autres les deux qui habitent Soller. C'est à ces *trobadors* que s'adressent ordinairement les amants heureux ou malheureux. Moyennant finance, et d'après les renseignements qu'on leur a donnés, les troubadours vont sous les balcons des jeunes filles, à une heure avancée de la nuit, chantant les *coblas* improvisées sur le ton de l'éloge ou de la plainte, quelquefois même de l'injure, que leur font adresser ceux qui payent le poète-musicien. Les étrangers peuvent se donner ce plaisir, qui ne tire pas à conséquence dans l'île de Mallorca. (*Notes de M. Tastu.*)

ple des pénitentes, et, comme le chante l'Église en ses prières, obéissante, pauvre, chaste et humble. Ses historiens lui attribuent l'esprit de prophétie et le don des miracles. Ils rapportent que, pendant qu'on faisait à Mallorca des prières publiques pour la santé du pape Pie V, un jour Catalina les interrompit tout à coup en disant qu'elles n'étaient plus nécessaires, puisqu'à cette même heure le pontife venait de quitter ce monde, ce qui se trouva vrai.

» Elle mourut le 5 avril 1574, en prononçant ces paroles du Psalmiste : — « Seigneur, je remets mon esprit entre vos mains. »

» Sa mort fut regardée comme une calamité publique; on lui rendit les plus grands honneurs. Une pieuse dame de Mallorca, dona Juana de Pochs, remplaça le sépulcre en bois dans lequel on avait déposé d'abord la sainte fille par un autre en albâtre magnifique qu'elle commanda à Gênes; elle institua en outre, par son testament, une messe pour le jour de la translation de la bienheureuse, et une autre pour le jour de sainte Catherine sa patronne ; elle voulut qu'une lampe brûlât perpétuellement sur son tombeau.

» Le corps de cette sainte fille est conservé aujourd'hui dans le couvent des religieuses de la paroisse Sainte-Eulalie, où le cardinal Despuig lui a consacré un autel et un service religieux [1]. »

J'ai rapporté complaisamment toute cette petite légende, parce qu'il n'entre pas du tout dans mes idées de nier la sainteté, et je dis la sainteté véritable et de bon aloi, des âmes ferventes. Quoique l'enthousiasme et les visions de la petite montagnarde de Valldemosa

---

[1] Notes de M. Tastu.

n'aient plus le même sens religieux et la même valeur philosophique que les inspirations et les extases des saints du beau temps chrétien, la *viejecita Tomasa* n'en est pas moins une cousine germaine de la poétique bergère sainte Geneviève et de la bergère sublime Jeanne d'Arc. En aucun temps l'Église romaine n'a refusé de marquer des places d'honneur dans le royaume des cieux aux plus humbles enfants du peuple; mais les temps sont venus où elle condamne et rejette ceux des apôtres qui veulent agrandir la place du peuple dans le royaume de la terre. La *pagésa* [1] Catalina était *obéissante, pauvre, chaste et humble* : les pagès valldemosans ont si peu profité de ses exemples et si peu compris sa vie, qu'ils voulurent un jour lapider mes enfants parce que mon fils dessinait les ruines du couvent, ce qui leur parut une profanation. Ils faisaient comme l'Église, qui d'une main allumait les bûchers de l'auto-da-fé et de l'autre encensait l'effigie de ses saints et de ses bienheureux.

Ce village de Valldemosa, qui se targue du droit de s'appeler ville dès le temps des Arabes [2], est situé dans le giron de la montagne, de plain-pied avec la Chartreuse, dont il semble être une annexe. C'est un amas de nids d'hirondelles de mer; il est dans un site presque inaccessible, et ses habitants sont pour la plupart

---

[1] *Pagés, pagésa*, nom que portent les hommes et les femmes de la troisième caste à Majorque; la première, *ès cavallers*, est celle des chevaliers ou nobles; la deuxième, *ès pagésos*, les cultivateurs; la troisième, *ès manastrals*, les artisans. *Pagés* se dit de tout habitant des campagnes cultivant les terres.
(*M. Tastu.*)

[2] Les Arabes l'appelaient Villa-Avente, nom roman qu'elle avait reçu, je pense, des Pisans ou des Génois. (*M. Tastu.*)

des pêcheurs qui partent le matin pour ne rentrer qu'à la nuit. Pendant tout le jour, le village est rempli de femmes, les plus babillardes du monde, que l'on voit sur le pas des portes, occupées à rapetasser les filets ou les chausses de leurs maris, en chantant à tue-tête. Elles sont aussi dévotes que les hommes; mais leur dévotion est moins intolérante, parce qu'elle est plus sincère. C'est une supériorité que, là comme partout, elles ont sur l'autre sexe. En général, l'attachement des femmes aux pratiques du culte est une affaire d'enthousiasme, d'habitude ou de conviction, tandis que chez les hommes c'est le plus souvent une affaire d'ambition ou d'intérêt. La France en a offert une assez forte preuve sous les règnes de Louis XVIII et de Charles X, alors que l'on achetait les grands et les petits emplois de l'administration et de l'armée avec un billet de confession ou une messe.

L'attachement des Majorquins pour les moines est fondé sur des motifs de cupidité; et je ne saurais mieux le faire comprendre qu'en citant l'opinion de M. Marliani, opinion d'autant plus digne de confiance qu'en général l'historien de l'Espagne moderne se montre opposé à la mesure de 1836, relative à l'expulsion subite des moines.

« Propriétaires bienveillants, dit-il, et peu soucieux de leur fortune, ils avaient créé des intérêts réels entre eux et les paysans; les colons qui travaillaient les biens des couvents n'éprouvaient pas de grandes rigueurs, quant à la quotité comme à la régularité des fermages. Les moines, sans avenir, ne thésaurisaient pas, et du moment où les biens qu'ils possédaient suffisaient aux exigences de l'existence matérielle de chacun d'eux, ils se montraient fort accommodants pour tout le reste. La brusque spoliation des moines blessait donc les calculs de fainéantise et d'égoïsme des paysans : ils comprirent fort bien que le gouvernement et le nouveau propriétaire seraient plus exigeants qu'une corporation de parasites sans intérêts de famille ni de société. Les mendiants qui pullulaient aux portes du réfectoire ne reçurent plus les restes d'oisifs repus. »

Le carlisme des paysans majorquins ne peut s'expliquer que par des raisons matérielles ; car il est impossible, d'ailleurs, de voir une province moins liée à l'Espagne par un sentiment patriotique, ni une population moins portée à l'exaltation politique. Au milieu des vœux secrets qu'ils formaient pour la restauration des vieilles coutumes, ils étaient cependant effrayés de tout nouveau bouleversement, quel qu'il pût être ; et l'alerte qui avait fait mettre l'île en état de siége, à l'époque de notre séjour, n'avait guère moins effrayé les partisans de don Carlos à Majorque que les défenseurs de la reine Isabelle. Cette alerte est un fait qui peint assez bien, je ne dirai pas la poltronnerie des Majorquins (je les crois très-capables de faire de bons soldats), mais les anxiétés produites par le souci de la propriété et l'égoïsme du repos.

Un vieux prêtre rêva une nuit que sa maison était envahie par des brigands ; il se lève tout effaré, sous l'impression de ce cauchemar, et réveille sa servante ; celle-ci partage sa terreur, et, sans savoir de quoi il s'agit, réveille tout le voisinage par ses cris. L'épouvante se répand dans tout le hameau, et de là dans toute l'île. La nouvelle du débarquement de l'armée carliste s'empare de toutes les cervelles, et le capitaine-général reçoit la déposition du prêtre, qui, soit la honte de se dédire, soit le délire d'un esprit frappé, affirme qu'il a vu les carlistes. Sur-le-champ toutes les mesures furent prises pour faire face au danger : Palma fut déclarée en état de siége, et toutes les forces militaires de l'île furent mises sur pied.

Cependant rien ne parut, aucun buisson ne bougea, aucune trace d'un pied étranger ne s'imprima, comme dans l'île de Robinson, sur le sable du rivage. L'autorité punit le pauvre prêtre de l'avoir rendue ridicule, et, au lieu de l'envoyer promener comme un visionnaire, l'envoya en prison comme un séditieux. Mais les mesures de précaution ne furent pas révoquées, et, lorsque nous quittâmes Majorque, à l'époque des exécutions de Maroto, l'état de siége durait encore.

Rien de plus étrange que l'espèce de mystère que les Majorquins semblaient vouloir se faire les uns aux autres des événements qui bouleversaient alors la face de l'Espagne. Personne n'en parlait, si ce n'est en famille et à voix basse. Dans un pays où il n'y a vraiment ni méchanceté ni tyrannie, il est inconcevable de voir régner une méfiance aussi ombrageuse. Je n'ai rien lu de si plaisant que les articles du journal de Palma, et j'ai toujours regretté de n'en avoir pas emporté quelques numéros pour échantillons de la polémique majorquine. Mais voici, sans exagération, la forme dans laquelle, après avoir rendu compte des faits, on en commentait le sens et l'authenticité :

« Quelque prouvés que puissent paraître ces événements aux yeux des personnes disposées à les accueillir, nous ne saurions trop recommander à nos lecteurs d'en attendre la suite avant de les juger. Les réflexions qui se présentent à l'esprit en présence de pareils faits demandent à être mûries, dans l'attente d'une certitude que nous ne voulons pas révoquer en doute, mais que nous ne prendrons pas sur nous de hâter par d'imprudentes assertions. Les destinées de l'Espagne sont enveloppées d'un voile qui ne tardera pas à être soulevé, mais auquel nul ne doit porter avant le temps une main imprudente. Nous nous abstiendrons jusque-là d'émettre notre opinion, et nous conseillerons à tous les esprits sages de ne point se prononcer sur les actes des divers partis, avant d'avoir vu la situation se dessiner plus nettement, » etc.

La prudence et la réserve sont, de l'aveu même des Majorquins, la tendance dominante de leur caractère. Les paysans ne vous rencontrent jamais dans la campagne sans échanger avec vous un salut ; mais si vous leur adressez une parole de plus sans être connu d'eux, ils se gardent bien de vous répondre, quand même vous parleriez leur patois. Il suffit que vous ayez un air étranger pour qu'ils vous craignent et se détournent du chemin pour vous éviter.

Nous eussions pu vivre cependant en bonne intelligence avec ces braves gens, si nous eussions fait acte de présence à leur église. Ils ne nous eussent pas moins rançonnés en toute occasion, mais nous eussions pu nous promener au milieu de leurs champs sans risquer d'être atteints de quelque pierre à la tête au détour d'un buisson. Malheureusement cet acte de prudence ne nous vint pas à l'esprit dans les commencements, et nous restâmes presque jusqu'à la fin sans savoir combien notre manière d'être les scandalisait. Ils nous appelaient païens, mahométans et juifs ; ce qui est pis que tout, selon eux. L'alcade nous signalait à la désapprobation de ses administrés ; je ne sais pas si le curé ne nous prenait point pour texte de ses sermons. La blouse et le pantalon de ma fille les scandalisaient beaucoup aussi.

Ils trouvaient fort mauvais qu'une *jeune personne* de neuf ans courût les montagnes *déguisée en homme*. Ce n'était pas seulement les paysans qui affectaient cette pruderie.

Le dimanche, le cornet à bouquin qui retentissait dans le village et sur les chemins pour avertir les retardataires de se rendre aux offices nous poursuivait en vain dans la Chartreuse. Nous étions sourds, parce que nous ne comprenions pas, et quand nous eûmes compris, nous le fûmes encore davantage. Ils eurent alors un moyen de venger la gloire de Dieu, qui n'était pas chrétien du tout. Ils se liguèrent entre eux pour ne nous vendre leur poisson, leurs œufs et leurs légumes qu'à des prix exorbitants. Il ne nous fut permis d'invoquer aucun tarif, aucun usage. A la moindre observation : — *Vous n'en voulez pas ?* disait le pagès d'un air de grand d'Espagne, en remettant ses oignons ou ses pommes de terre dans sa besace ; *vous n'en aurez pas.* Et il se retirait majestueusement, sans qu'il fût possible de le faire revenir pour entrer en composition. Il nous faisait jeûner pour nous punir d'avoir marchandé.

Il fallait jeûner en effet. Point de concurrence ni de rabais entre les vendeurs. Celui qui venait le second demandait le double, et le troisième demandait le triple, si bien qu'il fallait être à leur merci et mener une vie d'anachorètes, plus dispendieuse que n'eût été à Paris une vie de prince. Nous avions la ressource de nous approvisionner à Palma par l'intermédiaire du cuisinier du consul, qui fut notre providence, et dont, si j'étais empereur romain, je voudrais mettre le bonnet de coton au rang des constellations. Mais les jours de pluie, aucun messager ne voulait se risquer sur les chemins, à quelque prix que ce fût; et comme il plut pendant deux mois, nous eûmes souvent du pain comme du biscuit de mer et de véritables dîners de chartreux.

C'eût été une contrariété fort mince si nous eussions tous été bien portants. Je suis fort sobre et même stoïque par nature à l'endroit du repas. Le splendide appétit de mes enfants faisait flèche de tout bois et régal de tout citron vert. Mon fils, que j'avais emmené frêle et malade, reprenait à la vie comme par miracle, et guérissait une affection rhumatismale des plus graves, en courant dès le matin, comme un lièvre échappé, dans les grandes plantes de la montagne, mouillé jusqu'à la ceinture. La Providence permettait à la bonne nature de faire pour lui ces prodiges; c'était bien assez d'un malade.

Mais l'autre, loin de prospérer avec l'air humide et les privations, dépérissait d'une manière effrayante. Quoiqu'il fût condamné par toute la faculté de Palma, il n'avait aucune affection chronique; mais l'absence de régime fortifiant l'avait jeté, à la suite d'un catarrhe, dans un état de langueur dont il ne pouvait se relever. Il se résignait, comme on sait se résigner pour soi-même; nous, nous ne pouvions pas nous résigner pour lui, et je connus pour la première fois de grands chagrins pour de petites contrariétés, la colère pour un bouillon poivré ou *chippé* par les servantes, l'anxiété pour un pain frais qui n'arrivait pas, ou qui s'était changé en éponge en traversant le torrent sur les flancs d'un mulet. Je ne me souviens certainement pas de ce que j'ai mangé à Pise ou à Trieste; mais je vivrais cent ans, que je n'oublierais pas l'arrivée du panier aux provisions à la Chartreuse. Que n'eussé-je pas donné pour avoir un consommé et un verre de bordeaux à offrir tous les jours à notre malade ! Les aliments majorquins, et surtout la manière dont ils étaient apprêtés, quand nous n'y avions pas l'œil et la main, lui causaient un invincible dégoût. Dirai-je jusqu'à quel point ce dégoût était fondé ? Un jour qu'on nous servait un maigre poulet, nous vîmes sautiller sur son dos fumant d'énormes *maîtres Floh*, dont Hoffmann eût fait autant de malins esprits, mais que certainement il n'eût pas mangés en sauce. Mes enfants furent pris d'un si bon rire d'enfants qu'ils faillirent tomber sous la table.

Le fond de la cuisine majorquine est invariablement le cochon sous toutes les formes et sous tous les aspects. C'est là qu'eût été de saison le dicton du petit Savoyard faisant l'éloge de sa gargotte, et disant avec admiration qu'on y mange cinq sortes de viandes, à savoir : du cochon, du porc, du lard, du jambon et du salé. A Majorque, on fabrique, j'en suis sûr, plus de deux mille sortes de mets avec le porc, et au moins deux cents espèces de boudins, assaisonnés d'une telle profusion d'ail, de poivre, de piment et d'épices corrosives de tout genre, qu'on y risque la vie à chaque morceau. Vous voyez paraître sur la table vingt plats qui ressemblent à toutes sortes de mets chrétiens : ne vous y fiez pas cependant ; ce sont des drogues infernales cuites par le diable en personne. Enfin vient au dessert une tarte en pâtisserie de fort bonne mine, avec des tranches de fruit qui ressemblent à des oranges sucrées ; c'est une tourte de cochon à l'ail, avec des tranches de *tomatigas*, de pommes d'amour et de piment, le tout saupoudré de sel blanc que vous prendriez pour du sucre à son air d'innocence. Il y a bien des poulets, mais ils n'ont que la peau et les os. A Valldemosa, chaque graine qu'on nous eût vendue pour les engraisser ût été taxée sans doute un réal. Le poisson qu'on nous apportait de la mer était aussi plat et aussi sec que les poulets.

Un jour nous achetâmes un calmar de la grande espèce, pour avoir le plaisir de l'examiner. Je n'ai jamais vu d'animal plus horrible. Son corps était gros comme celui d'un dindon, ses yeux larges comme des oranges, et ses bras flasques et hideux, déroulés, avaient quatre à cinq pieds de long. Les pêcheurs nous assuraient que c'était un friand morceau. Nous ne fûmes point alléchés par sa mine, et nous en fîmes hommage à la Maria-Antonia, qui l'apprêta et le dégusta avec délices.

Si notre admiration pour le calmar fit sourire ces bonnes gens, nous eûmes bien notre tour quelques jours après. En descendant la montagne, nous vîmes les pagès quitter leurs travaux et se précipiter vers des gens arrêtés sur le chemin, qui portaient dans un panier une paire d'oiseaux admirables, extraordinaires, merveilleux, incompréhensibles. Toute la population de la montagne fut mise en émoi par l'apparition de ces volatiles inconnus. — Qu'est-ce que cela mange ? se disait-on en les regardant. Et quelques-uns répondaient : — Peut-être que cela ne mange pas ! — Cela vit-il sur terre ou sur mer ? — Probablement cela vit toujours dans l'air. Enfin les deux oiseaux avaient failli être étouffés par l'admiration publique, lorsque nous vérifiâmes que ce n'étaient ni des condors, ni des phénix, ni des hippogriffes, mais bien deux belles oies de basse-cour qu'un riche seigneur envoyait en présent à un de ses amis.

A Majorque comme à Venise, les vins liquoreux sont abondants et exquis. Nous avions pour ordinaire du moscatel aussi bon et aussi peu cher que le chypre qu'on boit sur le littoral de l'Adriatique. Mais les vins rouges, dont la préparation est un art véritable, inconnu aux Majorquins, sont durs, noirs, brûlants, chargés d'alcool, et d'un prix plus élevé que notre plus simple ordinaire de France. Tous ces vins chauds et capiteux étaient fort contraires à notre malade, et même à nous, à telles enseignes que nous bûmes presque toujours de l'eau, qui était excellente. Je ne sais si c'est à la pureté de cette eau de source qu'il faut attribuer un fait dont nous fîmes bientôt la remarque : nos dents avaient acquis une blancheur que tout l'art des parfumeurs ne saurait donner aux Parisiens les plus recherchés. La cause en fut peut-être dans notre sobriété forcée. N'ayant pas de beurre, et ne pouvant supporter la graisse, l'huile nauséeuse et les procédés incendiaires de la cuisine indigène, nous vivions de viande fort maigre, de poisson et de légumes, le tout assaisonné, en fait de sauce, de l'eau du torrent à laquelle nous avions parfois le sybaritisme de mêler le jus d'une orange verte fraîchement cueillie dans notre parterre. En revanche, nous avions des desserts splendides : des patates de Malaga et des courges de Valence confites, et du raisin digne de la terre de Chanaan. Ce raisin, blanc ou rose, est oblong, et couvert d'une pellicule un peu épaisse, qui aide à sa conservation pendant toute l'année. Il est exquis, et on en peut manger tant qu'on veut sans éprouver le gonflement d'estomac que donne le nôtre. Le raisin de Fontainebleau est aqueux et frais; celui de Majorque est sucré et charnu. Dans l'un il y a à manger, dans l'autre à boire. Ces grappes, dont quelques-unes pesaient de vingt à vingt-cinq livres, eussent fait l'admiration d'un peintre. C'était notre ressource dans les temps de disette. Les paysans croyaient nous le rendre fort cher en nous le faisant payer quatre fois sa valeur; mais ils ne savaient pas que, comparativement au nôtre, ce n'était rien encore; et nous avions le plaisir de nous moquer les uns des autres. Quant aux figues de cactus, nous n'eûmes pas de discussion : c'est bien le plus détestable fruit que je sache.

Si les conditions de cette vie frugale n'eussent été, je le répète, contraires et même funestes à l'un de nous, les autres l'eussent trouvée fort acceptable en elle-même. Nous avions réussi même à Majorque, même dans une chartreuse abandonnée, même aux prises avec les paysans les plus rusés du monde, à nous créer une sorte de bien-être. Nous avions des vitres, des portes et un poêle, un poêle unique en son genre, que le premier forgeron de Palma avait mis un mois à forger, et qui nous coûta cent francs. C'était tout simplement un cylindre de fer avec un tuyau qui passait par la fenêtre. Il fallait bien une heure pour l'allumer, et à peine l'était-il, qu'il devenait rouge, et qu'après avoir ouvert long-temps les portes pour faire sortir la fumée, il fallait les rouvrir presque aussitôt pour faire sortir la chaleur. En outre, le soi-disant fumiste l'avait enduit à l'intérieur, en guise de mastic, d'une matière dont les Indiens enduisent leurs maisons et même leurs personnes par dévotion, la vache étant réputée chez eux, comme on sait, un animal sacré. Quelque purifiante pour l'âme que pût être cette odeur sainte, j'atteste qu'au feu elle est peu délectable pour les sens. Pendant un mois que ce mastic mit à sécher, nous pûmes croire que nous étions dans un des cercles de l'enfer où Dante prétend avoir vu les adulateurs. J'avais beau chercher dans ma mémoire par quelle faute de ce genre j'avais pu mériter un pareil supplice, quel pouvoir j'avais encensé, quel pape ou quel roi j'avais encouragé dans son erreur par mes flatteries ; je n'avais pas seulement un garçon de bureau ou un huissier de la chambre sur la conscience, pas même une révérence à un gendarme ou à un journaliste !

Heureusement le chartreux pharmacien nous vendit du benjoin exquis, reste de la provision de parfums dont on encensait naguère, dans l'église de son couvent, l'image de la Divinité ; et cette émanation céleste combattit victorieusement, dans notre cellule, les exhalaisons du huitième fossé de l'enfer.

Nous avions un mobilier splendide : des lits de sangle irréprochables, des matelas peu mollets, plus chers qu'à Paris, mais neufs et propres, et de ces grands et excellents couvre-pieds en indienne ouatée et piquée que les juifs vendent assez bon marché à Palma. Une dame française, établie dans le pays, avait eu la bonté de nous céder quelques livres de plume qu'elle avait fait venir pour elle de Marseille, et dont nous avions fait deux oreillers à notre malade. C'était certes un grand luxe dans une contrée où les oies passent pour des êtres fantastiques, et où les poulets ont des démangeaisons même en sortant de la broche.

Nous possédions plusieurs tables, plusieurs chaises de paille comme celles qu'on voit dans nos chaumières de paysans, et un sofa voluptueux en bois blanc avec des coussins de toile à matelas rembourrés de laine. Le sol, très-inégal et très-poudreux de la cellule, était couvert de ces nattes valenciennes à longues pailles qui ressemblent à un gazon jauni par le soleil, et de ces belles peaux de mouton à longs poils, d'une finesse et d'une blancheur admirables, qu'on prépare fort bien dans le pays.

Comme chez les Africains et les Orientaux, il n'y a point d'armoires dans les anciennes maisons de Majorque, et surtout dans les cellules de chartreux. On y serre ses effets dans de grands coffres de bois blanc. Nos malles de cuir jaune pouvaient passer là pour des meubles très-élégants. Un grand châle tartan bariolé, qui nous avait servi de tapis de pied en voyage, devint une portière somptueuse devant l'alcôve, et mon fils orna le poêle d'une de ces charmantes urnes d'argile de Felanitz, dont la forme et les ornements sont de pur goût arabe.

Felanitz est un village de Majorque qui mériterait d'approvisionner l'Europe de ces jolis vases, si légers qu'on les croirait de liége, et d'un grain si fin qu'on en prendrait l'argile pour une matière précieuse. On fait là de petites cruches d'une forme exquise dont on se sert comme de carafes, et qui conservent l'eau dans un état de fraîcheur admirable. Cette argile est si poreuse que l'eau s'échappe à travers les flancs du vase, et qu'en moins d'une demi-journée il est vide. Je ne suis pas physicien le moins du monde, et peut-être la remarque que j'ai faite est plus que niaise; quant à moi, elle m'a semblé merveilleuse, et mon vase d'argile m'a souvent paru enchanté : nous le laissions rempli d'eau sur le poêle, dont la table en fer était presque toujours rouge, et quelquefois, quand l'eau s'était enfuie par les pores du vase, le vase, étant resté à sec sur cette plaque brûlante, ne cassa point. Tant qu'il contenait une goutte d'eau, cette eau était d'un froid glacial, quoique la chaleur du poêle fît noircir le bois qu'on posait dessus.

Ce joli vase, entouré d'une guirlande de lierre cueillie sur la muraille extérieure, était plus satisfaisant pour des yeux d'artistes que toutes les dorures de nos Sèvres modernes. Le pianino de Pleyel, arraché aux mains des douaniers après trois semaines de pourparlers et 400 fr. de contribution, remplissait la voûte élevée et retentissante de la cellule d'un son magnifique. Enfin, le sacristain avait consenti à transporter chez nous une belle grande chaise gothique sculptée en chêne, que les rats et les vers rongeaient dans l'ancienne chapelle des Chartreux, et dont le coffre nous servait de bibliothèque, en même temps que ses découpures légères et ses aiguilles effilées, projetant sur la muraille, au reflet de la lampe du soir, l'ombre de sa riche dentelle noire et de ses clochetons agrandis, rendaient à la cellule tout son caractère antique et monacal.

Le seigneur Gomez, notre ex-propriétaire de *Son-Vent*, ce riche personnage qui nous avait loué sa maison en cachette, parce qu'il n'était pas convenable qu'un citoyen de Majorque eût l'air de spéculer sur sa propriété, nous avait fait un esclandre et menacés d'un procès pour avoir brisé chez lui (*estropeado*) quelques assiettes de terre de pipe qu'il nous fit payer comme des porcelaines de Chine. En outre, il nous fit payer (toujours par menace) le *badigeonnage* et le *repicage* de toute sa maison, à cause de la contagion du rhume. A quelque chose malheur est bon, car il s'empressa de nous vendre le linge de maison qu'il nous avait loué; et, quoiqu'il fût pressé de se défaire de tout ce que nous avions touché, il n'oublia pas de batailler jusqu'à ce que nous eussions payé son vieux linge comme du neuf. Grâce à lui, nous ne fûmes donc pas forcés de semer du lin pour avoir un jour des draps et des nappes, comme ce seigneur italien qui accordait des chemises à ses pages.

Il ne faut pas qu'on m'accuse de puérilité parce que

je rapporte des vexations dont, à coup sûr, je n'ai pas conservé plus de ressentiment que ma bourse de regret; mais personne ne contestera que ce qu'il y a de plus intéressant à observer en pays étranger, ce sont les hommes; et quand je dirai que je n'ai pas eu une seule relation d'argent, si petite qu'elle fût, avec les Majorquins, où je n'aie rencontré de leur part une mauvaise foi impudente et une avidité grossière; et quand j'ajouterai qu'ils étalaient leur dévotion devant nous en affectant d'être indignés de notre peu de foi, on conviendra que la piété des âmes simples, si vantée par certains conservateurs de nos jours, n'est pas toujours la chose la plus édifiante et la plus morale du monde, et qu'il doit être permis de désirer une autre manière de comprendre et d'honorer Dieu. Quant à moi, à qui l'on a tant rebattu les oreilles de ces lieux communs : que c'est un crime et un danger d'attaquer même une foi erronée et corrompue, parce que l'on n'a rien à mettre à la place; que les peuples qui ne sont point infectés du poison de l'examen philosophique et de la frénésie révolutionnaire sont seuls moraux, hospitaliers, sincères; qu'ils ont encore de la poésie, de la grandeur et des vertus antiques, etc., etc.!... j'ai ri à Majorque un peu plus qu'ailleurs, je l'avoue, de ces graves objections. Lorsque je voyais mes petits enfants, élevés dans l'abomination de la désolation de la philosophie, servir et assister avec joie un ami souffrant, eux tout seuls, au milieu de cent soixante mille Majorquins qui se seraient détournés avec la plus dure inhumanité, avec la plus lâche terreur, d'une maladie réputée contagieuse, je me disais que ces petits scélérats avaient plus de raison et de charité que toute cette population de saints et d'apôtres.

Ces pieux serviteurs de Dieu ne manquaient pas de dire que je commettais un grand crime en exposant mes enfants à la contagion, et que, pour me punir de mon aveuglement, le ciel leur enverrait la même maladie. Je leur répondais que, dans notre famille, si l'un de nous avait la peste, les autres ne s'écarteraient pas de son lit; que ce n'était pas l'usage en France, pas plus depuis la révolution qu'auparavant, d'abandonner les malades; que des prisonniers espagnols affectés des maladies les plus intenses et les plus pernicieuses avaient traversé nos campagnes du temps des guerres de Napoléon, et que nos paysans, après avoir partagé avec eux leur gamelle et leur linge, leur avaient cédé leur lit, et s'étaient tenus auprès pour les soigner; que plusieurs avaient été victimes de leur zèle, et avaient succombé à la contagion, ce qui n'avait pas empêché les survivants de pratiquer l'hospitalité et la charité : le Majorquin secouait la tête et souriait de pitié. La notion du dévouement envers un inconnu ne pouvait pas plus entrer dans sa cervelle que celle de la probité ou même de l'obligeance envers un étranger.

Tous les voyageurs qui ont visité l'intérieur de l'île ont été émerveillés pourtant de l'hospitalité et du désintéressement du fermier majorquin. Ils ont écrit avec admiration que, s'il n'y avait pas d'auberge en ce pays, il n'en était pas moins facile et agréable de parcourir des campagnes où *une simple recommandation* suffit pour qu'on soit reçu, hébergé et fêté gratis. Cette simple recommandation est un fait assez important, ce me semble. Ces voyageurs ont oublié de dire que toutes les castes de Majorque, et partant tous les habitants, sont dans une solidarité d'intérêts qui établit entre eux de bons et faciles rapports, où la charité religieuse et la sympathie humaine n'entrent cependant pour rien. Quelques mots expliqueront cette situation financière.

Les nobles sont riches quant au fonds, indigents quant au revenu, et ruinés grâce aux emprunts. Les juifs, qui sont nombreux, et riches en argent comptant, ont toutes les terres des chevaliers en portefeuille, et l'on peut dire que de fait l'île leur appartient. Les chevaliers ne sont plus que de nobles représentants chargés de se faire les uns aux autres, ainsi qu'aux rares étrangers qui abordent dans l'île, les honneurs de leurs domaines et de leurs palais. Pour remplir dignement ces fonctions élevées, ils ont recours chaque année à la bourse des juifs, et chaque année la boule de neige grossit. J'ai dit précédemment combien le revenu des terres est paralysé à cause du manque de débouchés et d'industrie; cependant il y a un point d'honneur pour les pauvres chevaliers à consommer lentement et paisiblement leur ruine sans déroger au luxe, je ferais mieux de dire à l'indigente prodigalité de leurs ancêtres. Les agioteurs sont donc dans un rapport continuel d'intérêts avec les cultivateurs, dont ils touchent en partie les fermages, en vertu des titres à eux concédés par les chevaliers.

Ainsi le paysan, qui trouve peut-être son compte à cette division dans sa créance, paye à son seigneur le moins possible et au banquier le plus qu'il peut. Le seigneur est dépendant et résigné, le juif est inexorable, mais patient. Il fait des concessions, il affecte une grande tolérance, il donne du temps, car il poursuit son but avec un génie diabolique : dès qu'il a mis sa griffe sur une propriété, il faut que pièce à pièce elle vienne toute à lui, et son intérêt est de se rendre nécessaire jusqu'à ce que la dette ait atteint la valeur du capital. Dans vingt ans il n'y aura plus de seigneurie à Majorque. Les juifs pourront s'y constituer à l'état de puissance, comme ils ont fait chez nous, et relever leur tête encore courbée et humiliée hypocritement sous les dédains mal dissimulés des nobles et l'horreur puérile et impuissante des prolétaires. En attendant, ils sont les vrais propriétaires du terrain, et le pagès tremble devant eux. Il se retourne vers son ancien maître avec douleur; et, tout en pleurant de tendresse, il tire à soi les dernières bribes de sa fortune. Il est donc intéressé à satisfaire ces deux puissances, et même à leur complaire en toutes choses, afin de n'être pas écrasé entre les deux.

Soyez donc recommandé à un pagès, soit par un noble, soit par un riche (et par quels autres le seriez-vous, puisqu'il n'y a point là de classe intermédiaire?), et à l'instant s'ouvrira devant vous la porte du pagès. Mais essayez de demander un verre d'eau sans cette recommandation, et vous verrez !

Et pourtant ce paysan majorquin a de la douceur, de la bonté, des mœurs paisibles, une nature calme et patiente. Il n'aime point le mal, il ne connaît pas le bien. Il se confesse, il prie, il songe sans cesse à mériter le paradis; mais il ignore les vrais devoirs de l'humanité. Il n'est pas plus haïssable qu'un bœuf ou un mouton, car il n'est guère plus homme que les êtres endormis dans l'innocence de la brute. Il récite des prières, il est superstitieux comme un sauvage ; mais il mangerait son semblable sans plus de remords, si c'était l'usage de son pays, et s'il n'avait pas du cochon à discrétion. Il trompe, rançonne, ment, insulte et pille, sans le moindre embarras de conscience. Un étranger n'est pas un homme pour lui. Jamais il ne dérobera une olive à son compatriote : au delà des mers l'humanité n'existe dans les desseins de Dieu que pour apporter de petits profits aux Majorquins.

Nous avions surnommé Majorque *l'île des Singes*, parce que, nous voyant environnés de ces bêtes sournoises, pillardes et pourtant innocentes, nous nous étions habitués à nous préserver d'elles sans plus de rancune et de dépit que n'en causent aux Indiens les jockos et les orangs espiègles et fuyards.

Cependant on ne s'habitue pas sans tristesse à voir des créatures revêtues de la forme humaine, et marquées du sceau divin, végéter ainsi dans une sphère qui n'est point celle de l'humanité présente. On sent bien que cet être imparfait est capable de comprendre, que sa race est perfectible, que son avenir est le même que celui des races plus avancées, et qu'il n'y a là qu'une question de temps, grande à nos yeux, inappréciable dans l'abîme de l'éternité. Mais plus on a le sentiment de cette perfectibilité, plus on souffre de la voir entravée par les chaînes du passé. Ce temps d'arrêt, qui n'inquiète guère la Providence, épouvante et contriste notre existence d'un jour. Nous sentons par le cœur, par l'esprit, par les entrailles, que la vie de tous les autres est liée à la nôtre, que nous ne pouvons point nous passer d'aimer ou d'être aimés, de comprendre ou d'être compris, d'assister et d'être assistés. Le sentiment d'une supériorité intellectuelle et morale sur d'autres hommes ne réjouit que le cœur des orgueilleux. Je m'imagine que tous les cœurs généreux voudraient, non s'abaisser pour se niveler, mais élever à eux, en un clin d'œil, tout ce qui est au-dessous d'eux, afin de vivre enfin de la vraie vie de sympathie, d'échange, d'égalité et de communauté, qui est l'idéal religieux de la conscience humaine.

Je suis certain que ce besoin est au fond de tous les cœurs, et que ceux de nous qui le combattent et croient l'étouffer par des sophismes, en ressentent une souffrance étrange, amère, à laquelle ils ne savent pas donner un nom. Les hommes d'en bas s'usent ou s'éteignent quand ils ne peuvent monter; ceux d'en haut s'indignent et s'affligent de leur tendre vainement la main; et ceux qui ne veulent aider personne sont dévorés de l'ennui et de l'effroi de la solitude, jusqu'à ce qu'ils retombent dans un abrutissement qui les fait descendre au-dessous des premiers.

IV.

Nous étions donc seuls à Majorque, aussi seuls que dans un désert; et quand la subsistance de chaque jour était conquise, moyennant la guerre aux *singes,* nous nous asseyions en famille pour en rire autour du poêle. Mais à mesure que l'hiver avançait, la tristesse paralysait dans mon sein les efforts de gaieté et de sérénité. L'état de notre malade empirait toujours; le vent pleurait dans le ravin, la pluie battait nos vitres, la voix du tonnerre perçait nos épaisses murailles et venait jeter sa note lugubre au milieu des rires et des jeux des enfants. Les aigles et les vautours, enhardis par le brouillard, venaient dévorer nos pauvres passereaux jusque sur le grenadier qui remplissait ma fenêtre. La mer furieuse retenait les embarcations dans les ports; nous nous sentions prisonniers, loin de tout secours éclairé et de toute sympathie efficace. La mort semblait planer sur nos têtes pour s'emparer de l'un de nous, et nous étions seuls à lui disputer sa proie. Il n'y avait pas une seule créature humaine à notre portée qui n'eût voulu au contraire le pousser vers la tombe pour en finir plus vite avec le prétendu danger de son voisinage. Cette pensée d'hostilité était affreusement triste. Nous nous sentions bien assez forts pour remplacer les uns pour les autres, à force de soins et de dévouement, l'assistance et la sympathie qui nous étaient déniées ; je crois même que dans de telles épreuves le cœur grandit et l'affection s'exalte, retrempée de toute la force qu'elle puise dans le sentiment de la solidarité humaine. Mais nous souffrions dans nos âmes de nous voir jetés au milieu d'êtres qui ne comprenaient pas ce sentiment, et pour lesquels, loin d'être plaints par eux, il nous fallait ressentir la plus douloureuse pitié.

J'éprouvais d'ailleurs de vives perplexités. Je n'ai aucune notion scientifique d'aucun genre, et il m'eût fallu être médecin, et grand médecin, pour soigner la maladie dont toute la responsabilité pesait sur mon cœur.

Le médecin qui nous voyait, et dont je ne révoque en doute ni le zèle ni le talent, se trompait, comme tout médecin, même des plus illustres, peut se tromper, et comme, de son propre aveu, tout savant sincère s'est trompé souvent. La bronchite avait fait place à une excitation nerveuse qui produisait plusieurs des phénomènes d'une phthisie laryngée.

Le médecin qui avait vu ces phénomènes à de certains moments, et qui ne voyait pas les symptômes contraires, évidents pour moi à d'autres heures, s'était prononcé pour le régime qui convient aux phthisiques, pour la saignée, pour la diète, pour le laitage. Toutes ces choses étaient absolument contraires, et la saignée eût été mortelle. Le malade en avait l'instinct, et moi, qui, sans rien savoir de la médecine, ai soigné beaucoup de malades, j'avais le même pressentiment. Je tremblais pourtant de m'en remettre à cet instinct qui pouvait me tromper, et de lutter contre les affirmations d'un homme de l'art; et quand je voyais la maladie empirer, j'étais véritablement livré à des angoisses que chacun doit comprendre. — Une saignée le sauverait, me disait-on, et si vous vous y refusez, il va mourir. Pourtant il y avait une voix qui me disait jusque dans mon sommeil : Une saignée le tuerait, et si tu l'en préserves, il ne mourra pas. Je suis persuadé que cette voix était celle de la Providence; et aujourd'hui que notre ami, la terreur des Majorquins, est reconnu aussi peu phthisique que moi, je remercie le ciel de ne m'avoir pas ôté la confiance qui nous a sauvés.

Quant à la diète, elle était fort contraire. Quand nous en vîmes les mauvais effets, nous nous y conformâmes aussi peu que possible; mais malheureusement il n'y eut guère à opter entre les épices brûlantes du pays et la table la plus frugale. Le laitage, dont nous reconnûmes par la suite l'effet pernicieux, fut, par bonheur, assez rare à Majorque pour n'en produire aucun. Nous pensions encore à cette époque que le lait ferait merveille, et nous nous tourmentions pour en avoir. Il n'y a pas de vaches dans ces montagnes, et le lait de chèvre qu'on nous vendait était toujours bu en chemin par les enfants qui nous l'apportaient, ce qui n'empêchait pas que le vase ne nous arrivât plus plein qu'au départ. C'était un miracle qui s'opérait tous les matins pour le pieux messager lorsqu'il avait soin de faire sa prière dans la cour de la Chartreuse, auprès de la fontaine,

Pour mettre fin à ces prodiges, nous nous procurâmes une chèvre. C'était bien la plus douce et la plus aimable personne du monde, une belle petite chèvre d'Afrique, au poil ras couleur de chamois, avec une tête sans cornes, le nez très-busqué et les oreilles pendantes. Ces animaux diffèrent beaucoup des nôtres. Ils ont la robe du chevreuil et le profil du mouton; mais ils n'ont pas la physionomie espiègle et mutine de nos biquettes enjouées. Au contraire, ils semblent pleins de mélancolie. Ces chèvres diffèrent encore des nôtres en ce qu'elles ont les mamelles fort petites et donnent fort peu de lait. Quand elles sont dans la force de l'âge, ce lait a une saveur âpre et sauvage dont les Majorquins font beaucoup de cas, mais qui nous parut repoussante.

Notre amie de la Chartreuse en était à sa première maternité; elle n'avait pas deux ans, et son lait était fort délicat; mais elle en était fort avare, surtout lorsque, séparée du troupeau avec lequel elle avait coutume, non de gambader (elle était trop sérieuse, trop majorquine pour cela), mais de rêver au sommet des montagnes, elle tomba dans un spleen qui n'était pas sans analogie avec le nôtre. Il y avait pourtant de bien belles herbes dans le préau, et des plantes aromatiques, naguère cultivées par les chartreux, croissaient encore dans les rigoles de notre parterre : rien ne la consola de sa captivité. Elle errait éperdue et désolée dans les cloîtres, poussant des gémissements à fendre les pierres. Nous lui donnâmes pour compagne une grosse brebis dont la laine blanche et touffue avait six pouces de long, une de ces brebis comme on n'en voit chez nous que sur la devanture des marchands de joujoux ou sur les éventails de nos grand'mères. Cette excellente compagne lui rendit un peu de calme, et nous donna elle-même un lait assez crémeux. Mais à elles deux, et quoique bien nourries, elles en fournissaient une si petite quantité, que nous nous méfiâmes des fréquentes visites que la Maria-Antonia, la *niña* et la Catalina rendaient à notre bétail. Nous le mîmes sous clef dans une petite cour au pied du clocher, et nous eûmes le soin de traire nous-mêmes. Ce lait, des plus légers, mêlé à du lait d'amandes que nous pilions alternativement, mes enfants et moi, faisait une tisane assez saine et assez agréable. Nous n'en pouvions guère avoir d'autre. Toutes les drogues de Palma étaient d'une malpropreté intolérable. Le sucre mal raffiné qu'on y apporte d'Espagne est noir, huileux, et doué d'une vertu purgative pour ceux qui n'en ont pas l'habitude.

Un jour nous nous crûmes sauvés, parce que nous aperçûmes des violettes dans le jardin d'un riche fermier. Il nous permit d'en cueillir de quoi faire une infusion, et, quand nous eûmes fait notre petit paquet, il nous le fit payer à raison d'un sou par violette : un sou majorquin, qui vaut trois sous de France.

A ces soins domestiques se joignait la nécessité de balayer nos chambres et de faire nos lits nous-mêmes quand nous tenions à dormir la nuit ; car la servante majorquine ne pouvait y toucher sans nous communiquer aussitôt, avec une intolérable prodigalité, les mêmes propriétés que mes enfants s'étaient tant réjouis de pouvoir observer sur le dos d'un poulet rôti. Il nous restait à peine quelques heures pour travailler et pour nous promener ; mais ces heures étaient bien employées. Les enfants étaient attentifs à la leçon, et nous n'avions ensuite qu'à mettre le nez hors de notre tanière pour entrer dans les paysages les plus variés et les plus admirables. A chaque pas, au milieu du vaste cadre des montagnes, s'offrait un accident pittoresque, une petite chapelle sur un rocher escarpé, un bosquet de rosages jeté à pic sur une pente lézardée, un ermitage auprès d'une source pleine de grands roseaux, un massif d'arbres sur d'énormes fragments de roches mousseuses et brodées de lierre. Quand le soleil daignait se montrer un instant, toutes ces plantes, toutes ces pierres et tous ces terrains lavés par la pluie prenaient une couleur éclatante et des reflets d'une incroyable fraîcheur.

Nous fîmes surtout deux promenades remarquables. Je ne me rappelle pas la première avec plaisir, quoiqu'elle fût magnifique d'aspects. Mais notre malade, alors bien portant (c'était au commencement de notre séjour à Majorque), voulut nous accompagner, et en ressentit une fatigue qui détermina l'invasion de sa maladie.

Notre but était un ermitage situé au bord de la mer, à trois milles de la Chartreuse. Nous suivîmes le bras droit de la chaîne, et montâmes de colline en colline, par un chemin pierreux qui nous hachait les pieds, jusqu'à la côte nord de l'île. A chaque détour du sentier, nous eûmes le spectacle grandiose de la mer, vue à des profondeurs considérables, au travers de la plus belle végétation. C'était la première fois que je voyais des rives fertiles, couvertes d'arbres et verdoyantes jusqu'à la première vague, sans falaises pâles, sans grèves désolées et sans plage limoneuse. Dans tout ce que j'ai vu des côtes de France, même sur les hauteurs de Port-Vendres, où elle m'apparut enfin dans sa beauté, la mer m'a toujours semblé sale ou déplaisante à aborder. Le Lido tant vanté de Venise a des sables d'une affreuse nudité, peuplés d'énormes lézards qui sortent par milliers sous vos pieds, et semblent vous poursuivre de leur nombre toujours croissant, comme dans un mauvais rêve. A Royant, à Marseille, presque partout, je crois, sur nos rivages, une ceinture de varechs gluants et une arène stérile nous gâtent les approches de la mer. A Majorque, je la vis enfin comme je l'avais rêvée, limpide et bleue comme le ciel, doucement ondulée comme une plaine de saphir régulièrement labourée en sillons dont la mobilité est inappréciable, vue d'une certaine hauteur, et encadrée de forêts d'un vert sombre. Chaque pas que nous faisions sur la montagne sinueuse nous présentait une nouvelle perspective toujours plus sublime que la dernière. Néanmoins, comme il nous fallut redescendre beaucoup pour atteindre l'ermitage, la rive, en cet endroit, quoique très-belle, n'eut pas le caractère de grandeur que je lui trouvai en un autre endroit de la côte quelques mois plus tard.

Les ermites qui sont établis là au nombre de quatre ou cinq n'avaient aucune poésie. Leur habitation est aussi misérable et aussi sauvage que leur profession le comporte ; et, de leur jardin en terrasse, que nous les trouvâmes occupés à bêcher, la grande solitude de la mer s'étend sous leurs yeux. Mais ils nous parurent personnellement les plus stupides du monde. Ils ne portaient aucun costume religieux. Le supérieur quitta sa bêche et vint à nous en veste ronde de drap bége ; ses cheveux courts et sa barbe sale n'avaient rien de pittoresque. Il nous parla des austérités de la vie qu'il menait, et surtout du froid intolérable qui régnait sur ce rivage ; mais quand nous lui demandâmes s'il y gelait quelquefois, nous ne pûmes jamais lui faire comprendre ce que c'était que la gelée. Il ne connaissait ce mot dans aucune langue, et n'avait jamais entendu parler de pays plus froids que l'île de Majorque. Cependant il avait une idée de la France pour avoir vu passer la flotte qui marcha en 1830 à la conquête d'Alger ; ç'avait été le plus beau, le plus étonnant, on peut dire le seul spectacle de sa vie. Il nous demanda si les Français avaient réussi à prendre Alger ; et quand nous lui eûmes dit qu'ils venaient de prendre Constantine, il ouvrit de grands yeux et s'écria que les Français étaient un grand peuple.

Il nous fit monter à une petite cellule fort malpropre, où nous vîmes le doyen des ermites. Nous le prîmes pour un centenaire, et fûmes surpris d'apprendre qu'il n'avait que quatre-vingts ans. Cet homme était dans un état parfait d'imbécillité, quoiqu'il travaillât encore machinalement à fabriquer des cuillers de bois avec des mains terreuses et tremblantes. Il ne fit aucune attention à nous, quoiqu'il ne fût pas sourd ; et, le prieur l'ayant appelé, il souleva une énorme tête qu'on eût prise pour de la cire, et nous montra une face hideuse d'abrutissement. Il y avait toute une vie d'abaissement intellectuel sur cette figure décomposée, dont je détournai les yeux avec empressement, comme de la chos la plus effrayante et la plus pénible qui soit au monde. Nous leur fîmes l'aumône, car ils appartenaient à un ordre mendiant, et sont encore en grande vénération parmi les paysans, qui ne les laissent manquer de rien.

En revenant à la Chartreuse, nous fûmes assaillis par un vent violent qui nous renversa plusieurs fois, et qui rendit notre marche si fatigante que notre malade en fut brisé.

La seconde promenade eut lieu quelques jours avant notre départ de Majorque, et celle-là m'a fait une impression que je n'oublierai de ma vie. Jamais le spectacle de la nature ne m'a saisi davantage, et je ne sache pas qu'il m'ait saisi à ce point plus de trois ou quatre fois dans ma vie.

Les pluies avaient enfin cessé, et le printemps se faisait tout à coup. Nous étions au mois de février; tous les amandiers étaient en fleurs, et les prés se remplissaient de jonquilles embaumées. C'était, sauf la couleur du ciel et la vivacité des tons du paysage, la seule différence que l'œil pût trouver entre les deux saisons; car les arbres de cette région sont vivaces pour la plupart. Ceux qui poussent de bonne heure n'ont point à subir les coups de la gelée; les gazons conservent toute leur fraîcheur, et les fleurs n'ont besoin que d'une matinée de soleil pour mettre le nez au vent. Lorsque notre jardin avait un demi-pied de neige, la bourrasque balançait, sur nos berceaux treillagés, de jolies petites roses grimpantes, qui, pour être un peu pâles, n'en paraissaient pas moins de fort bonne humeur.

Comme, du côté du nord, je regardais la mer de la porte du couvent, un jour que notre malade était assez bien pour rester seul deux ou trois heures, nous nous mîmes enfin en route, mes enfants et moi, pour voir la grève de ce côté-là. Jusqu'alors je n'en avais pas eu la moindre curiosité, quoique mes enfants, qui couraient comme des chamois, m'assurassent que c'était le plus bel endroit du monde. Soit que la visite à l'ermitage, première cause de notre douleur, m'eût laissé une rancune assez fondée, soit que je ne m'attendisse pas à voir de la plaine un aussi beau déploiement de mer que je l'avais vu du haut de la montagne, je n'avais pas encore eu la tentation de sortir du vallon encaissé de Valldemosa.

J'ai dit plus haut qu'au point où s'élève la Chartreuse la chaîne s'ouvre, et qu'une plaine légèrement inclinée monte entre ses deux bras élargis jusqu'à la mer. Or, en regardant tous les jours la mer monter à l'horizon bien au-dessus de cette plaine, ma vue et mon raisonnement commettaient une erreur singulière : au lieu de voir que la plaine montait et qu'elle cessait tout à coup à une distance très-rapprochée de moi, je m'imaginais qu'elle s'abaissait en pente douce jusqu'à la mer, et que le rivage était plus éloigné de cinq à six lieues. Comment m'expliquer, en effet, que cette mer, qui me paraissait de niveau avec la Chartreuse, fût plus basse de deux à trois mille pieds? Je m'étonnais bien quelquefois qu'elle eût la voix si haute, étant aussi éloignée que je la supposais ; je ne me rendais pas compte de ce phénomène, et je ne sais pas pourquoi je me permets quelquefois de me moquer des bourgeois de Paris, car j'étais plus que simple dans mes conjectures. Je ne voyais pas que cet horizon maritime dont je repaissais mes regards était à quinze ou vingt lieues de la côte, tandis que la mer battait la base de l'île à une demi-heure du chemin de la Chartreuse. Aussi, quand mes enfants m'engageaient à venir voir la mer, prétendant qu'elle était à deux pas, je n'en trouvais jamais le temps, croyant qu'il s'agissait de deux pas d'enfant, c'est-à-dire, dans la réalité, de deux pas de géant ; car on sait que les enfants marchent par la tête, sans jamais se souvenir qu'ils ont des pieds, et que les bottes de sept lieues du Petit Poucet sont un mythe pour signifier que l'enfance ferait le tour du monde sans s'en apercevoir.

Enfin je me laissai entraîner par eux, certain que nous n'atteindrions jamais ce rivage fantastique qui me semblait si loin. Mon fils prétendait savoir le chemin ; mais, comme tout est chemin quand on a des bottes de sept lieues, et que depuis long-temps je ne marche plus dans la vie qu'avec des pantoufles, je lui objectai que je ne pouvais pas, comme lui et sa sœur, enjamber les fossés, les haies et les torrents. Depuis un quart d'heure je m'apercevais bien que nous ne descendions pas vers la mer, car le cours des ruisseaux venait rapidement à notre rencontre, et plus nous avancions, plus la mer semblait s'enfoncer et s'abîmer à l'horizon. Je crus enfin que nous lui tournions le dos, et je pris le parti de demander au premier paysan que je rencontrerais si, par hasard, il ne nous serait pas possible de rencontrer aussi la mer.

Sous un massif de saules, dans un fossé bourbeux, trois pastourelles, peut-être trois fées travesties, remuaient la crotte avec des pelles pour y chercher je ne sais quel talisman ou quelle salade. La première n'avait qu'une dent, c'était probablement la fée Dentue, la même qui remue ses maléfices dans une casserole avec cette unique et affreuse dent. La seconde vieille était, selon toutes les apparences, Carabosse, la plus mortelle ennemie des établissements orthopédiques. Toutes deux nous firent une horrible grimace. La première avança sa terrible dent du côté de ma fille, dont la fraîcheur éveillait son appétit. La seconde hocha la tête et brandit sa béquille pour casser les reins à mon fils, dont la taille droite et svelte lui faisait horreur. Mais la troisième, qui était jeune et jolie, sauta légèrement sur la marge du fossé, et, jetant sa cape sur son épaule, nous fit signe de la main et se mit à marcher devant nous. C'était certainement une bonne petite fée ; mais sous son travestissement de montagnarde il lui plaisait de s'appeler *Périca de Pier-Bruno.*

Périca est la plus gentille créature majorquine que j'aie vue. Elle et ma chèvre sont les seuls êtres vivants qui aient gardé un peu de mon cœur à Valldemosa. La petite fille était crottée comme la petite chèvre eût rougi de l'être ; mais, quand elle eut un peu marché dans le gazon humide, ses pieds nus redevinrent non pas blancs, mais mignons comme ceux d'une Andalouse, et son joli sourire, son babil confiant et curieux, son obligeance désintéressée, nous la firent trouver aussi pure qu'une perle fine. Elle avait seize ans et les traits les plus délicats, avec une figure toute ronde et veloutée comme une pêche. C'était la régularité de lignes et la beauté de plans de la statuaire grecque. Sa taille était fine comme un jonc, et ses bras nus, couleur de bistre. De dessous son rebozillo de grosse toile sortait sa chevelure flottante et mêlée comme la queue d'une jeune cavale. Elle nous conduisit à la lisière de son champ, puis nous fit traverser une prairie semée et bordée d'arbres et de gros blocs de rochers ; et je ne vis plus du tout la mer, ce qui me fit croire que nous entrions dans la montagne, et que la malicieuse Périca se moquait de nous.

Mais tout à coup elle ouvrit une petite barrière qui fermait le pré, et nous vîmes un sentier qui tournait autour d'une grosse roche en pain de sucre. Nous tournâmes avec le sentier, et, comme par enchantement, nous nous trouvâmes au-dessus de la mer, au-dessus de l'immensité, avec un autre rivage à une lieue de distance sous nos pieds. Le premier effet de ce spectacle inattendu fut le vertige, et je commençai par m'asseoir. Peu à peu je me rassurai et m'enhardis jusqu'à descendre le sentier, quoiqu'il ne fût pas tracé pour des pas humains, mais bien pour des pieds de chèvre. Ce que je voyais était si beau, que pour le coup j'avais, non pas des bottes de sept lieues, mais des ailes d'hirondelle dans le cerveau ; et je me mis à tourner autour des grandes aiguilles calcaires qui se dressaient comme des géants de cent pieds de haut le long des parois de la côte, cherchant toujours à voir le fond d'une anse qui s'enfonçait sur ma droite dans les terres, et où les barques de pêcheurs paraissaient grosses comme des mouches.

Tout à coup je ne vis plus rien devant moi et au-dessous de moi que la mer toute bleue. Le sentier avait été se promener je ne sais où : la Périca criait au-dessus de ma tête, et mes enfants, qui me suivaient à quatre pattes, se mirent à crier plus fort. Je me retournai et vis ma fille toute en pleurs. Je revins sur mes pas pour l'interroger ; et, quand j'eus fait un peu de réflexion, je m'aperçus que la terreur et le désespoir de ces enfants n'étaient pas mal fondés. Un pas de plus, et je fusse descendu beaucoup plus vite qu'il ne fallait, à moins que je n'eusse réussi à marcher à la renverse, comme une mouche sur le plafond ; car les rochers où je m'aventurais surplomblaient le petit golfe, et la base de l'île était rongée profondément au-dessous. Quand je vis le danger où j'avais failli entraîner mes enfants, j'eus une peur épouvantable, et je me dépêchai de remonter avec eux ; mais, quand je les eus mis en sûreté derrière un des gigantesques pains de sucre, il me prit une nouvelle rage de revoir le fond de l'anse et le dessous de l'excavation.

Je n'avais jamais rien vu de semblable à ce que je pressentais là, et mon imagination prenait le grand galop. Je descendis par un autre sentier, m'accrochant aux ronces et embrassant les aiguilles de pierre dont chacune marquait une nouvelle cascade du sentier. Enfin, je commençais à entrevoir la bouche immense de l'excavation où les vagues se précipitaient avec une harmonie étrange. Je ne sais quels accords magiques je croyais entendre, ni quel monde inconnu je me flattais de découvrir, lorsque mon fils, effrayé et un peu furieux, vint me tirer violemment en arrière. Force me fut de tomber de la façon la moins poétique du monde, non pas en avant, ce qui eût été la fin de l'aventure et la mienne, mais assis comme une personne raisonnable. L'enfant me fit de si belles remontrances que je renonçai à mon entreprise, mais non pas sans un regret qui me poursuit encore ; car mes pantoufles deviennent tous les ans plus lourdes, et je ne pense pas que les ailes que j'eus ce jour-là repoussent jamais pour me porter sur de pareils rivages.

Il est certain cependant, et je le sais aussi bien qu'un autre, que ce qu'on voit ne vaut pas toujours ce qu'on rêve. Mais cela n'est absolument vrai qu'en fait d'art et d'œuvre humaine. Quant à moi, soit que j'aie l'imagination paresseuse à l'ordinaire, soit que Dieu ait plus de talent que moi (ce qui ne serait pas impossible), j'ai le plus souvent trouvé la nature infiniment plus belle que je ne l'avais prévu, et je ne me souviens pas de l'avoir trouvée maussade, si ce n'est à des heures où je l'étais moi-même.

Je ne me consolerai donc jamais de n'avoir pas pu tourner le rocher. J'aurais peut-être vu là Amphitrite en personne sous une voûte de nacre et le front couronné d'algues murmurantes. Au lieu de cela, je n'ai vu que des aiguilles de roches calcaires, les unes montant de ravin en ravin comme des colonnes, les autres pendantes comme des stalactites de caverne en caverne, et toutes affectant des formes bizarres et des attitudes fantastiques. Des arbres d'une vigueur prodigieuse, mais tous déjetés et à moitié déracinés par les vents, se penchaient sur l'abîme, et du fond de cet abîme une autre montagne s'élevait à pic jusqu'au ciel, une montagne de cristal, de diamant et de saphir. La mer, vue d'une hauteur considérable, produit cette illusion, comme chacun sait, de paraître un plan vertical. L'explique qui voudra.

Mes enfants se mirent à vouloir emporter des plantes. Les plus belles liliacées du monde croissent dans ces rochers. A nous trois, nous arrachâmes enfin un oignon d'amaryllis écarlate, que nous ne portâmes point jusqu'à la Chartreuse, tant il était lourd. Mon fils le coupa en morceaux pour montrer à notre malade un fragment, gros comme sa tête, de cette plante merveilleuse. Périca, chargée d'un grand fagot qu'elle avait ramassé en chemin, et dont, avec ses mouvements brusques et rapides, elle nous donnait à chaque instant par le nez, nous reconduisit jusqu'à l'entrée du village. Je la forçai de venir jusqu'à la Chartreuse pour lui faire un petit présent que j'eus beaucoup de peine à lui faire accepter. Pauvre petite Périca! tu n'as pas su et tu ne sauras jamais quel bien tu me fis en me montrant parmi les singes une créature humaine douce, charmante et serviable sans arrière-pensée! Le soir nous étions tous réjouis de ne pas quitter Valldemosa sans avoir rencontré un être sympathique.

V.

ENTRE ces deux promenades, la première et la dernière que nous fîmes à Majorque, nous en avions fait plusieurs autres que je ne me rappelle pas, de peur de montrer à mon lecteur un enthousiasme monotone pour cette nature belle partout, et partout semée d'habitations pittoresques à qui mieux mieux, chaumières, palais, églises, monastères. Si jamais quelqu'un de nos grands paysagistes entreprend de visiter Majorque, je lui recommande la maison de campagne de la Granja de Fortuñy, avec le vallon aux cédrats qui s'ouvre devant ses colonnades de marbre, et tout le chemin qui y conduit. Mais, sans aller jusque-là, il ne saurait faire dix pas dans cette île enchantée sans s'arrêter à chaque angle du chemin, tantôt devant une citerne arabe ombragée de palmiers, tantôt devant une croix de pierre, délicat ouvrage du quinzième siècle, et tantôt à la lisière d'un bois d'oliviers.

Rien n'égale la force et la bizarrerie de formes de ces antiques pères nourriciers de Majorque. Les Majorquins en font remonter la plantation la plus récente au temps de l'occupation de leur île par les Romains. C'est ce que je ne contesterai pas, ne sachant aucun moyen de prouver le contraire, quand même j'en aurais envie, et j'avoue que je n'en ai pas le moindre désir. A voir l'aspect formidable, la grosseur démesurée et les attitudes furibondes de ces arbres mystérieux, mon imagination les a volontiers acceptés pour des contemporains d'Annibal. Quand on se promène le soir sous leur ombrage, il est nécessaire de bien se rappeler que ce sont là des arbres; car si on en croyait les yeux et l'imagination, on serait saisi d'épouvante au milieu de tous ces monstres fantastiques, les uns se courbant vers vous comme des dragons énormes, la gueule béante et les ailes déployées; les autres se roulant sur eux-mêmes comme des boas engourdis; d'autres s'embrassant avec fureur comme des lutteurs géants. Ici c'est un centaure au galop, emportant sur sa croupe je ne sais quelle hideuse guenon;

là un reptile sans nom qui dévore une biche pantelante; plus loin un satyre qui danse avec un bouc moins laid que lui; et souvent c'est un seul arbre crevassé, noueux, tordu, bossu, que vous prendriez pour un groupe de dix arbres distincts, et qui représente tous ces monstres divers pour se réunir en une seule tête, horrible comme celle des fétiches indiens, et couronnée d'une seule branche verte comme d'un cimier. Les curieux qui jetteront un coup d'œil sur les planches de M. Laurens ne doivent pas craindre qu'il ait exagéré la physionomie des oliviers qu'il a dessinés. Il aurait pu choisir des spécimens encore plus extraordinaires, et j'espère que le *Magasin pittoresque*, cet amusant et infatigable vulgarisateur des merveilles de l'art et de la nature, se mettra en route un beau matin pour nous en rapporter quelques échantillons de premier choix.

Mais pour rendre le grand style de ces arbres sacrés d'où l'on s'attend toujours à entendre sortir des voix prophétiques, et le ciel étincelant où leur âpre silhouette se dessine si vigoureusement, il ne faudrait rien moins que le pinceau hardi et grandiose de Rousseau [1]. Les eaux limpides où se mirent les asphodèles et les myrtes appelleraient Dupré. Des parties plus arrangées et où la nature, quoique libre, semble prendre, par excès de coquetterie, des airs classiques et fiers, tenteraient le sévère Corot. Mais pour rendre les adorables *fouillis* où tout un monde de graminées, de fleurs sauvages, de vieux troncs et de guirlandes éplorées se penche sur la source mystérieuse où la cigogne vient tremper ses lon-

---

[1] Rousseau, un des plus grands paysagistes de nos jours, n'est point connu du public, grâce à l'obstination du jury de peinture, qui lui interdit depuis plusieurs années le droit d'exposer des chefs-d'œuvre.

gues jambes, j'aurais voulu avoir, comme une baguette magique, à ma disposition, le burin de Huet dans ma poche.

Combien de fois, en voyant un vieux chevalier majorquin au seuil de son palais jauni et délabré, n'ai-je pas songé à Decamps, le grand maître de la caricature sérieuse et ennoblie jusqu'à la peinture historique, l'homme de génie, qui sait donner de l'esprit, de la gaîeté, de la poésie, de la vie, en un mot, aux murailles même! Les beaux enfants basanés qui jouaient dans notre cloître, en costume de moines, l'auraient diverti au suprême degré. Il aurait eu là des singes à discrétion, et des anges à côté des singes, des pourceaux à face humaine, puis des chérubins mêlés aux pourceaux et non moins malpropres; Perica, belle comme Galathée, crottée comme un barbet, et riant au soleil comme tout ce qui est beau sur la terre.

Mais c'est vous, Eugène, mon vieux ami, mon cher artiste, que j'aurais voulu mener la nuit dans la montagne lorsque la lune éclairait l'inondation livide.

Ce fut une belle campagne où je faillis être noyé avec mon pauvre enfant de quatorze ans, mais où le courage ne lui manqua pas, non plus qu'à moi la faculté de voir comme la nature s'était faite ce soir-là archi-romantique, archi-folle et archi-sublime.

Nous étions partis de Valldemosa, l'enfant et moi, au milieu des pluies de l'hiver, pour aller disputer le pianino de Pleyel aux féroces douaniers de Palma. La matinée avait été assez pure et les chemins praticables; mais, pendant que nous courions par la ville, l'averse recommença de plus belle. Ici, nous nous plaignons de la pluie, et nous ne savons ce que c'est : nos plus longues pluies ne durent pas deux heures; un nuage succède à un autre, et entre les deux il y a toujours un peu de répit. A Majorque, un nuage permanent enveloppe l'île, et s'y installe jusqu'à ce qu'il soit épuisé; cela dure quarante, cinquante heures, voire quatre et cinq jours, sans interruption aucune et même sans diminution d'intensité.

Nous remontâmes, vers le coucher du soleil, dans le birlocho, espérant arriver à la Chartreuse en trois heures. Nous en mîmes sept, et faillîmes coucher avec les grenouilles au sein de quelque lac improvisé. Le birlocho était d'une humeur massacrante; il avait fait mille difficultés pour se mettre en route : son cheval était déferré, son mulet boiteux, son essieu cassé, que sais-je ! Nous commencions à connaître assez le Majorquin pour ne pas nous laisser convaincre, et nous le forçâmes de monter sur son brancard, où il fit la plus triste mine du monde pendant les premières heures. Il ne chantait pas, il refusait nos cigares; il ne jurait même pas après son mulet, ce qui était bien mauvais signe; il avait la mort dans l'âme. Espérant nous effrayer, il avait commencé par prendre le plus mauvais des sept chemins à lui connus. Ce chemin s'enfonçant de plus en plus, nous eûmes bientôt rencontré le torrent, et nous y entrâmes, mais nous n'en sortîmes pas. Le bon torrent, mal à l'aise dans son lit, avait fait une pointe sur le chemin; et il n'y avait plus de chemin, mais bien une rivière dont les eaux bouillonnantes nous arrivaient de face, à grand bruit et au pas de course.

Quand le malicieux birlocho, qui avait compté sur notre pusillanimité, vit que notre parti était pris, il perdit son sang-froid et commença à pester et à jurer à faire crouler la voûte des cieux. Les rigoles de pierres taillées qui portent les eaux de source à la ville s'étaient si bien enflées, qu'elles avaient crevé comme la grenouille de la fable. Puis, ne sachant où se promener, elles s'étaient répandues en flaques, puis en mares, puis en lacs, puis en bras de mer sur toute la campagne. Bientôt le birlocho ne sut plus à quel saint se vouer, ni à quel diable se damner. Il prit un bain de jambes qu'il avait assez bien mérité, et dont il nous trouva peu disposés à le plaindre. La brouette fermait très-bien, et nous étions encore à sec ; mais d'instant en instant, au dire de mon fils, *la marée montait,* nous allions au hasard, recevant des secousses effroyables, et tombant dans des trous dont le dernier semblait toujours devoir nous donner la sépulture. Enfin, nous penchâmes si bien, que le mulet s'arrêta comme pour se recueillir avant de rendre l'âme : le birlocho se leva et se mit en devoir de grimper sur la berge du chemin qui se trouvait à la hauteur de sa tête ; mais il s'arrêta en reconnaissant, à la lueur du crépuscule, que cette berge n'était autre chose que le canal de Valldemosa, devenu fleuve, qui, de distance en distance, se déversait en cascade sur notre sentier, devenu fleuve aussi à un niveau inférieur.

Il y eut là un moment tragi-comique. J'avais un peu peur pour mon compte, et grand'peur pour mon enfant. Je le regardai ; il riait de la figure du birlocho, qui, debout, les jambes écartées sur son brancard, mesurait l'abîme, et n'avait plus la moindre envie de s'amuser à nos dépens. Quand je vis mon fils si tranquille et si gai, je repris confiance en Dieu. Je sentis qu'il portait en lui l'instinct de sa destinée, et je m'en remis à ce pressentiment que les enfants ne savent pas dire, mais qui se répand comme un nuage ou comme un rayon de soleil sur leur front.

Le birlocho, voyant qu'il n'y avait pas moyen de nous abandonner à notre malheureux sort, se résigna à le partager, et devenant tout à coup héroïque : — N'ayez pas peur, mes enfants ! nous dit-il d'une voix paternelle. Puis il fit un grand cri, et fouetta son mulet, qui trébucha, s'abattit, se releva, trébucha encore, et se releva enfin à demi noyé. La brouette s'enfonça de côté : Nous y voilà ! se rejeta de l'autre côté : Nous y voilà encore ! fit des craquements sinistres, des bonds fabuleux, et sortit enfin triomphante de l'épreuve, comme un navire qui a touché les écueils sans se briser.

Nous paraissions sauvés, nous étions à sec ; mais il fallut recommencer cet essai de voyage nautique en carriole une douzaine de fois avant de gagner la montagne. Enfin, nous atteignîmes la rampe ; mais là le mulet, épuisé d'une part, et de l'autre effarouché par le bruit du torrent et du vent dans la montagne, se mit à reculer jusqu'au précipice. Nous descendîmes pour pousser chacun une roue, pendant que le birlocho tirait maître Aliboron par ses longues oreilles. Nous mîmes ainsi pied à terre je ne sais combien de fois ; et au bout de deux heures d'ascension, pendant lesquelles nous n'avions pas fait une demi-lieue, le mulet s'étant acculé sur le pont et tremblant de tous ses membres, nous prîmes le parti de laisser là l'homme, la voiture et la bête, et de gagner la Chartreuse à pied.

Ce n'était pas une petite entreprise. Le sentier rapide était un torrent impétueux contre lequel il fallait lutter avec de bonnes jambes. D'autres menus torrents improvisés, descendant du haut des rochers à grand bruit, débusquaient tout d'un coup à notre droite, et il fallait souvent se hâter pour passer avant eux, ou les traverser à tout risque, dans la crainte qu'en un instant ils ne devinssent infranchissables. La pluie tombait à flots ; de gros nuages plus noirs que l'encre voilaient à chaque instant la face de la lune ; et alors, enveloppés dans des ténèbres grisâtres et impénétrables, courbés par un vent impétueux, sentant la cime des arbres se plier jusque sur nos têtes, entendant craquer les sapins et rouler les pierres autour de nous, nous étions forcés de nous arrêter pour attendre, comme disait un poète narquois, que Jupiter eût mouché la chandelle.

C'est dans ces intervalles d'ombre et de lumière que vous eussiez vu, Eugène, le ciel et la terre pâlir et s'illuminer tour à tour des reflets et des ombres les plus sinistres et les plus étranges. Quand la lune reprenait son éclat et semblait vouloir régner dans un coin d'azur rapidement balayé devant elle par le vent, les nuées sombres arrivaient comme des spectres avides pour l'envelopper dans les plis de leurs linceuls. Ils couraient sur elle et quelquefois se déchiraient pour nous la montrer plus belle et plus secourable. Alors la montagne ruisselante de cascades et les arbres déracinés par la tempête nous donnaient l'idée du chaos. Nous pensions à ce beau sabbat que vous avez vu dans je ne sais quel rêve, et que vous avez esquissé avec je ne sais quel pinceau trempé dans les ondes rouges et bleues du Phlégéton et de l'Érèbe. Et à peine avions-nous contemplé ce tableau infernal qui posait en réalité devant nous, que la lune, dévorée par les monstres de l'air, disparaissait et nous laissait dans des limbes bleuâtres, où nous semblions flotter nous-mêmes comme des nuages, car nous ne pouvions même pas voir le sol où nous hasardions les pieds.

Enfin nous atteignîmes le pavé de la dernière montagne, et nous fûmes hors de danger en quittant le cours des eaux. La fatigue nous accablait, et nous étions nu-pieds, ou peu s'en faut; nous avions mis trois heures à faire cette dernière lieue.

Mais les beaux jours revinrent, et le steamer majorquin put reprendre ses courses hebdomadaires à Barcelone. Notre malade ne semblait pas en état de soutenir la traversée, mais il semblait également incapable de supporter une semaine de plus à Majorque. La situation était effrayante; il y avait des jours où je perdais l'espoir et le courage. Pour nous consoler, la Maria-Antonia et ses habitués du village répétaient en chœur autour de nous les discours les plus édifiants sur la vie future. — Ce phthisique, disaient-ils, va aller en enfer, d'abord parce qu'il est phthisique, ensuite parce qu'il ne se confesse pas. — S'il en est ainsi, quand il sera mort, nous ne l'enterrerons pas en terre sainte, et comme personne ne voudra lui donner la sépulture, ses amis s'arrangeront comme ils pourront. Il faudra voir comment ils se tireront de là; pour moi, je ne m'en mêlerai pas. — Ni moi. — Ni moi; et amen!

Enfin nous partîmes, et j'ai dit quelle société et quelle hospitalité nous trouvâmes sur le navire majorquin.

Quand nous entrâmes à Barcelone, nous étions si pressés d'en finir pour toute l'éternité avec cette race inhumaine, que je n'eus pas la patience d'attendre la fin du débarquement. J'écrivis un billet au commandant de la station, M. Belvès, et le lui envoyai par une barque. Quelques instants après, il vint nous chercher dans son canot, et nous nous rendîmes à bord du *Méléagre*.

En mettant le pied sur ce beau brick de guerre,

tenu avec la propreté et l'élégance d'un salon, en nous voyant entourés de figures intelligentes et affables, en recevant les soins généreux et empressés du commandant, du médecin, des officiers et de tout l'équipage; en serrant la main de l'excellent et spirituel consul de France, M. Gautier d'Arc, nous sautâmes de joie sur le pont en criant du fond de l'âme : — Vive la France! Il nous semblait avoir fait le tour du monde et quitter les sauvages de la Polynésie pour le monde civilisé.

Et la morale de cette narration, puérile peut-être, mais sincère, c'est que l'homme n'est pas fait pour vivre avec des arbres, avec des pierres, avec le ciel pur, avec la mer azurée, avec les fleurs et les montagnes, mais bien avec les hommes ses semblables.

Dans les jours orageux de la jeunesse, on s'imagine que la solitude est le grand refuge contre les atteintes, le grand remède aux blessures du combat; c'est une grave erreur, et l'expérience de la vie nous apprend que, là où l'on ne peut vivre en paix avec ses semblables, il n'est point d'admiration poétique ni de jouissances d'art capables de combler l'abîme qui se creuse au fond de l'âme.

J'avais toujours rêvé de vivre au désert, et tout rêveur bon enfant avouera qu'il a eu la même fantaisie. Mais croyez-moi, mes frères, nous avons le cœur trop aimant pour nous passer les uns des autres; et ce qu'il nous reste de mieux à faire, c'est de nous supporter mutuellement; car nous sommes comme ces enfants d'un même sein qui se taquinent, se querellent, se battent même, et ne peuvent cependant pas se quitter.

FIN.

PAULINE.

PAULINE.

I.

Il y a trois ans, il arriva à Saint-Front, petite ville fort laide qui est située dans nos environs et que je ne vous engage pas à chercher sur la carte, même sur celle de Cassini, une aventure qui fit beaucoup jaser, quoiqu'elle n'eût rien de bien intéressant par elle-même, mais dont les suites furent fort graves, quoiqu'on n'en ait rien su.

C'était par une nuit sombre et par une pluie froide. Une chaise de poste entra dans la cour de l'auberge du *Lion couronné*. Une voix de femme demanda des chevaux, *vite, vite !*.... Le postillon vint lui répondre fort lentement que cela était facile à dire; qu'il n'y avait pas de chevaux, vu que l'épidémie (cette même épidémie qui est en permanence dans certains relais sur les routes peu fréquentées) en avait enlevé trente-sept la semaine dernière; qu'enfin on pourrait partir dans la nuit, mais qu'il fallait attendre que l'attelage qui venait de conduire la patache fût un peu rafraîchi. — Cela sera-t-il bien long? demanda le laquais empaqueté de fourrures qui était installé sur le siége. — C'est l'affaire d'une heure, répondit le postillon à demi débotté; nous allons nous mettre tout de suite à manger l'avoine.

Le domestique jura; une jeune et jolie femme de chambre qui avançait à la portière sa tête entourée de foulards en désordre, murmura je ne sais quelle plainte touchante sur l'ennui et la fatigue des voyages. Quant à la personne qu'escortaient ces deux laquais, elle descendit lentement sur le pavé humide et froid, secoua sa pelisse doublée de martre, et prit le chemin de la cuisine sans proférer une seule parole.

C'était une jeune femme d'une beauté vive et saisissante, mais pâlie par la fatigue. Elle refusa l'offre d'une chambre, et, tandis que ses valets préférèrent s'enfermer et dormir dans la berline, elle s'assit, devant le foyer, sur la chaise classique, ingrat et revêche asile du voyageur résigné. La servante, chargée de veiller son quart de nuit, se remit à ronfler, le corps plié sur un banc et la face appuyée sur la table. Le chat, qui s'était dérangé avec humeur pour faire place à la voyageuse, se blottit de nouveau sur les cendres tièdes. Pendant quelques instants il fixa sur elle des yeux verts et luisants pleins de dépit et de méfiance; mais peu à peu sa prunelle se resserra et s'amoindrit jusqu'à n'être plus qu'une mince raie noire sur un fond d'émeraude. Il retomba dans le bien-être égoïste de sa condition, fit le gros dos, ronfla sourdement en signe de béatitude, et finit par s'endormir entre les pattes d'un gros chien, qui avait trouvé moyen de vivre en paix avec lui, grâce à ces perpétuelles concessions que, pour le bonheur des sociétés, le plus faible impose toujours au plus fort.

La voyageuse essaya vainement de s'assoupir. Mille images confuses passaient dans ses rêves et la réveillaient en sursaut. Tous ces souvenirs puérils qui obsèdent parfois les imaginations actives se pressèrent dans son cerveau et s'évertuèrent à le fatiguer sans but et sans fruit, jusqu'à ce qu'enfin une pensée dominante s'établit à leur place.

« Oui, c'était une triste ville, pensa la voyageuse, une ville aux rues anguleuses et sombres, au pavé raboteux; une ville laide et pauvre comme celle-ci m'est apparue à travers la vapeur qui couvrait les glaces de ma voiture. Seulement il y a dans celle-ci un ou deux, peut-être trois réverbères, et là-bas il n'y en avait pas un seul. Chaque piéton marchait avec son falot après l'heure du couvre-feu. C'était affreux, cette pauvre ville, et pourtant j'y ai passé des années de jeunesse et de force ! J'étais bien autre alors... J'étais pauvre de condition, mais j'étais riche d'énergie et d'espoir. Je souffrais bien ! ma vie se consumait dans l'ombre et dans l'inaction ; mais qui me rendra ces souffrances d'une âme agitée par sa propre puissance ? O jeunesse du cœur ! qu'êtes-vous devenue ?... » Puis, après ces apostrophes un peu emphatiques que les têtes exaltées prodiguent parfois à la destinée, sans trop de sujet peut-être, mais par suite d'un besoin inné qu'elles éprouvent de dramatiser leur existence à leurs propres yeux, la jeune femme sourit involontairement, comme si une voix intérieure lui eût répondu qu'elle était heureuse encore ; et elle essaya de s'endormir, en attendant que l'heure fût écoulée.

La cuisine de l'auberge n'était éclairée que par une lanterne de fer suspendue au plafond. Le squelette de ce luminaire dessinait une large étoile d'ombre tremblotante sur tout l'intérieur de la pièce, et rejetait sa pâle clarté vers les solives enfumées du plafond.

L'étrangère était donc entrée sans rien distinguer autour d'elle, et l'état de demi-sommeil où elle était l'avait d'ailleurs empêchée de faire aucune remarque sur le lieu où elle se trouvait.

Tout à coup l'éboulement d'une petite avalanche de cendre dégagea deux tisons mélancoliquement embrassés; un peu de flamme frissonna, jaillit, pâlit, se ranima, et grandit enfin jusqu'à illuminer tout l'intérieur de l'âtre. Les yeux distraits de la voyageuse, suivant machinalement ces ondulations de lumière, s'arrêtèrent tout à coup sur une inscription qui ressortait en blanc sur un des chambranles noircis de la cheminée. Elle tressaillit alors, passa la main sur ses yeux appesantis, ramassa un bout de branche embrasée pour examiner les caractères, et la laissa retomber en s'écriant d'une voix émue : — Ah Dieu ! où suis-je ? est-ce un rêve que je fais ?

A cette exclamation, la servante s'éveilla brusquement, et, se tournant vers elle, lui demanda si elle l'avait appelée.

— Oui, oui, s'écria l'étrangère ; venez ici. Dites-moi, qui a écrit ces deux noms sur le mur ?

— Deux noms ? dit la servante ébahie ; quels noms ?

— Oh ! dit l'étrangère en se parlant avec une sorte d'exaltation, son nom et le mien, Pauline, Laurence ! Et cette date ! 10 *février* 182...! Oh ! dites-moi, dites-moi pourquoi ces noms et cette date sont ici ?

— Madame, répondit la servante, je n'y avais jamais fait attention, et d'ailleurs je ne sais pas lire.

— Mais où suis-je donc ? comment nommez-vous cette ville ? N'est-ce pas Villiers, la première poste après L... ?

— Mais non pas, madame ; vous êtes à Saint-Front, route de Paris, hôtel du *Lion couronné*.

— Ah ciel! s'écria la voyageuse avec force en se levant tout à coup.

La servante épouvantée la crut folle et voulut s'enfuir; mais la jeune femme l'arrêtant:

— Oh! par grâce, restez, dit-elle, et parlez-moi! Comment se fait-il que je sois ici? Dites-moi si je rêve? Si je rêve, éveillez-moi!

— Mais, madame, vous ne rêvez pas, ni moi non plus, je pense, répondit la servante. Vous vouliez donc aller à Lyon? Eh bien! mon Dieu, vous aurez oublié de l'expliquer au postillon, et tout naturellement il aura cru que vous alliez à Paris. Dans ce temps-ci toutes les voitures de poste vont à Paris.

— Mais je lui ai dit moi-même que j'allais à Lyon.

— Oh dame! c'est que Baptiste est sourd à ne pas entendre le canon, et avec cela qu'il dort sur son cheval la moitié du temps, et que ses bêtes sont accoutumées à la route de Paris dans ce temps-ci...

— A Saint-Front! répétait l'étrangère. Oh! singulière destinée qui me ramène aux lieux que je voulais fuir! J'ai fait un long détour pour ne point passer ici, et, parce que je me suis endormie deux heures, le hasard m'y conduit à mon insu! Eh bien! c'est Dieu peut-être qui le veut. Sachons ce que je dois retrouver ici de joie ou de douleur. Dites-moi, ma chère, ajouta-t-elle en s'adressant à la fille d'auberge, connaissez-vous dans cette ville mademoiselle Pauline D...?

— Je n'y connais personne, madame, répondit la fille; je ne suis dans ce pays que depuis huit jours.

— Mais allez me chercher une autre servante, quelqu'un! je veux le savoir! Puisque je suis ici, je veux tout savoir. Est-elle mariée? est-elle morte? Allez, allez, informez-vous de cela; courez donc!

La servante objecta que toutes les servantes étaient couchées, que le garçon d'écurie et les postillons ne connaissaient au monde que leurs chevaux. Une prompte libéralité de la jeune dame la décida à aller réveiller *le chef*, et, après un quart d'heure d'attente, qui parut mortellement long à notre voyageuse, on vint enfin lui apprendre que mademoiselle Pauline D... n'était point mariée, et qu'elle habitait toujours la ville. Aussitôt l'étrangère ordonna qu'on mît sa voiture sous la remise et qu'on lui préparât une chambre.

Elle se mit au lit en attendant le jour, mais elle ne put dormir. Ses souvenirs, assoupis ou combattus longtemps, reprenaient alors toute leur puissance; elle reconnaissait toutes les choses qui frappaient sa vue dans l'auberge du *Lion couronné*. Quoique l'antique hôtellerie eût subi de notables améliorations depuis dix ans, le mobilier était resté à peu près le même; les murs étaient encore revêtus de tapisseries qui représentaient les plus belles scènes de l'Astrée; les bergères avaient des reprises de fil blanc sur le visage, et les bergers en lambeaux flottaient suspendus à des clous qui leur perçaient la poitrine. Il y avait une monstrueuse tête de guerrier romain dessinée à l'estompe par la fille de l'aubergiste, et encadrée dans quatre baguettes de bois peint en noir; sur la cheminée, un groupe de cire, représentant Jésus à la crèche, jaunissait sous un dais de verre filé.

— Hélas! se disait la voyageuse, j'ai habité plusieurs jours cette même chambre, il y a douze ans, lorsque je suis arrivée ici avec ma bonne mère! C'est dans cette triste ville que je l'ai vue dépérir de misère et que j'ai failli la perdre. J'ai couché dans ce même lit la nuit de mon départ! Quelle nuit de douleur et d'espoir, de regret et d'attente! Comme elle pleurait, ma pauvre amie, ma douce Pauline, en m'embrassant sous cette cheminée où je sommeillais tout à l'heure, sans savoir où j'étais! Comme je pleurais, moi aussi, en écrivant sur le mur son nom au-dessous du mien, avec la date de notre séparation! Pauvre Pauline! quelle existence a été la sienne depuis ce temps-là? l'existence d'une vieille fille de province! Cela doit être affreux! Elle si aimante, si supérieure à tout ce qui l'entourait! Et pourtant je voulais la fuir, je m'étais promis de ne la revoir jamais! — Je vais peut-être lui apporter un peu de consolation, mettre un jour de bonheur dans sa triste vie! — Si elle me repoussait pourtant! Si elle était tombée sous l'empire des préjugés!..... Ah! cela est évident, ajouta tristement la voyageuse; comment puis-je en douter? N'a-t-elle pas cessé tout à coup de m'écrire en apprenant le parti que j'ai pris? Elle aura craint de se corrompre ou de se dégrader dans le contact d'une vie comme la mienne! Ah! Pauline! elle m'aimait tant, et elle aurait rougi de moi!... je ne sais plus que penser... A présent que je me sens si près d'elle, à présent que je suis sûre de la retrouver dans la situation où je l'ai connue, je ne peux plus résister au désir de la voir. Oh! je la verrai, dût-elle me repousser! Si elle le fait, que la honte en retombe sur elle! j'aurai vaincu les justes défiances de mon orgueil, j'aurai été fidèle à la religion du passé; c'est elle qui se sera parjurée!

Au milieu de ces agitations, elle vit monter le matin gris et froid derrière les toits inégaux des maisons déjetées qui s'accoudaient disgracieusement les unes aux autres. Elle reconnut le clocher qui sonnait jadis ses heures de repos ou de rêverie; elle vit s'éveiller les bourgeois en classiques bonnets de coton; et de vieilles figures, dont elle avait un confus souvenir, apparurent toutes refrognées aux fenêtres de la rue. Elle entendit l'enclume du forgeron retentir sous les murs d'une maison décrépite ; elle vit arriver au marché les fermiers en manteau bleu et en coiffe de toile cirée ; tout reprenait sa place et conservait son allure comme aux jours du passé. Chacune de ces circonstances insignifiantes faisait battre le cœur de la voyageuse, quoique tout lui semblât horriblement laid et pauvre. — Eh quoi ! disait-elle, j'ai pu vivre ici deux ans, deux ans entiers sans mourir ! j'ai respiré cet air, j'ai parlé à ces gens-là, j'ai dormi sous ces toits couverts de mousse, j'ai marché dans ces rues impraticables ! et Pauline, ma pauvre Pauline vit encore au milieu de tout cela, elle qui était si belle, si aimable, si instruite, elle qui aurait régné et brillé comme moi sur un monde de luxe et d'éclat !

Aussitôt que l'horloge de la ville eut sonné sept heures, elle acheva sa toilette à la hâte ; et, laissant ses domestiques maudire l'auberge et souffrir les incommodités du déplacement avec cette impatience et cette hauteur qui caractérisent les laquais de bonne maison, elle s'enfonça dans une des rues tortueuses qui s'ouvraient devant elle, marchant sur la pointe du pied avec l'adresse d'une Parisienne, et faisant ouvrir de gros yeux à tous les bourgeois de la ville, pour qui une figure nouvelle était un grave événement.

La maison de Pauline n'avait rien de pittoresque, quoiqu'elle fût fort ancienne. Elle n'avait conservé, de l'époque où elle fut bâtie, que le froid et l'incommodité de la distribution ; du reste, pas une tradition romanesque, pas un ornement de sculpture élégante ou bizarre, pas le moindre aspect de féodalité romantique. Tout y avait l'air sombre et chagrin, depuis la figure de cuivre ciselée sur le marteau de la porte, jusqu'à celle de la vieille servante non moins laide et rechignée qui vint ouvrir, toisa l'étrangère avec dédain, et lui tourna le dos après lui avoir répondu sèchement : *Elle y est.*

La voyageuse éprouva une émotion à la fois douce et déchirante en montant l'escalier en vis auquel une corde luisante servait de rampe. Cette maison lui rappelait les plus fraîches années de sa vie, les plus pures scènes de sa jeunesse ; mais, en comparant ces témoins de son passé au luxe de son existence présente, elle ne pouvait s'empêcher de plaindre Pauline, condamnée à végéter là comme la mousse verdâtre qui se traînait sur les murs humides.

Elle monta sans bruit et poussa la porte qui roula sur ses gonds en silence. Rien n'était changé dans la grande pièce, décorée par les hôtes du titre de salon. Le carreau de briques rougeâtres bien lavées, les boiseries brunes soigneusement dégagées de poussière, la glace dont le cadre avait été doré jadis, les meubles massifs brodés au petit point par quelque aïeule de la famille, et deux ou trois tableaux de dévotion légués par l'oncle, curé de la ville, tout était précisément resté à la même place et dans le même état de vétusté robuste depuis dix ans, dix ans pendant lesquels l'étrangère avait vécu des siècles ! Aussi tout ce qu'elle voyait la frappait comme un rêve.

La salle, vaste et basse, offrait à l'œil une profondeur terne qui n'était pourtant pas sans charme. Il y avait, dans le vague de la perspective, de l'austérité et de la méditation, comme dans ces tableaux de Rembrandt où l'on ne distingue, sur le clair-obscur, qu'une vieille figure de philosophe ou d'alchimiste brune et terreuse comme les murs, terne et maladive comme le rayon habilement ménagé où elle nage. Une fenêtre à carreaux étroits et montés en plomb, ornée de pots de basilic et de géranium, éclairait seule cette vaste pièce ; mais une suave figure se dessinait dans la lumière de l'embrasure, et semblait placée là, comme à dessein, pour ressortir seule et par sa propre beauté dans le tableau : c'était Pauline.

Elle était bien changée, et, comme la voyageuse ne pouvait voir son visage, elle douta long-temps que ce fût elle. Elle avait laissé Pauline plus petite de toute la tête, et maintenant Pauline était grande et d'une ténuité si excessive qu'on eût dit qu'elle allait se briser en changeant d'attitude ; elle était vêtue de brun, avec une petite collerette d'un blanc scrupuleux et d'une égalité de plis vraiment monastique. Ses beaux cheveux châtains étaient lissés sur ses tempes avec un soin affecté ; elle se livrait à un ouvrage classique, ennuyeux, odieux à toute organisation pensante : elle faisait de très-petits points réguliers avec une aiguille imperceptible sur un morceau de batiste dont elle comptait la trame fil par fil. La vie de la grande moitié des femmes se consume, en France, à cette solennelle occupation.

Quand la voyageuse eut fait quelques pas, elle distingua, dans la clarté de la fenêtre, les lignes brillantes du beau profil de Pauline : ses traits réguliers et calmes, ses grands yeux voilés et nonchalants, son front pur et uni, plutôt découvert qu'élevé, sa bouche délicate qui semblait incapable de sourire. Elle était toujours admirablement belle et jolie ; mais elle était maigre et d'une pâleur uniforme, qu'on pouvait regarder comme passée à l'état chronique. Dans le premier instant, son ancienne amie fut tentée de la plaindre ; mais, en admirant la sérénité profonde de ce front mélancolique doucement penché sur son ouvrage, elle se sentit pénétrée de respect bien plus que de pitié.

Elle resta donc immobile et muette à la regarder; mais, comme si sa présence se fût révélée à Pauline par un mouvement instinctif du cœur, celle-ci se tourna tout à coup vers elle et la regarda fixement sans dire un mot et sans changer de visage.

— Pauline! ne me reconnais-tu pas? s'écria l'étrangère; as-tu oublié la figure de Laurence?

Alors Pauline jeta un cri, se leva, et retomba sans force sur un siége. Laurence était déjà dans ses bras, et toutes deux pleuraient.

— Tu ne me reconnaissais pas? dit enfin Laurence.

— Oh! que dis-tu là! répondit Pauline. Je te reconnaissais bien, mais je n'étais pas étonnée. Tu ne sais pas une chose, Laurence? C'est que les personnes qui vivent dans la solitude ont parfois d'étranges idées. Comment te dirai-je? Ce sont des souvenirs, des images qui se logent dans leur esprit, et qui semblent passer devant leurs yeux. Ma mère appelle cela des visions. Moi, je sais bien que je ne suis pas folle; mais je pense que Dieu permet souvent, pour me consoler dans mon isolement, que les personnes que j'aime m'apparaissent tout à coup au milieu de mes rêveries. Va, bien souvent je t'ai vue là devant cette porte, debout comme tu étais tout à l'heure, et me regardant d'un air indécis. J'avais coutume de ne rien dire et de ne pas bouger, pour que l'apparition ne s'envolât pas. Je n'ai été surprise que quand je t'ai entendue parler. Oh! alors ta voix m'a réveillée! elle est venue me frapper jusqu'au cœur! Chère Laurence! c'est donc toi vraiment! dis-moi bien que c'est toi!

Quand Laurence eut timidement exprimé à son amie

la crainte qui l'avait empêchée depuis plusieurs années de lui donner des marques de son souvenir, Pauline l'embrassa en pleurant.

— O mon Dieu! dit-elle, tu as cru que je te méprisais, que je rougissais de toi! moi qui t'ai conservé toujours une si haute estime, moi qui savais si bien que dans aucune situation de la vie il n'était possible à une âme comme la tienne de s'égarer!

Laurence rougit et pâlit en écoutant ces paroles; elle renferma un soupir, et baisa la main de Pauline avec un sentiment de vénération.

— Il est bien vrai, reprit Pauline, que ta condition présente révolte les opinions étroites et intolérantes de toutes les personnes que je vois. Une seule porte dans sa sévérité un reste d'affection et de regret : c'est ma mère. Elle te blâme, il faut bien t'attendre à cela; mais elle cherche à t'excuser, et l'on voit qu'elle lance sur toi l'anathème avec douleur. Son esprit n'est pas éclairé, tu le sais; mais son cœur est bon, pauvre femme!

— Comment ferais-je donc pour me faire accueillir? demanda Laurence.

— Hélas! répondit Pauline, il serait bien facile de la tromper; elle est aveugle.

— Aveugle! ah! mon Dieu!

Laurence resta accablée à cette nouvelle; et, songeant à l'affreuse existence de Pauline, elle la regardait fixement, avec l'expression d'une compassion profonde et pourtant comprimée par le respect. Pauline la comprit, et, lui pressant la main avec tendresse, elle lui dit avec une naïveté touchante :

— Il y a du bien dans tous les maux que Dieu nous envoie. J'ai failli me marier il y a cinq ans; un an après, ma mère a perdu la vue. Vois! comme il est heureux que je sois restée fille pour la soigner! Si j'avais été mariée, qui sait si je l'aurais pu?

Laurence, pénétrée d'admiration, sentit ses yeux se remplir de larmes.

— Il est évident, dit-elle en souriant à son amie à travers ses pleurs, que tu aurais été distraite par mille autres soins également sacrés, et qu'elle eût été plus à plaindre qu'elle ne l'est.

— Je l'entends remuer, dit Pauline; et elle passa vivement, mais avec assez d'adresse pour ne pas faire le moindre bruit, dans la chambre voisine.

Laurence la suivit sur la pointe du pied, et vit la vieille femme aveugle étendue sur son lit en forme de corbillard. Elle était jaune et luisante. Ses yeux hagards et sans vie lui donnaient absolument l'aspect d'un cadavre. Laurence recula, saisie d'une terreur involontaire. Pauline s'approcha de sa mère, pencha doucement son visage vers ce visage affreux, et lui demanda bien bas si elle dormait. L'aveugle ne répondit rien, et se tourna vers la ruelle du lit. Pauline arrangea ses couvertures avec soin sur ses membres étiques, referma doucement le rideau, et reconduisit son amie dans le salon.

— Causons, lui dit-elle; ma mère se lève tard ordinairement. Nous avons quelques heures pour nous reconnaître; nous trouverons bien un moyen de réveiller son ancienne amitié pour toi. Peut-être suffira-t-il de lui dire que tu es là! Mais, dis-moi, Laurence, tu as pu croire que je te... Oh! je ne dirai pas ce mot! Te mépriser! Quelle insulte tu m'as faite là! Mais c'est ma faute après tout. J'aurais du prévoir que tu concevrais des doutes sur mon affection, j'aurais dû t'expliquer mes motifs... Hélas! c'était bien difficile à te faire comprendre! Tu m'aurais accusée de faiblesse, quand, au contraire, il me fallait tant de force pour renoncer à t'écrire, à te suivre dans ce monde inconnu où, malgré moi, mon cœur a été si souvent te chercher! Et puis, je n'osais pas accuser ma mère; je ne pouvais pas me décider à t'avouer les petitesses de son caractère et les préjugés de son esprit. J'en étais victime; mais je rougissais de les raconter. Quand on est si loin de toute amitié, si seule, si triste, toute démarche difficile semble impossible. On s'observe, on se craint soi-même, et on se suicide dans la peur qu'on a de se laisser mourir. A présent que te voilà près de moi, je retrouve toute ma confiance, tout mon abandon. Je te dirai tout. Mais d'abord parlons de toi, car mon existence est si monotone, si nulle, si pâle à côté de la tienne! Que de choses tu dois avoir à me raconter!

Le lecteur doit présumer que Laurence ne raconta pas tout. Son récit fut même beaucoup moins long que Pauline ne s'y attendait. Nous le transcrirons en trois lignes, qui suffiront à l'intelligence de la situation.

Et d'abord, il faut dire que Laurence était née à Paris dans une position médiocre. Elle avait reçu une éducation simple, mais solide. Elle avait quinze ans lorsque, sa famille étant tombée dans la misère, il lui fallut quitter Paris et se retirer en province avec sa mère. Elle vint habiter Saint-Front, où elle réussit à vivre quatre ans en qualité de sous-maîtresse dans un pensionnat de jeunes filles, et où elle contracta une étroite amitié avec l'aînée de ses élèves, Pauline, âgée de quinze ans comme elle.

Et puis il arriva que Laurence dut à la protection de je ne sais quelle douairière d'être rappelée à Paris, pour y faire l'éducation des filles d'un banquier.

Si vous voulez savoir comment une jeune fille pressent et découvre sa vocation, comment elle l'accomplit en dépit de toutes les remontrances et de tous les obstacles, relisez les charmants Mémoires de mademoiselle Hippolyte Clairon, célèbre comédienne du siècle dernier.

Laurence fit comme tous ces artistes prédestinés ; elle passa par toutes les misères, par toutes les souffrances du talent ignoré ou méconnu : enfin, après avoir traversé les vicissitudes de la vie pénible que l'artiste est forcé de créer lui-même, elle devint une belle et intelligente actrice. Succès, richesse, hommages, renommée, tout lui vint ensemble et tout à coup. Désormais elle jouissait d'une position brillante et d'une considération justifiée aux yeux des gens d'esprit par un noble talent et un caractère élevé. Ses erreurs, ses passions, ses douleurs de femme, ses déceptions et ses repentirs, elle ne les raconta point à Pauline. Il était encore trop tôt ; Pauline n'eût pas compris.

II.

Cependant, lorsqu'au coup de midi l'aveugle s'éveilla, Pauline savait déjà toute la vie de Laurence, même ce qui ne lui avait pas été raconté, et cela plus que tout le reste peut-être ; car les personnes qui ont vécu dans le calme et la retraite ont un merveilleux instinct pour se représenter la vie d'autrui pleine d'orages et de désastres qu'elles s'applaudissent en secret d'avoir évités. C'est une consolation intérieure qu'il leur faut laisser, car l'amour-propre y trouve bien un peu son compte, et la vertu seule ne suffit pas toujours à dédommager des longs ennuis de la solitude.

— Eh bien! dit la mère aveugle en s'asseyant sur le bord de son lit, appuyée sur sa fille, qui est donc là près de nous? Je sens le parfum d'une belle dame. Je parie que c'est madame Ducornay, qui est revenue de Paris avec toutes sortes de belles toilettes que je ne pourrai pas voir, et de bonnes senteurs qui nous donneront la migraine.

— Non, maman, répondit Pauline, ce n'est pas madame Ducornay.

— Qui donc? reprit l'aveugle en étendant le bras. — Devinez, dit Pauline en faisant signe à Laurence de toucher la main de sa mère. — Que cette main est douce et petite! s'écria l'aveugle en passant ses doigts noueux sur ceux de l'actrice. Oh! ce n'est pas madame Ducornay certainement. Ce n'est aucune de *nos dames;* car, quoi qu'elles fassent, à la patte on reconnaît toujours le lièvre. Pourtant je connais cette main-là. Mais c'est quelqu'un que je n'ai pas vu depuis long-temps. Ne saurait-elle parler? — Ma voix a changé comme ma main, répondit Laurence, dont l'organe clair et frais avait pris, dans les études théâtrales, un timbre plus grave et plus sonore. — Je connais aussi cette voix, dit l'aveugle, et pourtant je ne la reconnais pas. Elle garda quelques instants le silence sans quitter la main de Laurence, en levant sur elle ses yeux ternes et vitreux, dont la fixité était effrayante. — Me voit-elle? demanda Laurence bas à Pauline. — Nullement, répondit celle-ci, mais elle a toute sa mémoire; et d'ailleurs notre vie compte si peu d'événements, qu'il est impossible qu'elle ne te reconnaisse pas tout à l'heure. A peine Pauline eut-elle prononcé ces mots, que l'aveugle, repoussant la main de

Laurence avec un sentiment de dégoût qui allait jusqu'à l'horreur, dit de sa voix sèche et cassée : — Ah ! c'est cette malheureuse *qui joue la comédie !* Que vient-elle chercher ici ? Vous ne deviez pas la recevoir, Pauline !

— O ma mère ! s'écria Pauline en rougissant de honte et de chagrin, et en pressant sa mère dans ses bras, pour lui faire comprendre ce qu'elle éprouvait. Laurence pâlit, puis se remettant aussitôt : — Je m'attendais à cela, dit-elle à Pauline avec un sourire dont la douceur et la dignité l'étonnèrent et la troublèrent un peu.

— Allons, reprit l'aveugle, qui craignait instinctivement de déplaire à sa fille, en raison du besoin qu'elle avait de son dévouement, laissez-moi le temps de me remettre un peu; je suis si surprise ! et comme cela, au réveil, on ne sait trop ce qu'on dit... Je ne voudrais pas vous faire de chagrin, mademoiselle... ou madame... Comment vous appelle-t-on maintenant ? — Toujours Laurence, répondit l'actrice avec calme. — Et elle est toujours Laurence, dit avec chaleur la bonne Pauline en l'embrassant; toujours la même âme généreuse, le même noble cœur... — Allons ! arrange-moi, ma fille, dit l'aveugle, qui voulait changer de propos, ne pouvant se résoudre ni à contredire sa fille ni à réparer sa dureté envers Laurence; coiffe-moi donc, Pauline; j'oublie, moi, que les autres ne sont point aveugles, et qu'ils voient en moi quelque chose d'affreux. Donne-moi mon voile, mon mantelet... C'est bien, et maintenant apporte-moi mon chocolat de santé, et offres-en aussi à... cette dame.

Pauline jeta à son amie un regard suppliant auquel celle-ci répondit par un baiser. Quand la vieille dame, enveloppée dans sa mante d'indienne brune à grandes fleurs rouges, et coiffée de son bonnet blanc surmonté d'un voile de crêpe noir qui lui cachait la moitié du visage, se fut assise vis-à-vis de son frugal déjeuner, elle s'adoucit peu à peu. L'âge, l'ennui et les infirmités l'avaient amenée à ce degré d'égoïsme qui fait tout sacrifier, même les préjugés les plus enracinés, aux besoins du bien-être. L'aveugle vivait dans une telle dépendance de sa fille, qu'une contrariété, une distraction de celle-ci pouvait apporter le trouble dans cette suite d'innombrables petites attentions dont la moindre était nécessaire pour lui rendre la vie tolérable. Quand l'aveugle était commodément couchée, et qu'elle ne craignait plus aucun danger, aucune privation pour quelques heures, elle se donnait le cruel soulagement de blesser par des paroles aigres et des murmures injustes les gens dont elle n'avait plus besoin; mais, aux heures de sa dépendance, elle savait fort bien se contenir, et enchaîner leur zèle par des manières plus affables. Laurence eut le loisir de faire cette remarque dans le courant de la journée. Elle en fit encore une autre qui l'attrista davantage : c'est que la mère avait une peur réelle de sa fille. On eût dit qu'à travers cet admirable sacrifice de tous les instants, Pauline laissait percer malgré elle un muet, mais éternel reproche, que sa mère comprenait fort bien et redoutait affreusement. Il semblait que ces deux femmes craignissent de s'éclairer mutuellement sur la lassitude qu'elles éprouvaient d'être ainsi attachées l'une à l'autre, un être moribond à un être vivant : l'un effrayé des mouvements de celui qui pouvait à chaque instant lui enlever son dernier souffle, et l'autre épouvanté de cette tombe où il craignait d'être entraîné à la suite d'un cadavre.

Laurence, qui était douée d'un esprit judicieux et d'un cœur noble, se dit qu'il n'en pouvait pas être autrement ; que d'ailleurs cette souffrance invincible chez Pauline n'ôtait rien à sa patience et ne faisait qu'ajouter à ses mérites. Mais, malgré elle, Laurence sentit que l'effroi et l'ennui la gagnaient entre ces deux victimes. Un nuage passa sur ses yeux et un frisson dans ses veines. Vers le soir, elle était accablée de fatigue, quoiqu'elle n'eût point fait un pas de la journée. Déjà l'horreur de la vie réelle se montrait derrière cette poésie, dont au premier moment elle avait, de ses yeux d'artiste, enveloppé la sainte existence de Pauline. Elle eût voulu pouvoir persister dans son illusion, la croire heureuse et rayonnante dans son martyre comme une vierge catholique des anciens jours, voir la mère heureuse aussi, oubliant sa misère pour ne songer qu'à la joie d'être aimée et assistée ainsi ; enfin elle eût voulu, puisque ce sombre tableau d'intérieur était sous ses yeux, y contempler des anges de lumière, et non de tristes figures chagrines et froides comme la réalité. Le plus léger pli sur le front angélique de Pauline faisait ombre à ce tableau ; un mot prononcé sèchement par cette bouche si pure détruisait la mansuétude mystérieuse que Laurence, au premier abord, y avait vue régner. Et pourtant ce pli au front était une prière ; ce mot errant sur les lèvres, une parole de sollicitude ou de consolation ; mais tout cela était glacé comme l'égoïsme chrétien, qui nous fait tout supporter en vue de la récompense, et désolé comme le renoncement monastique, qui nous défend de trop adoucir la vie humaine à autrui aussi bien qu'à nous-mêmes.

Tandis que le premier enthousiasme de l'admiration naïve s'affaiblissait chez l'actrice, tout aussi naïvement et en dépit d'elles-mêmes, une modification d'idées s'opérait en sens inverse chez les deux bourgeoises. La fille, tout en frémissant à l'idée des pompes mondaines où son amie s'était jetée, avait souvent ressenti, peut-être à son insu, des élans de curiosité pour ce monde inconnu, plein de terreurs et de prestiges, où ses principes lui défendaient de porter un seul regard. En voyant Laurence, en admirant sa beauté, sa grâce, ses manières tantôt nobles comme celles d'une reine de théâtre, tantôt libres et enjouées comme celles d'un enfant (car l'artiste aimée du public est comme un enfant à qui l'univers sert de famille), elle sentait éclore en elle un sentiment à la fois enivrant et douloureux, quelque chose qui tenait le milieu entre l'admiration et la crainte, entre la tendresse et l'envie. Quant à l'aveugle, elle était instinctivement captivée et comme vivifiée par le beau son de cette voix, par la pureté de ce langage, par l'animation de cette causerie intelligente, colorée et profondément naturelle, qui caractérise les vrais artistes, et ceux du théâtre particulièrement. La mère de Pauline, quoique remplie d'entêtement dévot et de morgue provinciale, était une femme assez distinguée et assez instruite pour le monde où elle avait vécu. Elle l'était du moins assez pour se sentir frappée et charmée, malgré elle, d'entendre quelque chose de si différent de son entourage habituel, et de si supérieur à tout ce qu'elle avait jamais rencontré. Peut-être ne s'en rendait-elle pas bien compte à elle-même, mais il est certain que les efforts de Laurence pour la faire revenir de ses préventions réussissaient au delà de ses espérances. La vieille femme commençait à s'amuser si réellement de la causerie de l'actrice, qu'elle l'entendit avec regret, presque avec effroi, demander des chevaux de poste. Elle fit alors un grand effort sur elle-même, et la pria de rester jusqu'au lendemain. Laurence se fit un peu prier. Sa mère, retenue à Paris par une indisposition de sa seconde fille, n'avait pu partir avec elle. Les engagements de Laurence avec le théâtre d'Orléans l'avaient forcée de les y devancer, mais elle leur avait donné rendez-vous à Lyon, et Laurence voulait y arriver en même temps qu'elles, sachant bien que sa mère et sa sœur, après quinze jours de séparation (la première de leur vie), l'attendraient impatiemment. Cependant l'aveugle insista tellement, et Pauline, à l'idée de se séparer de nouveau, et pour jamais sans doute, de son amie, versa des larmes si sincères, que Laurence céda, écrivit à sa mère de ne pas être inquiète si elle retardait d'un jour son arrivée à Lyon, et ne commanda ses chevaux que pour le lendemain soir. L'aveugle, entraînée de plus en plus, poussa la gracieuseté jusqu'à vouloir dicter une phrase amicale pour son ancienne connaissance, la mère de Laurence.

— Cette pauvre madame S..., ajouta-t-elle lorsqu'elle eut entendu plier la lettre et pétiller la cire à cacheter, c'était une bien excellente personne, spirituelle, gaie, confiante... et bien étourdie! car enfin, ma pauvre enfant, c'est elle qui répondra devant Dieu du malheur que tu as eu de monter sur les planches. Elle pouvait s'y opposer, et elle ne l'a pas fait! Je lui ai écrit trois lettres à cette occasion, et Dieu sait si elle les a lues! Ah! si elle m'eût écoutée, tu n'en serais pas là!...

— Nous serions dans la plus profonde misère, répondit Laurence avec une douce vivacité, et nous souffririons de ne pouvoir rien faire l'une pour l'autre, tandis qu'aujourd'hui j'ai la joie de voir ma bonne mère rajeunir au sein d'une honnête aisance ; et elle est plus heureuse que moi, s'il est possible, de devoir son bien-être à mon travail et à ma persévérance. Oh! c'est une excellente mère, ma bonne madame D..., et, quoique je sois actrice, je vous assure que je l'aime autant que Pauline vous aime.

— Tu as toujours été une bonne fille, je le sais, dit l'aveugle. Mais enfin comment cela finira-t-il? Vous voilà riches, et je comprends que ta mère s'en trouve fort bien, car c'est une femme qui a toujours aimé ses aises et ses plaisirs; mais l'autre vie, mon enfant, vous n'y songez ni l'une ni l'autre!... Enfin je me réfugie dans la pensée que tu ne seras pas toujours au théâtre, et qu'un jour viendra où tu feras pénitence.

Cependant le bruit de l'aventure qui avait amené à Saint-Front, route de Paris, une dame en chaise de poste qui croyait aller à Villiers, route de Lyon, s'était répandue dans la petite ville, et y donnait lieu, depuis quelques heures, à d'étranges commentaires. Par quel hasard, par quel prodige, cette dame de la chaise de poste, après être arrivée là sans le vouloir, se décidait-elle à y rester toute la journée? Et que faisait-elle, bon Dieu! chez les dames D...? Comment pouvait-elle les connaître? Et que pouvaient-elles avoir à se dire depuis si long-temps qu'elles étaient enfermées ensemble? Le secrétaire de la mairie, qui faisait sa partie de billard au café situé justement en face de la maison des dames D...; vit ou crut voir passer et repasser derrière les vitres de cette maison la dame étrangère, vêtue singulièrement, disait-il, et même magnifiquement. La toilette de voyage de Laurence était pourtant d'une simplicité de bon goût; mais la femme de Paris, et la femme artiste surtout, donne aux moindres atours un prestige éblouissant pour la province. Toutes les dames des maisons voisines se collèrent à leurs croisées, les entr'ouvrirent même, e s'enrhumèrent toutes plus ou moins, dans l'espérance de découvrir ce qui se passait chez la voisine. On appela la servante comme elle allait au marché, on l'interrogea. Elle ne savait rien, elle n'avait rien entendu, rien compris; mais la personne en question était fort étrange, selon elle. Elle faisait de grands pas, parlait avec une grosse voix, et portait une pelisse fourrée qui la faisait ressembler aux animaux des ménageries ambulantes, soit à une lionne, soit à une tigresse : la servante ne savait pas bien à laquelle des deux. Le secrétaire de la mairie décida qu'elle était vêtue d'une peau de panthère, et l'adjoint du maire trouva fort probable que ce fût la duchesse de Berry. Il avait toujours soupçonné la vieille D... d'être légitimiste au fond du cœur, car elle était dévote. Le maire, assassiné de questions par les dames de sa famille, trouva un expédient merveilleux pour satisfaire leur curiosité et la sienne propre. Il ordonna au maître de poste de ne délivrer de chevaux à l'étrangère que sur le *vu* de son passe-port. L'étrangère, se ravisant et remettant son départ au lendemain, fit répondre par son domestique qu'elle montrerait son passeport au moment où elle redemanderait des chevaux. Le domestique, fin matois, véritable Frontin de comédie, s'amusa de la curiosité des citadins de Saint-Front, et leur fit à chacun un conte différent. Mille versions circulèrent et se croisèrent dans la ville. Les esprits furent très-agités, le maire craignit une émeute; le procureur du roi intima à la gendarmerie l'ordre de se tenir sur pied, et les chevaux de l'ordre public eurent la selle sur le dos tout le jour.

— Que faire? disait le maire qui était un homme de

mœurs douces et un cœur sensible envers le beau sexe. Je ne puis envoyer un gendarme pour examiner brutalement les papiers d'une dame ! — A votre place, je ne m'en gênerais pas ! disait le substitut, jeune magistrat farouche qui aspirait à être procureur du roi, et qui travaillait à diminuer son embonpoint pour ressembler tout à fait à Junius Brutus. —Vous voulez que je fasse de l'arbitraire ! reprenait le magistrat pacifique. La mairesse tint conseil avec les femmes des autres autorités, et il fut décidé que monsieur le maire irait en personne, avec toute la politesse possible, et s'excusant sur la nécessité d'obéir à des ordres supérieurs, demander à l'inconnue son passe-port.

Le maire obéit, et se garda bien de dire que ces ordres supérieurs étaient ceux de sa femme. La mère D... fut un peu effrayée de cette démarche ; Pauline, qui la comprit fort bien, en fut inquiète et blessée ; Laurence ne fit qu'en rire, et, s'adressant au maire, elle l'appela par son nom, lui demanda des nouvelles de toutes les personnes de sa famille et de son intimité, lui nommant avec une merveilleuse mémoire jusqu'au plus petit de ses enfants, l'intrigua pendant un quart d'heure, et finit par s'en faire reconnaître. Elle fut si aimable et si jolie dans ce badinage, que le bon maire en tomba amoureux comme un fou, voulut lui baiser la main, et ne se retira que lorsque madame D... et Pauline lui eurent promis de le faire dîner chez elles ce même jour avec la belle actrice de *la capitale*. Le dîner fut fort gai. Laurence essaya de se débarrasser des impressions tristes qu'elle avait reçues, et voulut récompenser l'aveugle du sacrifice qu'elle lui faisait de ses préjugés en lui donnant quelques heures d'enjouement. Elle raconta mille historiettes plaisantes sur ses voyages en province, et même, au dessert, elle consentit à réciter à monsieur le maire des tirades de vers classiques qui le jetèrent dans un délire d'enthousiasme dont madame la mairesse eût été sans doute fort effrayée. Jamais l'aveugle ne s'était autant amusée; Pauline était singulièrement agitée, elle s'étonnait de se sentir triste au milieu de sa joie. Laurence, tout en voulant divertir les autres, avait fini par se divertir elle-même. Elle se croyait rajeunie de dix ans en se retrouvant dans ce monde de ses souvenirs, où elle croyait parfois être encore en rêve.

On était passé de la salle à manger au salon, et on achevait de prendre le café, lorsqu'un bruit de socques dans l'escalier annonça l'approche d'une visite. C'était la femme du maire, qui, ne pouvant résister plus longtemps à sa curiosité, venait *adroitement* et comme par hasard voir madame D... Elle se fût bien gardée d'amener ses filles, elle eût craint de faire tort à leur mariage si elle leur eût laissé entrevoir la comédienne. Ces demoiselles n'en dormirent pas de la nuit, et jamais l'autorité maternelle ne leur sembla plus inique. La plus jeune en pleura de dépit.

Madame la mairesse, quoique assez embarrassée de l'accueil qu'elle ferait à Laurence (celle-ci avait autrefois donné des leçons à ses filles), se garda bien d'être impolie. Elle fut même gracieuse en voyant la dignité calme qui régnait dans ses manières. Mais quelques minutes après, une seconde visite étant arrivée, *par hasard* aussi, la mairesse recula sa chaise et parla un peu moins à l'actrice. Elle était observée par une de ses amies intimes, qui n'eût pas manqué de critiquer beaucoup son *intimité* avec une comédienne. Cette seconde visiteuse s'était promis de satisfaire aussi sa curiosité en faisant causer Laurence. Mais, outre que Laurence devint de plus en plus grave et réservée, la présence de la mairesse contraignit et gêna les curiosités subséquentes. La troisième visite gêna beaucoup les deux premières, et fut à son tour encore plus gênée par l'arrivée de la quatrième. Enfin, en moins d'une heure, le vieux salon de Pauline fut rempli comme si elle eût invité toute la ville à une grande soirée. Personne n'y pouvait résister; on voulait, au risque de faire une chose étrange, impolie même, voir cette petite sous-maîtresse dont personne n'avait soupçonné l'intelligence, et qui maintenant était connue et applaudie dans toute la France. Pour légitimer la curiosité présente, et pour excuser le peu de discernement qu'on avait eu dans le passé, on affectait de douter encore du talent de Laurence, et on se disait à l'oreille : — Est-il bien vrai qu'elle soit l'amie et la protégée de mademoiselle Mars? — On dit qu'elle a un si grand succès à Paris! — Croyez-vous bien que ce soit possible? — Il paraît que les plus célèbres auteurs font des pièces pour elle. — Peut-être exagère-t-on beaucoup tout cela! — Lui avez-vous parlé? — Lui parlez-vous? etc.

Personne néanmoins ne pouvait diminuer par ses doutes la grâce et la beauté de Laurence. Un instant avant le dîner, elle avait fait venir sa femme de chambre, et, d'un tout petit carton qui ressemblait à ces noix enchantées où les fées font tenir d'un coup de baguette tout le trousseau d'une princesse, était sortie une parure très-simple, mais d'un goût exquis et d'une fraîcheur merveilleuse. Pauline ne pouvait comprendre qu'on pût avec si peu de temps et de soin se métamorphoser ainsi en voyage, et l'élégance de son amie la frappait d'une sorte de vertige. Les dames de la ville s'étaient flattées d'avoir à critiquer cette toilette et cette tournure qu'on avait annoncées si étranges; elles étaient forcées d'admirer et de dévorer du regard ces étoffes moelleuses négligées dans leur richesse, ces coupes élégantes d'ajustements sans roideur et sans étalage, nuance à laquelle n'arrivera jamais l'élégante de petite ville, même lorsqu'elle copie exactement l'élégante des grandes villes; enfin toutes ces recherches de la chaussure, de la manchette et de la coiffure, que les femmes sans goût exagèrent jusqu'à l'absurde, ou suppriment jusqu'à la malpropreté. Ce qui frappait et intimidait plus que tout le reste, c'était l'aisance parfaite de Laurence, ce ton de la meilleure compagnie qu'on ne s'attend guère, en province, à trouver chez une comédienne, et que, certes, on ne trouvait chez aucune femme à Saint-Front. Laurence était imposante et prévenante à son gré. Elle souriait en elle-même du trouble où elle jetait tous ces petits esprits qui étaient venus à l'insu les uns des autres, chacun croyant être le seul assez hardi pour s'amuser des inconvenances d'une bohémienne, et qui se trouvaient là honteux et embarrassés chacun de la présence des autres, et plus encore du désappointement d'avoir à envier ce qu'il était venu persifler, humilier peut-être ! Toutes ces femmes se tenaient d'un côté du salon comme un régiment en déroute, et de l'autre côté, entourée de Pauline, de sa mère et de quelques hommes de bon sens qui ne craignaient pas de causer respectueusement avec elle, Laurence siégeait comme une reine affable qui sourit à son peuple et le tient à distance. Les rôles étaient bien changés, et le malaise croissait d'un côté, tandis que la véritable dignité triomphait de l'autre. On n'osait plus chuchoter, on n'osait même plus regarder, si ce n'est à la dérobée. Enfin, quand le départ des plus désappointées eut éclairci les rangs, on osa s'approcher, mendier une parole, un regard, toucher la robe, demander l'adresse de la lingère, le prix des bijoux, le nom des pièces de théâtre les plus à la mode à Paris, et des billets de spectacle pour le premier voyage qu'on ferait à la capitale.

A l'arrivée des premières visites, l'aveugle avait été confuse, puis contrariée, puis blessée. Quand elle entendit tout ce monde remplir son salon froid et abandonné depuis si long-temps, elle prit son parti, et, cessant de rougir de l'amitié qu'elle avait témoignée à Laurence, elle en affecta plus encore, et accueillit par des paroles aigres et moqueuses tous ceux qui vinrent la saluer. — Oui-dà, mesdames, répondait-elle, je me porte mieux que je ne pensais, puisque mes infirmités ne font plus peur à personne. Il y a deux ans que l'on n'est venu me tenir compagnie le soir, et c'est un merveilleux hasard qui m'amène toute la ville à la fois. Est-ce qu'on aurait dérangé le calendrier, et ma fête, que je croyais passée il y a six mois, tomberait-elle aujourd'hui? Puis, s'adressant à d'autres qui n'étaient presque jamais venues chez elle, elle poussait la malice jusqu'à leur dire en face et tout haut : — Ah! vous faites comme moi, vous faites taire vos scrupules de conscience, et vous venez, malgré vous, rendre hommage au talent? C'est toujours ainsi, voyez-vous; l'esprit triomphe toujours, et de tout. Vous avez bien blâmé mademoiselle S... de s'être mise au théâtre; vous avez fait comme moi, vous dis-je, vous avez trouvé cela revoltant, affreux! Eh bien, vous voilà toutes à ses pieds! Vous ne direz pas le contraire, car enfin je ne crois pas être devenue tout à coup assez aimable et assez jolie pour que l'on vienne en foule jouir de ma société.

Quant à Pauline, elle fut du commencement à la fin admirable pour son amie. Elle ne rougit point d'elle un seul instant, et bravant, avec un courage héroïque en province, le blâme qu'on s'apprêtait à déverser sur elle, elle prit franchement le parti d'être en public à l'égard de Laurence ce qu'elle était en particulier. Elle l'accabla de soins, de prévenances, de respects même; elle plaça elle-même un tabouret sous ses pieds, elle lui présenta elle-même le plateau de rafraîchissements; puis elle répondit par un baiser plein d'effusion à son baiser de remercîment; et quand elle se rassit auprès d'elle, elle tint sa main enlacée à la sienne toute la soirée sur le bras du fauteuil.

Ce rôle était beau sans doute, et la présence de Laurence opérait des miracles, car un tel courage eût épouvanté Pauline si on lui en eût annoncé la nécessité la veille; et maintenant il lui coûtait si peu qu'elle s'en étonnait elle-même. Si elle eût pu descendre au fond de sa conscience, peut-être eût-elle découvert que ce rôle généreux était le seul qui l'élevât au niveau de Laurence à ses propres yeux. Il est certain que jusque-là la grâce, la noblesse et l'intelligence de l'actrice l'avaient déconcertée un peu; mais, depuis qu'elle l'avait posée auprès d'elle en protégée, Pauline ne s'apercevait plus de cette supériorité, difficile à accepter de femme à femme aussi bien que d'homme à homme.

Il est certain que, lorsque les deux amies et la mère aveugle se retrouvèrent seules ensemble au coin du feu, Pauline fut surprise et même un peu blessée de voir que Laurence reportait toute sa reconnaissance sur la vieille femme. Ce fut avec une noble franchise que l'actrice, baisant la main de madame D... et l'aidant à reprendre le chemin de sa chambre, lui dit qu'elle sentait tout le prix de ce qu'elle avait fait et de ce qu'elle avait été pour elle durant cette petite épreuve. — Quant à toi, ma Pauline, dit-elle à son amie lorsqu'elles furent tête à tête, je te fâcherais si je te faisais le même remercîment. Tu n'as point de préjugés assez obstinés pour que ton mépris de la sottise provinciale me semble un grand effort. Je te connais, tu ne serais plus toi-même si tu n'avais pas trouvé un vrai plaisir à t'élever de toute ta hauteur au-dessus de ces bégueules.

— C'est à cause de toi que cela m'est devenu un plaisir, répondit Pauline un peu déconcertée.

— Allons donc, rusée ! reprit Laurence en l'embrassant, c'est à cause de vous-même !

Était-ce un instinct d'ingratitude qui faisait parler ainsi l'amie de Pauline ? Non, Laurence était la femme la plus droite avec les autres et la plus sincère vis-à-vis d'elle-même. Si l'effort de son amie lui eût paru sublime, elle ne se serait pas crue humiliée de lui montrer de la reconnaissance ; mais elle avait un sentiment si ferme et si légitime de sa propre dignité, qu'elle croyait le courage de Pauline aussi naturel, aussi facile que le sien. Elle ne se doutait nullement de l'angoisse secrète qu'elle excitait dans cette âme troublée. Elle ne pouvait la deviner ; elle ne l'eût pas comprise.

Pauline, ne voulant pas la quitter d'un instant, exigea qu'elle dormît dans son propre lit. Elle s'était fait arranger un grand canapé où elle se coucha non loin d'elle, afin de pouvoir causer le plus long-temps possible. Chaque moment augmentait l'inquiétude de la jeune recluse, et son désir de comprendre la vie, les jouissances de l'art et celles de la gloire, celles de l'activité et celles de l'indépendance. Laurence éludait ses questions. Il lui semblait imprudent de la part de Pauline de vouloir connaître les avantages d'une position si différente de la sienne ; il lui eût semblé peu délicat à elle-même de lui en faire un tableau séduisant. Elle s'efforça de répondre à ses questions par d'autres questions ; elle voulut lui faire dire les joies intimes de sa vie évangélique, et tourner toute l'exaltation de leur entretien vers cette poésie du devoir qui lui semblait devoir être le partage d'une âme pieuse et résignée. Mais Pauline ne répondit que par des réticences. Dans leur premier entretien de la matinée, elle avait épuisé tout ce que sa vertu avait d'orgueil et de finesse pour dissimuler sa souffrance. Le soir, elle ne songeait déjà plus à son rôle. La soif qu'elle éprouvait de vivre et de s'épanouir, comme une fleur long-temps privée d'air et de soleil, devenait de plus en plus ardente. Elle l'emporta, et força Laurence à s'abandonner au plaisir le plus grand qu'elle connût, celui d'épancher son âme avec confiance et naïveté. Laurence aimait son art, non-seulement pour lui-même, mais aussi en raison de la liberté et de l'élévation d'esprit et d'habitudes qu'il lui avait procurées. Elle s'honorait de nobles amitiés ; elle avait connu aussi des affections passionnées, et, quoiqu'elle eût la délicatesse de n'en point parler à Pauline, la présence de ces souvenirs encore palpitants donnait à son éloquence naturelle une énergie pleine de charme et d'entraînement.

Pauline dévorait ses paroles. Elles tombaient dans son cœur et dans son cerveau comme une pluie de feu ; pâle, les cheveux épars, l'œil embrasé, le coude appuyé sur son chevet virginal, elle était belle comme une nymphe antique à la lueur pâle de la lampe qui brûlait entre les deux lits. Laurence la vit et fut frappée de l'expression de ses traits. Elle craignit d'en avoir trop dit, et se le reprocha, quoique pourtant toutes ses paroles eussent été pures comme celles d'une mère à sa fille. Puis, involontairement, revenant à ses idées théâtrales, et oubliant tout ce qu'elles venaient de se dire, elle s'écria, frappée de plus en plus : — Mon Dieu, que tu es belle, ma chère enfant! Les classiques qui m'ont voulu enseigner le rôle de Phèdre ne t'avaient pas vue ainsi. Voici une pose qui est toute de l'école moderne ; mais c'est Phèdre tout entière.... non pas la Phèdre de Racine peut-être, mais celle d'Euripide, disant :

> Dieux ! que ne suis-je assise à l'ombre des forêts !...

Si je ne te dis pas cela en grec, ajouta Laurence en étouffant un léger bâillement, c'est que je ne sais pas le grec... Je parie que tu le sais, toi !...

— Le grec ! quelle folie ! répondit Pauline en s'efforçant de sourire. Que ferais-je de cela ?

— Oh ! moi, si j'avais, comme toi, le temps d'étudier tout, s'écria Laurence, je voudrais tout savoir !

Il se fit quelques instants de silence. Pauline fit un douloureux retour sur elle-même ; elle se demanda à quoi, en effet, servaient tous ces merveilleux ouvrages de broderie qui remplissaient ses longues heures de silence et de solitude, et qui n'occupaient ni sa pensée ni son cœur. Elle fut effrayée de tant de belles années perdues, et il lui sembla qu'elle avait fait de ses plus nobles facultés, comme de son temps le plus précieux, un usage stupide, presque impie. Elle se releva encore sur son coude, et dit à Laurence : — Pourquoi donc me comparais-tu à Phèdre ? Sais-tu que c'est là un type affreux ? Peux-tu poétiser le vice et le crime ?... — Laurence ne répondit pas. Fatiguée de l'insomnie de la nuit précédente, calme d'ailleurs au fond de l'âme, comme on l'est, malgré tous les orages passagers, lorsqu'on a trouvé au fond de soi le vrai but et le vrai moyen de son existence, elle s'était endormie presque en parlant. Ce prompt et paisible sommeil augmenta l'angoisse et l'amertume de Pauline. Elle est heureuse, pensa-t-elle... heureuse et contente d'elle-même, sans effort, sans combats, sans incertitude... Et moi!... O mon Dieu! cela est injuste!

Pauline ne dormit pas de toute la nuit. Le lendemain, Laurence s'éveilla aussi paisiblement qu'elle s'était endormie, et se montra au jour fraîche et reposée. Sa femme de chambre arriva avec une jolie robe blanche qui lui servait de peignoir pendant sa toilette. Tandis que la soubrette lissait et tressait les magnifiques cheveux noirs de Laurence, celle-ci repassait le rôle qu'elle devait jouer à Lyon, à trois jours de là. C'était à son tour d'être belle avec ses cheveux épars et l'expression tragique. De temps en temps, elle échappait brusquement aux mains de la femme de chambre, et marchait dans l'appartement en s'écriant : « Ce n'est pas cela!... je veux le dire comme je le sens! » Et elle laissait échapper des exclamations, des phrases de drame ; elle cherchait des poses devant le vieux miroir de Pauline. Le sang-froid de la femme de chambre, habituée à toutes ces choses, et l'oubli complet où Laurence semblait être de tous les objets extérieurs, étonnaient au dernier point la jeune provinciale. Elle ne savait pas si elle devait rire ou s'effrayer de ces airs de pythonisse ; puis elle était frappée de la beauté tragique de Laurence, comme Laurence l'avait été de la sienne quelques heures auparavant. Mais elle se disait : Elle fait toutes ces choses de sang-froid, avec une impétuosité préparée, avec une douleur étudiée. Au fond, elle est fort tranquille, fort heureuse ; et moi, qui devrais avoir le calme de Dieu sur le front, il se trouve que je ressemble à Phèdre!

Comme elle pensait cela, Laurence lui dit brusquement : — Je fais tout ce que je peux pour trouver la pose d'hier soir quand tu étais là sur ton coude... je ne peux pas en venir à bout! C'était magnifique. Allons! c'est trop récent. Je trouverai cela plus tard, par inspiration! Toute inspiration est une réminiscence, n'est-ce pas, Pauline? Tu ne te coiffes pas bien, mon enfant; tresse donc tes cheveux au lieu de les lisser ainsi en bandeau. Tiens, Suzette va te montrer.

Et tandis que la femme de chambre faisait une tresse, Laurence fit l'autre, et en un instant Pauline se trouva si bien coiffée et si embellie qu'elle fit un cri de surprise. — Ah! mon Dieu, quelle adresse! s'écria-t-elle; je ne me coiffais pas ainsi de peur d'y perdre trop de temps, et j'en mettais le double.

— Oh! c'est que nous autres, répondit Laurence, nous sommes forcées de nous faire belles le plus possible et le plus vite possible.

— Et à quoi cela me servirait-il, à moi? dit Pauline en laissant tomber ses coudes sur la toilette, et en se regardant au miroir d'un air sombre et désolé.

— Tiens, s'écria Laurence, te voilà encore Phèdre! Reste comme cela, j'étudie!

Pauline sentit ses yeux se remplir de larmes. Pour que Laurence ne s'en aperçût pas (et c'est ce que Pauline craignait le plus au monde en cet instant), elle s'enfuit dans une autre pièce et dévora d'amers sanglots. Il y avait de la douleur et de la colère dans son âme, mais elle ne savait pas elle-même pourquoi ces orages s'élevaient en elle. Le soir, Laurence était partie. Pauline avait pleuré en la voyant monter en voiture, et, cette fois, c'était de regret; car Laurence venait de la faire vivre pendant trente-six heures, et elle pensait avec effroi au lendemain. Elle tomba accablée de fatigue dans son lit, et s'endormit brisée, désirant ne plus s'éveiller. Lorsqu'elle s'éveilla, elle jeta un regard de morne épouvante sur ces murailles qui ne gardaient aucune trace du rêve que Laurence y avait évoqué. Elle se leva lentement, s'assit machinalement devant son miroir et essaya de refaire ses tresses de la veille. Tout à coup, rappelée à la réalité par le chant de son serin qui s'éveillait dans sa cage, toujours gai, toujours indifférent à la captivité, Pauline se leva, ouvrit la cage, puis la fenêtre, et poussa dehors l'oiseau sédentaire, qui ne voulait pas s'envoler. « Ah! tu n'es pas digne de la liberté! » dit-elle en le voyant revenir vers elle aussitôt. Elle retourna à sa toilette, défit ses tresses avec une sorte de rage, et tomba le visage sur ses mains crispées. Elle resta ainsi jusqu'à l'heure où sa mère s'éveillait. La fenêtre était restée ouverte, Pauline n'avait pas senti le froid. Le serin était rentré dans sa cage et chantait de toutes ses forces.

III.

Un an s'était écoulé depuis le passage de Laurence à Saint-Front, et l'on y parlait encore de la mémorable soirée où la célèbre actrice avait reparu avec tant d'éclat parmi ses concitoyens; car on se tromperait grandement si l'on supposait que les préventions de la province sont difficiles à vaincre. Quoi qu'on dise à cet égard, il n'est point de séjour où la bienveillance soit plus aisée à conquérir, de même qu'il n'en est pas où elle soit plus facile à perdre. On dit ailleurs que le temps est un grand maître; il faut dire en province que c'est l'ennui qui modifie, qui justifie tout. Le premier choc d'une nouveauté quelconque contre les habitudes d'une petite ville est certainement terrible, si l'on y songe la veille; mais le lendemain on reconnaît que ce n'était rien, et que mille curiosités inquiètes n'attendaient qu'un premier exemple pour se lancer dans la carrière des innovations. Je connais certains chefs-lieux de canton où la première femme qui se permit de galoper sur une selle anglaise fut traitée de cosaque en jupon, et où, l'année suivante, toutes les dames de l'endroit voulurent avoir équipage d'amazone jusqu'à la cravache inclusivement.

A peine Laurence fut-elle partie qu'une prompte et universelle réaction s'opéra dans les esprits. Chacun voulait justifier l'empressement qu'il avait mis à la voir en grandissant la réputation de l'actrice, ou du moins en ouvrant de plus en plus les yeux sur son mérite réel. Peu à peu on en vint à se disputer l'honneur de lui avoir parlé le premier, et ceux qui n'avaient pu se résoudre à l'aller voir prétendirent qu'ils y avaient fortement poussé les autres. Cette année-là, une diligence fut établie de Saint-Front à Mont-Laurent, et plusieurs personnages importants de la ville (de ces gens qui possèdent 15,000 fr. de rentes au soleil, et qui ne se déplacent pas aisément, parce que, sans eux, à les entendre, le pays retomberait dans la barbarie), se risquèrent enfin à faire le voyage de la capitale. Ils revinrent tous remplis de la gloire de Laurence, et fiers d'avoir pu dire à leurs voisins du balcon ou de la première galerie, au moment où la salle *croulait,* comme on dit, sous les applaudissements : — Monsieur, cette grande actrice a long-temps habité la ville que j'habite. C'était l'amie intime de ma femme. Elle dînait quasi tous les jours *à la maison.* Oh! nous avions bien deviné son talent! Je vous assure que, quand elle nous récitait des vers, nous nous disions entre nous : « Voilà une jeune personne qui peut aller loin! » Puis, quand ces personnes furent de retour à Saint-Front, elles racontèrent avec orgueil qu'elles avaient été rendre leurs devoirs à la grande actrice, qu'elles avaient dîné à sa table, qu'elles avaient passé la soirée dans son magnifique salon... Ah! quel salon! quels meubles! quelles peintures! et quelle société amusante et honorable! des artistes, des députés; M. un tel, le peintre de portraits; madame une telle, la cantatrice; et puis des glaces, et puis de la musique... Que sais-je? la tête en tournait à tous ceux qui entendaient ces beaux récits, et chacun de s'écrier : Je l'avais toujours dit qu'elle réussirait! Nul autre que moi ne l'avait devinée.

Toutes ces puérilités eurent un seul résultat sérieux, ce fut de bouleverser l'esprit de la pauvre Pauline, et d'augmenter son ennui jusqu'au désespoir. Je ne sais si quelques semaines de plus n'eussent pas empiré son état au point de lui faire négliger sa mère. Mais celle-ci fit une grave maladie qui ramena Pauline au sentiment de ses devoirs. Elle recouvra tout à coup sa force morale et physique, et soigna la triste aveugle avec un admirable dévouement. Son amour et son zèle ne purent la sauver. Madame D... expira dans ses bras environ quinze mois après l'époque où Laurence était passée à Saint-Front.

Depuis ce temps, les deux amies avaient entretenu une correspondance assidue de part et d'autre. Tandis qu'au milieu de sa vie active et agitée, Laurence aimait à songer à Pauline, à pénétrer en esprit dans sa paisible et sombre demeure, à s'y reposer du bruit de la foule auprès du fauteuil de l'aveugle et des géraniums de la fenêtre ; Pauline, effrayée de la monotonie de ses habitudes, éprouvait l'invincible besoin de secouer cette mort lente qui s'étendait sur elle, et de s'élancer en rêve dans le tourbillon qui emportait Laurence. Peu à peu le ton de supériorité morale que, par un noble orgueil, la jeune provinciale avait gardé dans ses premières lettres avec la comédienne, fit place à un ton de résignation douloureuse qui, loin de diminuer l'estime de son amie, la toucha profondément. Enfin les plaintes s'exhalèrent du cœur de Pauline, et Laurence fut forcée de se dire, avec une sorte de consternation, que l'exercice de certaines vertus paralyse l'âme des femmes, au lieu de la fortifier. — Qui donc est heureux, demanda-t-elle un soir à sa mère en posant sur son bureau une lettre qui portait la trace des larmes de Pauline ; et où faut-il aller chercher le repos de l'âme ? Celle qui me plaignait tant au début de ma vie d'artiste se plaint aujourd'hui de sa reclusion d'une manière déchirante, et me trace un si horrible tableau des ennuis de la solitude, que je suis presque tentée de me croire heureuse sous le poids du travail et des émotions.

Lorsque Laurence reçut la nouvelle de la mort de l'aveugle, elle tint conseil avec sa mère, qui était une personne fort sensée, fort aimante, et qui avait eu le bon esprit de demeurer la meilleure amie de sa fille. Elle voulut la détourner d'un projet qu'elle caressait depuis quelque temps : celui de se charger de l'existence de Pauline en lui faisant partager la sienne aussitôt qu'elle serait libre. — Que deviendra cette pauvre enfant désormais ? disait Laurence. Le devoir qui l'attachait à sa mère est accompli. Aucun mérite religieux ne viendra plus ennoblir et poétiser sa vie. Cet odieux séjour d'une petite ville n'est pas fait pour elle. Elle sent vivement toutes choses, son intelligence cherche à se développer. Quelle vienne donc près de nous; puisqu'elle a besoin de vivre, elle vivra.

— Oui, elle vivra par les yeux, répondit madame S..., la mère de Laurence; elle verra les merveilles de l'art, mais son âme n'en sera que plus inquiète et plus avide.

— Eh bien ! reprit l'actrice, vivre par les yeux lorsqu'on arrive à comprendre ce qu'on voit, n'est-ce pas vivre par l'intelligence? et n'est-ce pas de cette vie que Pauline est altérée?

— Elle le dit, repartit madame S..., elle te trompe, elle se trompe elle-même. C'est par le cœur qu'elle demande à vivre, la pauvre fille !

— Eh bien ! s'écria Laurence, son cœur ne trouvera-t-il pas un aliment dans l'affection du mien ? Qui l'aimerait dans sa petite ville comme je l'aime ? Et si l'amitié ne suffit pas à son bonheur, croyez-vous qu'elle ne trouvera pas autour de nous un homme digne de son amour?

La bonne madame S... secoua la tête. — Elle ne voudra pas être aimée en artiste, dit-elle avec un sourire dont sa fille comprit la mélancolie.

L'entretien fut repris le lendemain. Une nouvelle lettre de Pauline annonçait que la modique fortune de sa mère allait être absorbée par d'anciennes dettes que son père avait laissées, et qu'elle voulait payer à tout prix et sans retard. La patience des créanciers avait fait grâce à la vieillesse et aux infirmités de madame D...; mais sa fille, jeune et capable de travailler pour vivre, n'avait pas droit aux mêmes égards. On pouvait, sans trop rougir, la dépouiller de son mince héritage. Pauline ne voulait ni attendre la menace, ni implorer la pitié; elle renonçait à la succession de ses parents et allait essayer de monter un petit atelier de broderie.

Ces nouvelles levèrent tous les scrupules de Laurence et imposèrent silence aux sages prévisions de sa mère. Toutes deux montèrent en voiture, et huit jours après elles revinrent à Paris avec Pauline.

Ce n'était pas sans quelque embarras que Laurence avait offert à son amie de l'emmener et de se charger d'elle à jamais. Elle s'attendait bien à trouver chez elle un reste de préjugés et de dévotion; mais la vérité est que Pauline n'était pas réellement pieuse. C'était une âme fière et jalouse de sa propre dignité. Elle trouvait dans le catholicisme la nuance qui convenait à son caractère, car toutes les nuances possibles se trouvent dans les religions vieillies; tant de siècles les ont modifiées, tant d'hommes ont mis la main à l'édifice, tant d'intelligences, de passions et de vertus y ont apporté leurs trésors, leurs erreurs ou leurs lumières, que mille doctrines se trouvent à la fin contenues dans une seule, et mille natures diverses y peuvent puiser l'excuse ou le stimulant qui leur convient. C'est par là que ces religions s'élèvent, c'est aussi par là qu'elles s'écroulent.

Pauline n'était pas douée des instincts de douceur, d'amour et d'humilité qui caractérisent les natures vraiment évangéliques. Elle était si peu portée à l'abnégation, qu'elle s'était toujours trouvée malheureuse, immolée qu'elle était à ses devoirs. Elle avait besoin de sa propre estime, et peut-être aussi de celle d'autrui, bien plus que de l'amour de Dieu et du bonheur du prochain. Tandis que Laurence, moins forte et moins orgueilleuse, se consolait de toute privation et de tout sacrifice en voyant sourire sa mère, Pauline reprochait à la sienne, malgré elle et dans le fond de son cœur, cette longue satisfaction conquise à ses dépens. Ce ne fut donc pas un sentiment d'austérité religieuse qui la fit hésiter à accepter l'offre de son amie, ce fut la crainte de n'être pas assez dignement placée auprès d'elle.

D'abord Laurence ne la comprit pas, et crut que la peur d'être blâmée par les esprits rigides la retenait encore. Mais ce n'était pas là non plus le motif de Pauline. L'opinion avait changé autour d'elle; l'amitié de la grande actrice n'était plus une honte, c'était un honneur. Il y avait désormais une sorte de gloire à se vanter de son attention et de son souvenir. La nouvelle apparition qu'elle fit à Saint-Front fut un triomphe bien supérieur au premier. Elle fut obligée de se défendre des hommages importuns que chacun aspirait à lui rendre, et la préférence exclusive qu'elle montrait à Pauline excita mille jalousies dont Pauline put s'enorgueillir.

Au bout de quelques heures d'entretien, Laurence vit qu'un scrupule de délicatesse empêchait Pauline d'accepter ses bienfaits. Laurence ne comprit pas trop cet excès de fierté qui craint d'accepter le poids de la reconnaissance; mais elle le respecta, et se fit humble jusqu'à la prière, jusqu'aux larmes, pour vaincre cet orgueil de la pauvreté, qui serait la plus laide chose du monde si tant d'insolences protectrices n'étaient là pour le justifier. Pauline devait-elle craindre cette insolence de la part de Laurence? Non; mais elle ne pouvait s'empêcher de trembler un peu, et Laurence, quoiqu'un peu blessée de cette méfiance, se promit et se flatta de la vaincre bientôt. Elle en triompha du moins momentanément, grâce à cette éloquence du cœur dont elle avait le don ; et Pauline, touchée, curieuse, entraînée, posa un pied tremblant sur le seuil de cette vie nouvelle, se promettant de revenir sur ses pas au premier mécompte qu'elle y rencontrerait.

Les premières semaines que Pauline passa à Paris furent calmes et charmantes. Laurence avait été assez gravement malade pour obtenir, il y avait déjà deux mois, un congé qu'elle consacrait à des études consciencieuses. Elle occupait avec sa mère un joli petit hôtel au milieu de jardins où le bruit de la ville n'arrivait qu'à peine, et où elle recevait peu de monde. C'était la saison où chacun est à la campagne, où les théâtres sont peu brillants, où les vrais artistes aiment à méditer et à se recueillir. Cette jolie maison, simple, mais décorée avec un goût parfait, ces habitudes élégantes, cette vie paisible et intelligente que Laurence avait su se faire au milieu d'un monde d'intrigue et de corruption, donnaient un généreux démenti à toutes les terreurs que Pauline avait éprouvées autrefois sur le compte de son amie. Il est vrai que Laurence n'avait pas toujours été aussi prudente, aussi bien entourée, aussi sagement posée dans sa propre vie qu'elle l'était désormais. Elle avait acquis à ses dépens de l'expérience et du discernement, et, quoique bien jeune encore, elle avait été fort éprouvée par l'ingratitude et la méchanceté. Après avoir beaucoup souffert, beaucoup pleuré ses illusions et beaucoup regretté les courageux élans de sa jeunesse, elle s'était résignée à subir la vie telle qu'elle est faite ici-bas, à ne rien craindre comme à ne rien provoquer de la part de l'opinion, à sacrifier souvent l'enivrement des rêves à la douceur de suivre un bon conseil, l'irritation d'une juste colère à la sainte joie de pardonner. En un mot, elle commençait à résoudre, dans l'exercice de son art comme dans sa vie privée, un problème difficile. Elle s'était apaisée sans se refroidir, elle se contenait sans s'effacer.

Sa mère, dont la raison l'avait quelquefois irritée, mais dont la bonté la subjuguait toujours, lui avait été une providence. Si elle n'avait pas été assez forte pour la préserver de quelques erreurs, elle avait été assez sage pour l'en retirer à temps. Laurence s'était parfois égarée, et jamais perdue. Madame S... avait su à propos lui faire le sacrifice apparent de ses principes, et, quoi qu'on en dise, quoi qu'on en pense, ce sacrifice est le plus sublime que puisse suggérer l'amour maternel. Honte à la mère qui abandonne sa fille par la crainte d'être réputée sa complaisante ou sa complice! Madame S... avait affronté cette horrible accusation, et on ne la lui avait pas épargnée. Le grand cœur de Laurence l'avait compris, et, désormais sauvée par elle, arrachée au vertige qui l'avait un instant suspendue au bord des abîmes, elle eût sacrifié tout, même une passion ardente, même un espoir légitime, à la crainte d'attirer sur sa mère un outrage nouveau.

Ce qui se passait à cet égard dans l'âme de ces deux femmes était si délicat, si exquis et entouré d'un si chaste mystère, que Pauline, ignorante et inexpérimentée à vingt-cinq ans comme une fille de quinze, ne pouvait ni le comprendre, ni le pressentir. D'abord, elle ne songea pas à le pénétrer; elle ne fut frappée que du bonheur et de l'harmonie parfaite qui régnait dans cette famille: la mère, la fille artiste et les deux jeunes sœurs, ses élèves, ses filles aussi, car elle assurait leur bien-être à la sueur de son noble front, et consacrait à leur éducation ses plus douces heures de liberté. Leur intimité, leur enjouement à toutes, faisaient un contraste bien étrange avec l'espèce de haine et de crainte qui avait cimenté l'attachement réciproque de Pauline et de sa mère. Pauline en fit la remarque avec une souffrance intérieure qui n'était pas du remords (elle avait vaincu cent fois la tentation d'abandonner ses devoirs), mais qui ressemblait à de la honte. Pouvait-elle ne pas se sentir humiliée de trouver plus de dévouement et de véritables vertus domestiques dans la demeure élégante d'une comédienne, qu'elle n'avait pu en pratiquer au sein de ses austères foyers? Que de pensées brûlantes lui avaient fait monter la rougeur au front, lorsqu'elle veillait seule la nuit, à la clarté de sa lampe, dans sa pudique cellule! et maintenant, elle voyait Laurence couchée sur un divan de sultane, dans son boudoir d'actrice, lisant tout haut des vers de Shakspeare à ses petites sœurs attentives et recueillies, pendant que la mère, alerte encore, fraîche et mise avec goût, préparait leur toilette du lendemain et reposait à la dérobée sur ce beau groupe, si cher à ses entrailles, un regard de béatitude. Là étaient réunis l'enthousiasme d'artiste, la bonté, la poésie, l'affection, et au-dessus planait encore la sagesse, c'est-à-dire le sentiment du beau moral, le respect de soi-même, le courage du cœur. Pauline pensait rêver, elle ne pouvait se décider à croire ce qu'elle voyait; peut-être y répugnait-elle par la crainte de se trouver inférieure à Laurence.

Malgré ces doutes et ces angoisses secrètes, Pauline fut admirable dans ces premiers rapports avec de nouvelles existences. Toujours fière dans son indigence, elle eut la noblesse de savoir se rendre utile plus que dispendieuse. Elle refusa avec un stoïcisme extraordinaire chez une jeune provinciale les jolies toilettes que Laurence lui voulait faire adopter. Elle s'en tint strictement à son deuil habituel, à sa petite robe noire, à sa petite collerette blanche, à ses cheveux sans rubans et sans joyaux. Elle s'immisça volontairement dans le gouvernement de la maison, dont Laurence n'entendait, comme elle le disait, que la synthèse, et dont le détail devenait un peu lourd pour la bonne madame S... Elle y apporta des réformes d'économie, sans en diminuer l'élégance et le confortable. Puis, reprenant à de certaines heures ses travaux d'aiguille, elle consacra toutes ses jolies broderies à la toilette des deux petites filles. Elle se fit encore leur sous-maîtresse et leur répétiteur dans l'intervalle des leçons de Laurence. Elle aida celle-ci à apprendre ses rôles en les lui faisant réciter; enfin elle sut se faire une place à la fois humble et grande au sein de cette famille, et son juste orgueil fut satisfait de la déférence et de la tendresse qu'elle reçut en échange.

Cette vie fut sans nuage jusqu'à l'entrée de l'hiver. Tous les jours Laurence avait à dîner deux ou trois vieux amis; tous les soirs, six à huit personnes intimes venaient prendre le thé dans son petit salon et causer agréablement sur les arts, sur la littérature, voire un peu sur la politique et la philosophie sociale. Ces causeries, pleines de charme et d'intérêt entre des personnes distinguées, pouvaient rappeler, pour le bon goût, l'esprit et la politesse, celles qu'on avait, au siècle dernier, chez mademoiselle Verrière, dans le pavillon qui fait le coin de la rue Caumartin et du boulevard. Mais elles avaient plus d'animation véritable; car l'esprit de notre époque est plus profond, et d'assez graves questions peuvent être agitées, même entre les deux sexes, sans ridicule et sans pédantisme. Le véritable esprit des femmes pourra encore consister pendant long-temps à savoir interroger et écouter ; mais il leur est déjà permis de comprendre ce qu'elles écoutent et de vouloir une réponse sérieuse à ce qu'elles demandent.

Le hasard fit que durant toute cette fin d'automne la société intime de Laurence ne se composa que de femmes ou d'hommes d'un certain âge, étrangers à toute prétention. Disons, en passant, que ce ne fut pas seulement le hasard qui fit ce choix, mais le goût que Laurence éprouvait et manifestait de plus en plus pour les choses et partant pour les personnes sérieuses. Autour d'une femme remarquable, tout tend à s'harmoniser et à prendre la teinte de ses pensées et de ses sentiments. Pauline n'eut donc pas l'occasion de voir une seule personne qui pût déranger le calme de son esprit ; et ce qui fut étrange, même à ses propres yeux, c'est qu'elle commençait déjà à trouver cette vie monotone, cette société un peu pâle, et à se demander si le rêve qu'elle avait fait du *tourbillon* de Laurence devait n'avoir pas une plus saisissante réalisation. Elle s'étonna de retomber dans l'affaissement qu'elle avait si long-temps combattu dans la solitude ; et, pour justifier vis-à-vis d'elle-même cette singulière inquiétude, elle se persuada qu'elle avait pris dans sa retraite une tendance au spleen que rien ne pourrait guérir.

Mais les choses ne devaient pas durer ainsi. Quelque répugnance que l'actrice éprouvât à rentrer dans le bruit du monde, quelque soin qu'elle prît d'écarter de son intimité tout caractère léger, toute assiduité dangereuse, l'hiver arriva. Les châteaux cédèrent leurs hôtes aux salons de Paris, les théâtres ravivèrent leur répertoire, le public réclama ses artistes privilégiés. Le mouvement, le travail hâté, l'inquiétude et l'attrait du succès envahirent le paisible intérieur de Laurence. Il fallut laisser franchir le seuil du sanctuaire à d'autres hommes qu'aux vieux amis. Des gens de lettres, des camarades de théâtre, des hommes d'état, en rapport par les subventions avec les grandes académies dramatiques, les uns remarquables par le talent, d'autres par la figure et l'élégance, d'autres encore par le crédit et la fortune, passèrent peu à peu d'abord, et puis en foule, devant le rideau sans couleur et sans images où Pauline brûlait de voir le monde de ses rêves se dessiner enfin à ses yeux. Laurence, habituée à ce cortége de la célébrité, ne sentit pas son cœur s'émouvoir. Seulement sa vie changea forcément de cours, ses heures furent plus remplies, son cerveau plus absorbé par l'étude, ses fibres d'artiste plus excitées par le contact du public. Sa mère et ses sœurs la suivirent, paisibles et fidèles satellites, dans son orbe éblouissant. Mais Pauline!..... Ici commença enfin à poindre la vie de son âme, et à s'agiter dans son âme le drame de sa vie.

IV.

Parmi les jeunes gens qui se posaient en adorateurs de Laurence, il y avait un certain Montgenays, qui faisait des vers et de la prose pour son plaisir, mais qui, soit modestie, soit dédain, ne s'avouait point homme de lettres. Il avait de l'esprit, beaucoup d'usage du monde, quelque instruction et une sorte de talent. Fils d'un banquier, il avait hérité d'une fortune considérable, et ne songeait point à l'augmenter, mais ne se mettait guère en peine d'en faire un usage plus noble que d'acheter des chevaux, d'avoir des loges aux théâtres, de bons dîners chez lui, de beaux meubles, des tableaux et des dettes. Quoique ce ne fût ni un grand esprit ni un grand cœur, il faut dire à son excuse qu'il était beaucoup moins frivole et moins ignare que ne le sont pour la plupart les jeunes gens riches de ce temps-ci. C'était un homme sans principes, mais par convenance ennemi du scandale; passablement corrompu, mais élégant dans ses mœurs, toutes mauvaises qu'elles fussent; capable de faire le mal par occasion et non par goût; sceptique par éducation, par habitude et par ton; porté aux vices du monde par manque de bons principes et de bons exemples, plus que par nature et par choix; du reste, critique intelligent, écrivain pur, causeur agréable, connaisseur et dilettante dans toutes les branches des beaux-arts, protecteur avec grâce, sachant et faisant un peu de tout; voyant la meilleure compagnie sans ostentation, et fréquentant la mauvaise sans effronterie; consacrant une grande partie de sa fortune, non à secourir les artistes malheureux, mais à recevoir avec luxe les célébrités. Il était bien venu partout, et partout il était parfaitement convenable. Il passait pour un grand homme auprès des ignorants, et pour un homme éclairé chez les gens ordinaires. Les personnes d'un esprit élevé estimaient sa conversation par comparaison avec celle des autres riches, et les orgueilleux la toléraient parce qu'il savait les flatter en les raillant. Enfin, ce Montgenays était précisément ce que les gens du monde appellent un homme d'esprit; les artistes, un homme de goût. Pauvre, il eût été confondu dans la foule des intelligences vulgaires; riche, on devait lui savoir gré de n'être ni un juif, ni un sot, ni un maniaque.

Il était de ces gens qu'on rencontre partout, que tout

le monde connaît au moins de vue, et qui connaissent chacun par son nom. Il n'était point de société où il ne fût admis, point de théâtre où il n'eût ses entrées dans les coulisses et dans le foyer des acteurs, point d'entreprise où il n'eût quelques capitaux, point d'administration où il n'eût quelque influence, point de cercle dont il ne fût un des fondateurs et un des soutiens. Ce n'était pas le dandysme qui lui avait servi de clef pour pénétrer ainsi à travers le monde; c'était un certain savoir-faire, plein d'égoïsme, exempt de passion, mêlé de vanité, et soutenu d'assez d'esprit pour faire paraître son rôle plus généreux, plus intelligent et plus épris de l'art qu'il ne l'était en effet.

Sa position l'avait, depuis quelques années déjà, mis en rapport avec Laurence; mais ce furent d'abord des rapports éloignés, de pure politesse; et si Montgenays y avait mis parfois de la galanterie, c'était dans la mesure la plus parfaite et la plus convenable. Laurence s'était un peu méfiée de lui d'abord, sachant fort bien qu'il n'est point de société plus funeste à la réputation d'une jeune actrice que celle de certains hommes du monde. Mais quand elle vit que Montgenays ne lui faisait pas la cour, qu'il venait chez elle assez souvent pour manifester quelque prétention, et qu'il n'en manifestait cependant aucune, elle lui sut gré de cette manière d'être, la prit pour un témoignage d'estime de très-bon goût; et, craignant de se montrer prude ou coquette en se tenant sur ses gardes, elle le laissa pénétrer dans son intimité, en reçut avec confiance mille petits services insignifiants qu'il lui rendit avec un empressement respectueux, et ne craignit pas de le nommer parmi ses amis véritables, lui faisant un grand mérite d'être beau, riche, jeune, influent, et de n'avoir aucune fatuité.

La conduite extérieure de Montgenays autorisait cette confiance. Chose étrange cependant, cette confiance le blessait en même temps qu'elle le flattait. Soit qu'on le prît pour l'amant ou pour l'ami de Laurence, son amour-propre était caressé. Mais lorsqu'il se disait qu'elle le traitait en réalité comme un homme sans conséquence, il en éprouvait un secret dépit, et il lui passait par l'esprit de s'en venger quelque jour.

Le fait est qu'il n'était point épris d'elle. Du moins, depuis trois ans qu'il la voyait de plus en plus intimement, le calme apathique de son cœur n'en avait reçu aucune atteinte. Il était de ces hommes déjà blasés par de secrets désordres, qui ne peuvent plus éprouver de désirs violents que ceux où la vanité est en cause. Lorsqu'il avait connu Laurence, sa réputation et son talent étaient en marche ascendante; mais ni l'un ni l'autre n'étaient assez constatés pour qu'il attachât un grand prix à sa conquête. D'ailleurs, il avait bien assez d'esprit pour savoir que les avantages du monde n'assurent point aujourd'hui de succès infaillibles. Il apprit et il vit que Laurence avait une âme trop élevée pour céder jamais à d'autres entraînements que ceux du cœur. Il sut en outre que, trop insouciante peut-être de l'opinion publique alors que son âme était envahie par un sentiment généreux, elle redoutait néanmoins et repoussait l'imputation d'être protégée et assistée par un amant. Il s'enquit de son passé, de sa vie intime; il s'assura que tout autre cadeau que celui d'un bouquet serait repoussé d'elle comme un sanglant affront; et en même temps que ces découvertes lui donnèrent de l'estime pour Laurence, elles éveillèrent en lui la pensée de vaincre cette fierté, parce que cela était difficile et aurait du retentissement. C'était donc dans ce but qu'il s'était glissé dans son intimité, mais avec adresse, et pensant bien que le premier point était de lui ôter toute crainte sur ses intentions.

Pendant ces trois ans le temps avait marché, et l'occasion de risquer une tentative ne s'était pas présentée. Le talent de Laurence était devenu incontestable, sa célébrité avait grandi, son existence était assurée, et, ce qu'il y avait de plus remarquable, son cœur ne s'était point donné. Elle vivait repliée sur elle-même, ferme, calme, triste parfois, mais résolue de ne plus se risquer à la légère sur l'aile des orages. Peut-être ses réflexions l'avaient-elle rendue plus difficile, peut-être ne trouvait-elle aucun homme digne de son choix... Était-ce dédain, était-ce courage? Montgenays se le demandait avec anxiété. Quelques-uns se persuadaient qu'il était aimé en secret, et lui demandaient compte, à lui, de son indifférence apparente. Trop adroit pour se laisser pénétrer, Montgenays répondait que le respect enchaînerait toujours en lui la pensée d'être autre chose pour Laurence qu'un ami et un frère. On redisait ces paroles à Laurence, et on lui demandait si sa fierté ne dispenserait jamais ce pauvre Montgenays d'une déclaration qu'il n'aurait jamais l'audace de lui faire. — Je le crois modeste, répondait-elle, mais pas au point de ne pas savoir dire qu'il aime, si jamais il vient à aimer. Cette réponse revenait à Montgenays, et il ne savait s'il devait la prendre pour la raillerie du dépit ou pour la douceur de l'indifférence. Sa vanité en était parfois si tourmentée, qu'il était prêt à tout risquer pour le savoir; mais la crainte de tout gâter et de tout perdre le retenait, et le temps s'écoulait sans qu'il vît jour à sortir de ce cercle vicieux où chaque semaine le transportait d'une phase d'espoir à une phase de découragement, et d'une résolution d'hypocrisie à une résolution d'impertinence, sans qu'il lui fût jamais possible de trouver l'heure convenable pour une déclaration qui ne fût pas insensée, ou pour une retraite qui ne fût pas ridicule. Ce qu'il craignait le plus au monde, c'était de prêter à rire, lui qui mettait son amour-propre à jouer un personnage sérieux. La présence de Pauline lui vint en aide, et la beauté de cette jeune fille sans expérience lui suggéra de nouveaux plans sans rien changer à son but.

Il imagina de se conformer à une tactique bien vulgaire, mais qui manque rarement son effet, tant les femmes sont accessibles à une sotte vanité. Il pensa qu'en feignant une velléité d'amour pour Pauline il éveillerait chez son amie le désir de la supplanter. Absent de Paris depuis plusieurs mois, il fit sa rentrée dans le salon de Laurence un certain soir où Pauline, étonnée, effarouchée de voir le cercle habituel s'agrandir d'heure en heure, commençait à souffrir du peu d'ampleur de sa robe noire et de la roideur de sa collerette. Dans ce cercle, elle remarquait plusieurs actrices toutes jolies ou du moins attrayantes à force d'art; puis, en se comparant à elles, en se comparant à Laurence même, elle se disait avec raison que sa beauté était plus régulière, plus irréprochable, et qu'un peu de toilette suffirait pour l'établir devant tous les yeux. En passant et repassant dans le salon, selon sa coutume, pour préparer le thé, veiller à la clarté des lampes et vaquer à tous ces petits soins qu'elle avait assumés volontairement sur elle, son mélancolique regard plongeait dans les glaces, et son petit costume de demi-béguine commençait à la choquer. Dans un de ces moments-là elle rencontra précisément dans la glace le regard de Montgenays, qui observait tous ses mouvements. Elle ne l'avait pas entendu annoncer; elle l'avait rencontré dans l'antichambre sans le voir lorsqu'il était arrivé. C'était le premier homme d'une belle figure et d'une véritable élégance qu'elle eût encore pu remarquer. Elle en fut frappée d'une sorte de terreur; elle reporta ses yeux sur elle-même avec inquiétude, trouva sa robe flétrie, ses mains rouges, ses souliers épais, sa démarche gauche. Elle eût voulu se cacher pour échapper à ce regard qui la suivait toujours, qui observait son trouble, et qui était assez pénétrant dans les sentiments d'une donnée vulgaire pour comprendre d'emblée ce qui se passait en elle. Quelques instants après, elle remarqua que Montgenays parlait d'elle à Laurence; car, tout en s'entretenant à voix basse, leurs regards se portaient sur elle. — Est-ce une première camériste ou une demoiselle de compagnie que vous avez là? demandait Montgenays à Laurence, quoiqu'il sût fort bien le roman de Pauline. — Ni l'une ni l'autre, répondit Laurence. C'est mon amie de province dont je vous ai si souvent parlé. Comment vous plaît-elle? — Montgenays affecta de ne pas répondre d'abord, de regarder fixement Pauline; puis il dit d'un ton étrange que Laurence ne lui connaissait pas, car c'était une intonation mise en réserve depuis long-temps pour faire son effet dans l'occasion : — Admirablement belle, délicieusement jolie! — En vérité! s'écria Laurence toute surprise de ce mouvement, vous me rendez bien heureuse de me dire cela! Venez, que je vous présente à elle. — Et, sans attendre sa réponse, elle le prit par le bras et l'entraîna jusqu'au bout du salon, où Pauline essayait de se faire une contenance en rangeant son métier de broderie. — Permets-moi, ma chère enfant, lui dit Laurence, de te présenter un de mes amis que tu ne connais pas encore, et qui depuis long-temps désire beaucoup te connaître. — Puis, ayant nommé Montgenays à Pauline, qui, dans son trouble, n'entendit rien, elle adressa la parole à un de ses camarades qui entrait ; et, changeant de groupe, elle laissa Montgenays et Pauline face à face, pour ainsi dire tête à tête, dans le coin du salon.

Jamais Pauline n'avait parlé à un homme aussi bien frisé, cravaté, chaussé et parfumé. Hélas ! on n'imagine pas quel prestige ces minuties de la vie élégante exercent sur l'imagination d'une fille de province. Une main blanche, un diamant à la chemise, un soulier verni, une fleur à la boutonnière, sont des recherches qui ne brillent plus en quelque sorte dans un salon que par leur absence ; mais qu'un commis-voyageur étale ces séductions inouïes dans une petite ville, et tous les regards seront attachés sur lui. Je ne veux pas dire que tous les cœurs voleront au-devant du sien, mais du moins je pense qu'il sera bien sot s'il n'en accapare pas quelques-uns.

Cet engouement puéril ne dura qu'un instant chez Pauline. Intelligente et fière, elle eut bientôt secoué ce reste de *provincialité;* mais elle ne put se défendre de trouver une grande distinction et un grand charme dans les paroles que Montgenays lui adressa. Elle avait rougi d'être troublée par le seul extérieur d'un homme. Elle se réconcilia avec sa première impression en croyant trouver dans l'esprit de cet homme le même cachet d'élégance dont toute sa personne portait l'empreinte. Puis cette attention particulière qu'il lui accordait, le soin qu'il semblait avoir pris de se faire présenter à elle retirée dans un coin parmi les tasses de Chine et les vases de fleurs, le plaisir timide qu'il paraissait goûter à la questionner sur ses goûts, sur ses impressions et ses sympathies, la traitant de prime-abord comme une personne éclairée, capable de tout comprendre et de tout juger; toutes ces coquetteries de la politesse du monde, dont Pauline ne connaissait pas la banalité ou la perfidie, la réveillèrent de sa langueur habituelle. Elle s'excusa un instant sur son ignorance de toutes choses; Montgenays parut prendre cette timidité pour une admirable modestie ou pour une méfiance dont il se plaignait d'une façon cafarde. Peu à peu Pauline s'enhardit jusqu'à vouloir montrer qu'elle aussi avait de l'esprit, du goût, de l'instruction. Le fait est qu'elle en avait extraordinairement eu égard à son existence passée, mais qu'au milieu de tous ces artistes brisés à une causerie étincelante elle ne pouvait éviter de tomber parfois dans le lieu commun. Quoique sa nature distinguée la préservât de toute expression triviale, il était facile de voir que son esprit n'était pas encore sorti tout à fait de l'état de chrysalide. Un homme supérieur à Montgenays n'en eût été que plus intéressé à ce développement; mais le vaniteux en conçut un secret mépris pour l'intelligence de Pauline, et il décida avec lui-même, dès cet instant, qu'elle ne lui servirait jamais que de jouet, de moyen, de victime, s'il le fallait.

Qui eût pu supposer dans un homme froid et nonchalant en apparence une résolution si sèche et si cruelle? Personne, à coup sûr. Laurence, malgré tout son jugement, ne pouvait le soupçonner, et Pauline, moins que personne, devait en concevoir l'idée.

Lorsque Laurence se rapprocha d'elle, se souvenant avec sollicitude qu'elle l'avait laissée auprès de Montgenays troublée jusqu'à la fièvre, confuse jusqu'à l'angoisse, elle fut fort surprise de la retrouver brillante;

enjouée, animée d'une beauté inconnue, et presque aussi à l'aise que si elle eût passé sa vie dans le monde.

— Regarde donc ton amie de province, lui dit à l'oreille un vieux comédien de ses amis ; n'est-ce pas merveille de voir comme en un instant l'esprit vient aux filles ?

Laurence fit peu d'attention à cette plaisanterie. Elle ne remarqua pas non plus, le lendemain, que Montgenays était venu lui rendre visite une heure trop tôt, car il savait fort bien que Laurence sortait de la répétition à quatre heures ; et depuis trois jusqu'à quatre heures il l'avait attendue au salon, non pas seul, mais penché sur le métier de Pauline.

Au grand jour, Pauline l'avait trouvé fort vieux. Quoiqu'il n'eût que trente ans, son visage portait la flétrissure de quelques excès; l'on sait que la beauté est inséparable, dans les idées de province, de la fraîcheur et de la santé. Pauline ne comprenait pas encore, et ceci faisait son éloge, que les traces de la débauche pussent imprimer au front une apparence de poésie et de grandeur. Combien d'hommes dans notre époque de romantisme ont été réputés penseurs et poètes, rien que pour avoir eu l'orbite creusé et le front dévasté avant l'âge ! Combien ont paru hommes de génie qui n'étaient que malades !

Mais le charme des paroles captiva Pauline encore plus que la veille. Toutes ces insinuantes flatteries que la femme du monde la plus bornée sait apprécier à leur valeur, tombaient dans l'âme aride et flétrie de la pauvre recluse comme une pluie bienfaisante. Son orgueil, trop long-temps privé de satisfactions légitimes, s'épanouissait au souffle dangereux de la séduction, et quelle séduction déplorable ! celle d'un homme parfaitement froid, qui méprisait sa crédulité, et qui voulait en faire un marchepied pour s'élever jusqu'à Laurence!

V.

La première personne qui s'aperçut de l'amour insensé de Pauline fut madame S.... Elle avait pressenti et deviné, avec l'instinct du génie maternel, le projet et la tactique de Montgenays. Elle n'avait jamais été dupe de son indifférence simulée, et s'était toujours tenue en méfiance de lui; ce qui faisait dire à Montgenays que madame S.... était, comme toutes les mères d'artiste, une femme bornée, maussade, fâcheuse au développement de sa fille. Lorsqu'il fit la cour à Pauline, madame S...., emportée par sa sollicitude, craignit que cette ruse n'eût une sorte de succès, et que Laurence ne se sentît piquée d'avoir passé inaperçue devant les yeux d'un homme à la mode. Elle n'eût pas dû croire Laurence accessible à ce petit sentiment; mais madame S...., au milieu de sa sagesse vraiment supérieure, avait de ces enfantillages de mère qui s'effraie hors de raison au moindre danger. Elle craignit le moment où Laurence ouvrirait les yeux sur l'intrigue entamée par Montgenays, et, au lieu d'appeler la raison et la tendresse de sa fille au secours de Pauline, elle essaya seule de détromper celle-ci et de l'éclairer sur son imprudence.

Mais, quoiqu'elle y mît de l'affection et de la délicatesse, elle fut fort mal accueillie. Pauline était enivrée; on lui eût arraché la vie plutôt que la présomption d'être adorée. La manière un peu aigre dont elle repoussa les avertissements de madame S... donnèrent un peu d'amertume à celle-ci. Il y eut quelques paroles échangées où perçait d'une part le sentiment de l'infériorité de Pauline, de l'autre l'orgueil du triomphe remporté sur Laurence. Effrayée de ce qui lui était échappé, Pauline le confia à Montgenays, qui, plein de joie, s'imagina que madame S... avait été en ceci la confidente et l'écho du dépit de sa fille. Il crut toucher à son but, et, comme un joueur qui double son enjeu, il redoubla d'attentions et d'assiduités auprès de Pauline. Déjà il avait osé lui faire ce lâche mensonge d'un amour qu'il n'éprouvait pas. Elle avait feint de n'y pas croire; mais elle n'y croyait que trop, l'infortunée! Quoiqu'elle se fût défendue avec courage, Montgenays n'en était pas moins sûr d'avoir bouleversé profondément tout son être moral. Il dédaignait le reste de sa victoire, et attendait, pour la remporter ou l'abandonner, que Laurence se prononçât pour ou contre.

Absorbée par ses études et forcée de passer presque toutes ses journées au théâtre, le matin pour les répétitions, le soir pour les représentations, Laurence ne pouvait suivre les progrès que Montgenays faisait dans l'estime de Pauline. Elle fut frappée, un soir, de l'émotion avec laquelle la jeune fille entendit Lavallée, le vieux comédien, homme d'esprit, qui avait servi de patron et pour ainsi dire de répondant à Laurence lors de ses débuts, juger sévèrement le caractère et l'esprit de Montgenays. Il le déclara vulgaire entre tous les hommes vulgaires; et, comme Laurence défendait au moins les qualités de son cœur, Lavallée s'écria : — Quant à moi, je sais bien que je serai contredit ici par tout le monde, car tout le monde lui veut du bien. Et savez-vous pourquoi tout le monde l'aime? c'est qu'il n'est pas méchant.

— Il me semble que c'est quelque chose, dit Pauline avec intention et en lançant un regard plein d'amertume au vieil artiste, qui était pourtant le meilleur des hommes et qui ne prit rien pour lui de l'allusion. — C'est moins que rien, répondit-il; car il n'est pas bon, et voilà pourquoi je ne l'aime pas, si vous voulez le savoir. On n'a jamais rien à espérer et l'on a tout à craindre d'un homme qui n'est ni bon ni méchant.

Plusieurs voix s'élevèrent pour défendre Montgenays, et celle de Laurence par-dessus toutes les autres; seulement elle ne put l'excuser lorsque Lavallée lui démontra par des preuves que Montgenays n'avait point d'ami véritable, et qu'on ne lui avait jamais vu aucun de ces mouvements de vertueuse colère qui trahissent un cœur généreux et grand. Alors Pauline, ne pouvant se contenir davantage, dit à Laurence qu'elle méritait plus que personne le reproche de Lavallée, en laissant accabler un de ses amis les plus sûrs et les plus dévoués sans indignation et sans douleur. Pauline, en faisant cette sortie étrange, tremblait et cassait son aiguille de tapisserie; son agitation fut si marquée qu'il se fit un instant de silence, et tous les yeux se tournèrent vers elle avec surprise. Elle vit alors son imprudence, et essaya de la réparer en blâmant d'une manière générale le train du monde en ces sortes d'affaires. — C'est une chose bien triste à étudier dans ce pays, dit-elle, que l'indifférence avec laquelle on entend déchirer des gens auxquels on ne rougit pourtant pas un instant après de faire bon accueil et de serrer la main. Je suis une ignorante, moi, une provinciale sans usage; mais je ne peux m'habituer à cela... Voyons, monsieur Lavallée, c'est à vous de me donner raison; car me voici précisément dans un de ces mouvements de vertu brutale dont vous reprochez l'absence à M. Montgenays. — En prononçant ces derniers mots, Pauline s'efforçait de sourire à Laurence pour atténuer l'effet de ce qu'elle avait dit, et elle y avait réussi pour tout le monde, excepté pour son amie, dont le regard, plein de sollicitude et de pénétration, surprit une larme au bord de sa paupière. Lavallée donna raison à Pauline, et ce lui fut une occasion de débiter avec un remarquable talent une tirade du *Misanthrope* sur l'ami du genre humain. Il avait la tradition de Fleury pour jouer ce rôle, et il l'aimait tellement que, malgré lui, il s'était identifié avec le caractère d'Alceste plus que sa nature ne l'exigeait de lui. Ceci arrive souvent aux artistes : leur instinct les porte à moitié vers un type qu'ils reproduisent avec amour, le succès qu'ils obtiennent dans cette création fait l'autre moitié de l'assimilation ; et c'est ainsi que l'art, qui est l'expression de la vie en nous, devient souvent en nous la vie elle-même.

Lorsque Laurence fut seule le soir avec son amie, elle l'interrogea avec la confiance que donne une véritable affection. Elle fut surprise de la réserve et de l'espèce de crainte qui régnait dans ses réponses, et elle finit par s'en inquiéter. — Écoute, ma chérie, lui dit-elle en la quittant, toute la peine que tu prends pour me prouver que tu ne l'aimes pas me fait craindre que tu ne l'aimes réellement. Je ne te dirai pas que cela m'afflige, car je crois Montgenays digne de ton estime ; mais je ne sais pas s'il t'aime, et je voudrais en être sûre. Si cela était, il me semble qu'il aurait dû me le dire avant de te le faire entendre. Je suis ta mère, moi ! La connaissance que j'ai du monde et de ses abîmes me donne le droit et m'impose le devoir de te guider et de t'éclairer au besoin. Je t'en supplie, n'écoute les belles paroles d'aucun homme avant de m'avoir consultée ; c'est à moi de lire la première dans le cœur qui s'offrira à toi ; car je suis calme, et je ne crois pas que lorsqu'il s'agira de Pauline, de la personne que j'aime le plus au monde après ma mère et mes sœurs, on puisse être habile à me tromper.

Ces tendres paroles blessèrent Pauline jusqu'au fond de l'âme. Il lui sembla que Laurence voulait s'élever au-dessus d'elle en s'arrogeant le droit de la diriger. Pauline ne pouvait pas oublier le temps où Laurence lui semblait perdue et dégradée, et où ses prières orgueilleuses montaient vers Dieu comme celle du Pharisien, demandant un peu de pitié pour l'excommuniée rejetée à la porte du temple. Laurence aussi l'avait gâtée comme on gâte un enfant, par trop de tendresse et d'engouement naïf. Elle lui avait trop souvent répété dans ses lettres qu'elle était devant ses yeux comme un ange de lumière et de pureté dont la céleste image la préserverait de toute mauvaise pensée. Pauline s'était habituée à poser devant Laurence comme une madone, et recevoir d'elle désormais un avertissement maternel lui paraissait un outrage. Elle en fut humiliée et même courroucée à ne pouvoir dormir. Cependant le lendemain elle vainquit en elle-même ce mouvement injuste, et la remercia cordialement de sa tendre inquiétude ; mais elle ne put se résoudre à lui avouer ses sentiments pour Montgenays.

Une fois éveillée, la sollicitude de Laurence ne s'endormit plus. Elle eut un entretien avec sa mère, lui reprocha un peu de ne pas lui avoir dit plus tôt ce qu'elle avait cru deviner, et, respectant la méfiance de Pauline, qu'elle attribuait à un excès de pudeur, elle observa toutes les démarches de Montgenays. Il ne lui fallut pas beaucoup de temps pour s'assurer que madame S... avait deviné juste, et, trois jours après son premier soupçon, elle acquit la certitude qu'elle cherchait. Elle surprit Pauline et Montgenays au milieu d'un tête-à-tête fort animé, feignit de ne pas voir le trouble de Pauline, et, dès le soir même, elle fit venir Montgenays dans son cabinet d'étude où elle dit : — Je vous croyais mon ami, et j'ai pourtant un manque d'amitié bien grave à vous reprocher, Montgenays. Vous aimez Pauline, et vous ne me l'avez pas confié. Vous lui faites la cour, et vous ne m'avez pas demandé de vous y autoriser.

Elle dit ces paroles avec un peu d'émotion, car elle blâmait sérieusement Montgenays dans son cœur, et la marche mystérieuse qu'il avait suivie lui causait quelque effroi pour Pauline. Montgenays désirait pouvoir attribuer ce ton de reproche à un sentiment personnel. Il se composa un maintien impénétrable, et résolut d'être sur la défensive jusqu'à ce que Laurence fît éclater le dépit qu'il lui supposait. Il nia son amour pour Pauline, mais avec une gaucherie volontaire et avec l'intention d'inquiéter de plus en plus Laurence.

Cette absence de franchise l'inquiéta en effet, mais toujours à cause de son amie, et sans qu'elle eût seulement la pensée de mêler sa personnalité à cette intrigue.

Montgenays, tout homme du monde qu'il était, eut la sottise de s'y tromper; et, au moment où il crut avoir enfin éveillé la colère et la jalousie de Laurence, il risqua le coup de théâtre qu'il avait long-temps médité, lui avoua que son amour pour Pauline n'était qu'une feinte vis-à-vis de lui-même, un effort désespéré, inutile peut-être pour s'étourdir sur un chagrin profond, pour se guérir d'une passion malheureuse... Un regard accablant de Laurence l'arrêta au moment où il allait se perdre et sauver Pauline. Il pensa que le moment n'était pas venu encore, et réserva son grand effet pour une crise plus favorable. Pressé par les sévères questions de Laurence, il se retourna de mille manières, inventa un roman tout en réticences, protesta qu'il ne se croyait pas aimé de Pauline, et se retira sans promettre de l'aimer sérieusement, sans consentir à la détromper, sans rassurer l'amitié de Laurence, et sans pourtant lui donner le droit de le condamner.

Si Montgenays était assez maladroit pour faire une chose hasardée, il était assez habile pour la réparer. Il était de ces esprits tortueux et puérils qui, de combinaison en combinaison, marchent péniblement et savamment vers un *fiasco* misérable. Il sut durant plusieurs semaines tenir Laurence dans une complète incertitude. Elle ne l'avait jamais soupçonné fat et ne pouvait se résoudre à le croire lâche. Elle voyait l'amour et la souffrance de Pauline, et désirait tellement son bonheur, qu'elle n'osait pas la préserver du danger en éloignant Montgenays. — Non, il ne m'adressait pas une impudente insinuation, disait-elle à sa mère, lorsqu'il m'a dit qu'un amour malheureux le tenait dans l'incertitude. J'ai cru un instant qu'il avait cette pensée, mais cela serait trop odieux. Je le crois homme d'honneur. Il m'a toujours témoigné une estime pleine de respect et de délicatesse. Il ne lui serait pas venu à l'esprit tout d'un coup de se jouer de moi et d'outrager mon amie en même temps. Il ne me croirait pas si simple que d'être sa dupe.

— Je le crois capable de tout, répondait madame S.... Demandez à Lavallée ce qu'il en pense; confiezlui ce qui se passe : c'est un homme sûr, pénétrant et dévoué.

— Je le sais, dit Laurence ; mais je ne puis cependant disposer d'un secret que Pauline refuse de me confier : on n'a pas le droit de trahir un mystère aussi délicat, quand on l'a surpris volontairement; Pauline en souffrirait mortellement, et, fière comme elle l'est, ne me le pardonnerait de sa vie. D'ailleurs Lavallée a des préventions exagérées : il déteste Montgenays ; il ne saurait le juger avec impartialité. Voyez quel mal nous allons faire à Pauline si nous nous trompons! S'il est vrai que Montgenays l'aime (et pourquoi ne serait-ce pas ? elle est si belle, si sage, si intelligente!) nous tuons son avenir en éloignant d'elle un homme qui peut l'épouser et lui donner dans le monde un rang qu'à coup sûr elle désire ; car elle souffre de nous devoir son existence, vous le savez bien. Sa position l'affecte plus qu'elle ne veut l'avouer ; elle aspire à l'indépendance, et la fortune peut seule la lui donner.

— Et s'il ne l'épouse pas! reprit madame S.... Quant à moi, je crois qu'il n'y songe nullement.

— Et moi, s'écria Laurence, je ne puis croire qu'un homme comme lui soit assez infâme ou assez fou pour croire qu'il obtiendra Pauline autrement.

— Eh bien! si tu le crois, repartit la mère, essaie de les séparer ; ferme-lui ta porte : ce sera le forcer à se déclarer. Sois sûre que, s'il l'aime, il saura bien vaincre les obstacles et prouver son amour par des offres honorables.

— Mais il a peut-être dit la vérité, reprenait Laurence, en s'accusant d'un amour mal guéri qui l'empêche encore de se prononcer. Cela ne se voit-il pas tous les jours ? Un homme est quelquefois incertain des années entières entre deux femmes dont une le retient par sa coquetterie, tandis que l'autre l'attire par sa douceur et sa bonté. Il arrive un moment où la mauvaise passion fait place à la bonne, où l'esprit s'éclaire sur les défauts de l'ingrate maîtresse et sur les qualités de l'amie généreuse. Aujourd'hui, si nous brusquons l'incertitude de ce pauvre Montgenays, si nous lui mettons le couteau sur la gorge et le marché à la main, il va, ne fût-ce que par dépit, renoncer à Pauline, qui en mourra de chagrin peut-être, et retourner aux pieds d'une perfide qui brisera ou desséchera son cœur ; au lieu que, si nous conduisons les choses avec un peu de patience et de délicatesse, chaque jour, en voyant Pauline, en la comparant à l'autre femme, il reconnaîtra qu'elle seule est digne d'amour, et il arrivera à la préférer ouvertement. Que pouvons-nous craindre de cette épreuve ? Que Pauline l'aime sérieusement ? c'est déjà fait ; qu'elle se laisse égarer par lui ? c'est impossible. Il n'est pas homme à le tenter ; elle n'est pas femme à s'y laisser prendre.

Ces raisons ébranlèrent un peu madame S.... Elle fit seulement consentir Laurence à empêcher les tête-à-tête que ses courses et ses occupations rendaient trop faciles et trop fréquents entre Pauline et Montgenays. Il fut convenu que Laurence emmènerait souvent son amie avec elle au théâtre. On devait penser que la difficulté de lui parler augmenterait l'ardeur de Montgenays, tandis que la liberté de la voir entretiendrait son admiration.

Mais ce fut la chose la plus difficile du monde que de décider Pauline à quitter la maison. Elle se renfermait dans un silence pénible pour Laurence ; celle-ci était réduite à jouer avec elle un jeu puéril, en lui donnant des raisons dont elle ne la croyait point dupe. Elle lui représentait que sa santé était un peu altérée par les continuels travaux du ménage ; qu'elle avait besoin de mouvement, de distraction. On lui fit même ordonnancer par un médecin un système de vie moins sédentaire. Tout échoua contre cette résistance inerte, qui est la force des caractères froids. Enfin Laurence imagina de demander à son amie, comme un service, qu'elle vînt l'aider au théâtre à s'habiller et à changer de costume dans sa loge. La femme de chambre était maladroite, disait-on ; madame S... était souffrante et succombait à la fatigue de cette vie agitée ; Laurence y succombait elle-même. Les tendres soins d'une amie pouvaient seuls adoucir les corvées journalières du métier. Pauline, forcée dans ses derniers retranchements, et poussée d'ailleurs par un reste d'amitié et de dévouement, céda, mais avec une répugnance secrète. Voir de près chaque jour les triomphes de Laurence était une souffrance à laquelle jamais elle n'avait pu s'habituer ; et maintenant cette souffrance devenait plus cuisante. Pauline commençait à pressentir son malheur. Depuis que Montgenays s'était mis en tête l'espérance de réussir auprès de l'actrice, il laissait percer par instants, malgré lui, son dédain pour la provinciale. Pauline ne voulait pas s'éclairer, elle fermait les yeux à l'évidence avec terreur ; mais, en dépit d'elle-même, la tristesse et la jalousie étaient entrées dans son âme.

VI.

Montgenays vit les précautions que Laurence prenait pour l'éloigner de Pauline ; il vit aussi la sombre tristesse qui s'emparait de cette jeune fille. Il la pressa de questions ; mais comme elle était encore avec lui sur la défensive, et qu'il ne pouvait plus lui parler qu'à la dérobée, il ne put rien apprendre de certain. Seulement il remarqua l'espèce d'autorité que, dans la candeur de son amitié, Laurence ne craignait pas de s'arroger sur son amie, et il remarqua aussi que Pauline ne s'y soumettait qu'avec une sorte d'indignation contenue. Il crut que Laurence commençait à la faire souffrir de sa jalousie ; il ne voulut pas supposer que ses préférences pour une autre pussent laisser Laurence indifférente et loyale.

Il continua à jouer ce rôle fantasque, décousu avec intention, qui devait les laisser toutes deux dans l'incertitude. Il affecta de passer des semaines entières sans paraître devant elles ; puis, tout à coup, il redevenait assidu, se donnait un air inquiet, tourmenté, montrant de l'humeur lorsqu'il était calme, feignant l'indifférence lorsqu'on pouvait lui supposer du dépit. Cette irrésolution fatiguait Laurence et désespérait Pauline. Le caractère de cette dernière s'aigrissait de jour en jour. Elle se demandait pourquoi Montgenays, après lui avoir montré tant d'empressement, devenait si nonchalant à vaincre les obstacles qu'on avait mis entre eux. Elle s'en prenait secrètement à Laurence de lui avoir préparé ce désenchantement et ne voulait pas reconnaître qu'en l'éclairant on lui rendait service. Lorsqu'elle interrogeait Montgenays, d'un air qu'elle essayait de rendre calme, sur ses fréquentes absences, il lui répondait, s'il était seul avec elle, qu'il avait eu des occupations, des affaires indispensables ; mais, si Laurence était présente, il s'excusait sur la simple fantaisie d'un besoin de solitude ou de distraction. Un jour, Pauline lui dit devant madame S..., dont la présence assidue lui était un supplice, qu'il devait avoir une passion dans le grand monde, puisqu'il était devenu si rare dans la société des artistes. Montgenays répondit assez brutalement : — Quand cela serait, je ne vois pas en quoi une personne aussi grave que vous pourrait s'intéresser aux folies d'un jeune homme. En cet instant, Laurence entrait dans le salon. Au premier regard, elle vit un sourire douloureux et forcé sur le visage de Pauline. La mort était dans son âme. Laurence s'approcha d'elle et posa la main affectueusement sur son épaule. Pauline, ramenée à un sentiment de tendresse par une souffrance qu'en cet instant du moins elle ne pouvait pas imputer à sa rivale, retourna doucement la tête et effleura de ses lèvres la main de Laurence. Elle semblait lui demander pardon de l'avoir haïe et calomniée dans son cœur. Laurence ne comprit ce mouvement qu'à moitié, et appuya sa main plus fortement, en signe de profonde sympathie, sur l'épaule de la pauvre enfant. Alors Pauline, dévorant ses larmes et faisant un nouvel effort : — J'étais, dit-elle en crispant de nouveau ses traits pour sourire, en train de reprocher à *votre ami* l'abandon où il vous laisse. — L'œil scrutateur de Laurence se porta sur Montgenays. Il prit ce regard d'une sévère équité pour un élan de colère féminine, et se rapprochant d'elle : — Vous en plaignez-vous, madame? dit-il avec une expression qui fit tressaillir Pauline. — Oui, je m'en plains, répondit Laurence d'un ton plus sévère encore que son regard. — Eh bien! cela me console de ce que j'ai souffert loin de vous, dit Montgenays en lui baisant la main. Laurence sentit frissonner Pauline. — Vous avez souffert? dit madame S..., qui voulait pénétrer dans l'âme de Montgenays; ce n'est pas ce que vous disiez tout à l'heure. Vous nous parliez de *folies de jeune homme* qui vous auraient un peu étourdi sur les chagrins de l'absence. — Je me prêtais à la plaisanterie que vous m'adressiez, répondit Montgenays. Laurence ne s'y fût pas trompée. Elle sait bien qu'il n'est plus de folies, plus de légèretés de cœur possibles à l'homme qu'elle honore de son estime. En parlant ainsi, son œil brillait d'un feu qui donnait à ses paroles un sens fort opposé à celui d'une paisible amitié. Pauline épiait tous ses mouvements ; elle vit ce regard, et elle en fut atteinte jusqu'au cœur. Elle pâlit et repoussa la main de Laurence par un mouvement brusque et hautain. Laurence eut un moment de surprise. Elle interrogea des yeux sa mère, qui lui répondit par un signe d'intelligence. Au bout d'un instant, elles sortirent sous un léger prétexte, et, enlaçant leurs bras l'une à l'autre, elles firent quelques tours de promenade sur la terrasse du jardin. Laurence commençait enfin à pénétrer le mystère d'iniquité dont s'enveloppait le lâche amant de Pauline. — Ce que je crois deviner, dit-elle à sa mère avec agitation, me bouleverse. J'en suis indignée, je n'ose y croire encore. — Il y a long-temps que j'en ai la conviction, répondit madame S.... Il joue une odieuse comédie ; mais ses prétentions s'élèvent jusqu'à toi, et Pauline est sacrifiée à ses orgueilleux projets. — Eh bien ! répondit Laurence, je détromperai Pauline. Pour cela, il me faut une certitude ; je le laisserai s'avancer, et je le dévoilerai quand il se sera pris au piége. Puisqu'il veut engager avec moi une intrigue de théâtre si vulgaire et si connue, je le combattrai par les mêmes moyens, et nous verrons lequel de nous deux sait le mieux jouer la comédie. Je n'aurais jamais cru qu'il voulût se mettre en concurrence avec moi, lui dont ce n'est pas la profession.

— Prends garde, dit madame S..., tu t'en feras un ennemi mortel, et un ennemi littéraire, qui plus est.

— Puisqu'il faut toujours avoir des ennemis dans le journalisme, reprit Laurence, que m'importe un de plus? Mon devoir est de préserver Pauline, et, pour qu'elle ne souffre pas de l'idée d'une trahison de ma part, je vais, avant tout, l'avertir de mes desseins.

— Ce sera le moyen de les faire avorter, répondit madame S... Pauline est plus engagée avec lui que tu ne penses. Elle souffre, elle aime, elle est folle. Elle ne veut pas que tu la détrompes. Elle te haïra quand tu l'auras fait.

— Eh bien! qu'elle me haïsse s'il le faut, dit Laurence en laissant échapper quelques larmes; j'aime mieux supporter cette douleur que de la voir devenir victime d'une infamie.

— En ce cas, attends-toi à tout; mais, si tu veux réussir, ne l'avertis pas. Elle préviendrait Montgenays, et tu te compromettrais avec lui en pure perte.

Laurence écouta les conseils de sa mère. Lorsqu'elle rentra au salon, Pauline et Montgenays avaient échangé aussi quelques mots qui avaient rassuré la malheureuse dupe. Pauline était rayonnante; elle embrassa son amie d'un air où perçaient la haine et l'ironie du triomphe. Laurence renferma le chagrin mortel qu'elle en ressentit, et comprit tout à fait le jeu que jouait Montgenays.

Ne voulant pas s'abaisser à donner une espérance positive à ce misérable, elle imita son air et ses manières, et s'enferma dans un système de bizarreries mystérieuses. Elle joua tantôt la mélancolie inquiète d'un amour méconnu, tantôt la gaieté forcée d'une résolution courageuse. Puis elle semblait retomber dans de profonds découragements. Incapable d'échanger avec Montgenays un regard provocant, elle prenait le temps où elle était observée par lui, et où Pauline avait le dos tourné, pour la suivre des yeux avec l'impatience d'une feinte jalousie. Enfin, elle fit si bien le personnage d'une femme au désespoir, mais fière jusqu'à préférer la mort à l'humiliation d'un refus, que Montgenays transporté oublia son rôle, et ne songea plus qu'à deviner celui qu'elle avait pris. Sa vanité l'interprétait suivant ses désirs ; mais il n'osait encore se risquer, car Laurence ne pouvait se décider à provoquer clairement une déclaration de sa part. Excellente artiste qu'elle était, il lui était impossible de représenter parfaitement un personnage sans vraisemblance, et elle disait un jour à Lavallée que, malgré elle, sa mère avait mis dans la confidence (il avait d'ailleurs tout deviné de lui-même) :— J'ai beau faire, je suis mauvaise dans ce rôle. C'est comme quand je joue une mauvaise pièce, je ne puis me mettre dans la situation. Il te souvient que, quand nous étions en scène avec ce pauvre Mélidor, qui disait si tranquillement les choses du monde les plus passionnées, nous évitions de nous regarder pour ne pas rire. Eh bien ! avec ce Montgenays, c'est absolument de même ; quand tu es là et que mes yeux rencontrent les tiens, je suis au moment d'éclater ; alors, pour me conserver un air triste, il faut que je pense au malheur de Pauline, et ceci me remet en scène naturellement ; mais à mes dépens, car mon cœur saigne. Ah ! je ne savais pas que la comédie fût plus fatigante à jouer dans le monde que sur les planches !

— Il faudra que je t'aide, répondit Lavallée ; car je

vois bien que seule tu ne viendras jamais à bout de faire tomber son masque. Repose-toi sur moi du soin de le forcer dans ses derniers retranchements sans te compromettre sérieusement.

Un soir, Laurence joua Hermione dans la tragédie d'*Andromaque*. Il y avait long-temps que le public attendait sa rentrée dans cette pièce. Soit qu'elle l'eût bien étudiée récemment, soit que la vue d'un auditoire nombreux et brillant l'électrisât plus qu'à l'ordinaire, soit enfin qu'elle eût besoin de jeter dans ce bel ouvrage toute la verve et tout l'art qu'elle employait si désagréablement depuis quinze jours avec Montgenays, elle y fut magnifique, et y eut un succès tel qu'elle n'en avait point encore obtenu au théâtre. Ce n'était pas tant le génie que la réputation de Laurence qui la rendait si désirable à Montgenays. Les jours où elle était fatiguée et où le public se montrait un peu froid pour elle, il s'endormait plus tranquillement dans la pensée qu'il pouvait échouer dans son entreprise; mais, lorsqu'on la rappelait sur la scène et qu'on lui jetait des couronnes, il ne dormait point, et passait la nuit à machiner ses plans de séduction. Ce soir-là, il assistait à la représentation, dans une petite loge sur le théâtre, avec Pauline, madame S... et Lavallée. Il était si agité des applaudissements frénétiques que recueillait la belle tragédienne, qu'il ne songeait pas seulement à la présence de Pauline. Deux ou trois fois il la froissa avec ses coudes (on sait que ces loges sont fort étroites) en battant des mains avec emportement. Il désirait que Laurence le vît, l'entendît par-dessus tout le bruit de la salle; et Pauline s'étant plainte avec aigreur de ce que son empressement à applaudir l'empêchait d'entendre les derniers mots de chaque réplique, il lui dit brutalement : — Qu'avez-vous besoin d'entendre? Est-ce que vous comprenez cela, vous?

Il y avait des moments où, malgré ses habitudes de diplomatie, Montgenays ne pouvait réprimer un dédain grossier pour cette malheureuse fille. Il ne l'aimait point, quelles que fussent sa beauté et les qualités réelles de son caractère; et il s'indignait en lui-même de l'aplomb crédule de cette petite bourgeoise, qui croyait effacer à ses yeux l'éclat de la grande actrice; et lui aussi était fatigué, dégoûté de son rôle. Quelque méchant qu'on soit, on ne réussit guère à faire le mal avec plaisir. Si ce n'est le remords, c'est la honte qui paralyse souvent les ressources de la perversité.

Pauline se sentit défaillir. Elle garda le silence; puis, au bout d'un instant, elle se plaignit de ne pouvoir supporter la chaleur; elle se leva et sortit. La bonne madame S..., qui la plaignait sincèrement, la suivit et la conduisit dans la loge de Laurence, où Pauline tomba sur le sofa et perdit connaissance. Tandis que madame S... et la femme de chambre de Laurence la délaçaient et tâchaient de la ranimer, Montgenays, incapable de songer au mal qu'il lui avait fait, continuait à admirer et à applaudir la tragédienne. Lorsque l'acte fut fini, Lavallée s'empara de lui, et, se composant le visage le plus sincère que jamais l'artifice du comédien ait porté sur la scène : — Savez-vous, lui dit-il, que jamais notre Laurence n'a été plus étonnante qu'aujourd'hui? Son regard, sa voix, ont pris un éclat que je ne leur connaissais pas. Cela m'inquiète!

— Comment donc? reprit Montgenays. Craindriez-vous que ce ne fût l'effet de la fièvre?

— Sans aucun doute; ceci est une vigueur fébrile, reprit Lavallée. Je m'y connais; je sais qu'une femme délicate et souffrante comme elle l'est n'arrive point à de tels effets sans une excitation funeste. Je gagerais que Laurence est en défaillance durant tout l'entr'acte. C'est ainsi que cela se passe chez ces femmes dont la passion fait toute la force.

— Allons la voir ! dit Montgenays en se levant.

— Non pas, répondit Lavallée en le faisant rasseoir avec une solennité dont il riait en lui-même. Ceci ne serait guère propre à calmer ses esprits.

— Que voulez vous dire? s'écria Montgenays.

— Je ne veux rien dire, répondit le comédien de l'air d'un homme qui craint de s'être trahi.

Ce jeu dura pendant tout l'entr'acte. Montgenays ne manquait pas de méfiance, mais il manquait de pénétration. Il avait trop de fatuité pour voir qu'on le raillait. D'ailleurs, il avait affaire à trop forte partie, et Lavallée se disait en lui-même : — Oui-dà ! tu veux te frotter à un comédien qui pendant cinquante ans a fait rire et pleurer le public sans seulement sortir ses mains de ses poches ! tu verras !

A la fin de la soirée, Montgenays avait la tête perdue. Lavallée, sans lui dire une seule fois qu'il était aimé, lui avait fait entendre de mille manières qu'il l'était passionnément. Aussitôt que Montgenays s'y laissait prendre ouvertement, il feignait de vouloir le détromper, mais avec une gaucherie si adroite que le mystifié s'enferrait de plus en plus. Enfin, durant le cinquième acte, Lavallée alla trouver madame S... — Emmenez coucher Pauline, lui dit-il ; faites-vous accompagner de la femme de chambre, et ne la renvoyez à votre fille qu'un quart d'heure après la fin du spectacle. Il faut que Montgenays ait un tête-à-tête avec Laurence dans sa loge. Le moment est venu ; il est à nous : je serai là, caché derrière la psyché ; je ne quitterai pas votre fille d'un instant. Allez, et fiez-vous à moi.

Les choses se passèrent comme il l'avait prévu, et le hasard les seconda encore. Laurence, rentrant dans sa loge, appuyée sur le bras de Montgenays, et n'y trouvant personne (Lavallée était déjà caché derrière le rideau qui couvrait les costumes accrochés à la muraille, et la glace le masquait en outre), demanda où était sa mère et son amie. Un garçon de théâtre qui passait dans le couloir, et à qui elle adressa cette question, lui répondit (et cela était malheureusement vrai) qu'on avait été forcé d'emporter mademoiselle D... qui avait des convulsions. Laurence ne savait pas la scène que lui ménageait Lavallée ; d'ailleurs elle l'eût oubliée en apprenant cette triste nouvelle. Son cœur se serra, et, l'idée des souffrances de son amie se joignant à la fatigue et aux émotions de la soirée, elle tomba sur son siége et fondit en larmes. C'est alors que l'impertinent Montgenays, se croyant le maître et le tourment de ces deux femmes, perdit toute prudence, et risqua la déclaration la plus désordonnée et la plus froidement délirante qu'il eût faite de sa vie. C'était Laurence qu'il avait toujours aimée, disait-il ; c'était elle seule qui pouvait l'empêcher de se tuer ou de faire quelque chose de pire, un suicide moral, un mariage de dépit. Il avait tout tenté pour se guérir d'une passion qu'il ne croyait pas partagée : il s'était jeté dans le monde, dans les arts, dans la critique, dans la solitude, dans un nouvel amour ; mais rien n'avait réussi. Pauline était assez belle pour mériter son admiration ; mais, pour sentir autre chose pour elle qu'une froide estime, il eût fallu ne pas voir sans cesse Laurence à côté d'elle. Il *savait* bien qu'il était dédaigné, et dans son désespoir, ne voulant pas faire le malheur de Pauline en la trompant davantage, il allait s'éloigner pour jamais!... En annonçant cette humble résolution, il s'enhardit jusqu'à saisir une main de Laurence, qui la lui arracha avec horreur. Un instant elle fut transportée d'une telle indignation qu'elle allait le confondre; mais Lavallée, qui voulait qu'elle eût des preuves, s'était glissé jusqu'à la porte, qu'il avait à dessein recouverte d'un pan de rideau jeté là comme par hasard. Il feignit d'arriver, frappa, toussa et entra brusquement. D'un coup d'œil il contint la juste colère de l'actrice, et, tandis que Montgenays le donnait au diable, il parvint à l'emmener, sans lui laisser le temps de savoir l'effet qu'il avait produit. La femme de chambre arriva, et, tandis qu'elle rhabillait sa maîtresse, Lavallée se glissa auprès d'elle et en deux mots l'informa de ce qui s'était passé. Il lui dit de faire la malade et de ne point recevoir Montgenays le lendemain; puis il retourna auprès de celui-ci et le reconduisit chez lui, où il s'installa jusqu'au matin, lui montant toujours la tête, et s'amusant tout seul, avec un sérieux vraiment comique, de tous les romans qu'il lui suggérait. Il ne sortit de chez lui qu'après lui avoir persuadé d'écrire à Laurence; et, à midi, il y retourna et voulut lire cette lettre que Montgenays, en proie à une insomnie délirante, avait déjà faite et refaite cent fois. Le comédien feignit de la trouver trop timide, trop peu explicite.

— Soyez sûr, lui dit-il, que Laurence doutera de vous encore long-temps; votre fantaisie pour Pauline a dû lui inspirer une inquiétude que vous aurez de la peine à détruire. Vous savez l'orgueil des femmes; il faut sacrifier la provinciale, et vous exprimer clairement sur le peu de cas que vous en faites. Vous pouvez arranger cela sans manquer à la galanterie. Dites que Pauline est un ange peut-être, mais qu'une femme comme Laurence est plus qu'un ange; dites ce que vous savez si bien écrire dans vos nouvelles et dans vos saynètes. Allez, et surtout ne perdez pas de temps; on ne sait pas ce qui peut se passer entre ces deux femmes. Laurence est romanesque, elle a les instincts sublimes d'une reine de tragédie. Un mouvement généreux, un reste de crainte, peuvent la porter à s'immoler à sa rivale... Rassurez-la pleinement, et si elle vous aime, comme je le crois, comme j'en ai la ferme conviction, bien qu'on n'ait jamais voulu me l'avouer, je vous réponds que la joie du triomphe fera taire tous les scrupules.

Montgenays hésita, écrivit, déchira la lettre, la recommença... Lavallée la porta à Laurence.

VII.

Huit jours se passèrent sans que Montgenays pût être reçu chez Laurence et sans qu'il osât demander compte à Lavallée de ce silence et de cette consigne, tant il était honteux de l'idée d'avoir fait une école, et tant il craignait d'en acquérir la certitude.

Pendant qu'elles étaient ainsi enfermées, Pauline et Laurence étaient en proie aux orages intérieurs. Laurence avait tout fait pour amener son amie à un épanchement de cœur qu'il lui avait été impossible d'obtenir. Plus elle cherchait à la dégoûter de Montgenays, plus elle irritait sa souffrance sans hâter la crise favorable dont elle espérait son salut. Pauline s'offensait des efforts qu'on faisait pour lui arracher le secret de son âme. Elle avait vu les ruses de Laurence pour forcer Montgenays à se trahir, et les avait interprétées comme Montgenays lui-même. Elle en voulait donc mortellement à son amie d'avoir essayé et réussi à lui enlever l'amour d'un homme que, jusqu'à ces derniers temps, elle avait cru sincère. Elle attribuait cette conduite de Laurence à une odieuse fantaisie suggérée par l'ambition de voir tous les hommes à ses pieds. Elle a eu besoin, se disait-elle, d'y attirer même celui qui lui était le plus indifférent, dès qu'elle l'a vu s'adresser à moi. Je lui suis devenue un objet de mépris et d'aversion dès qu'elle a pu supposer que j'étais remarquée, fût-ce par un seul homme, à côté d'elle. De là son indiscrète curiosité et son espionnage pour deviner ce qui se passait entre lui et moi; de là tous les efforts qu'elle fait maintenant pour l'empêcher de me voir; de là enfin l'odieux succès qu'elle a obtenu à force de coquetteries, et le lâche triomphe qu'elle remporte sur moi en bouleversant un homme faible que sa gloire éblouit et que ma tristesse ennuie.

Pauline ne voulait pas accuser Montgenays d'un plus grand crime que celui d'un entraînement involontaire. Trop fière pour persévérer dans un amour mal récompensé, elle ne souffrait déjà plus que de l'humiliation d'être délaissée; mais cette douleur était la plus grande qu'elle pût ressentir. Elle n'était pas douée d'une âme tendre, et la colère faisait plus de ravages en elle que le regret. Elle avait d'assez nobles instincts pour agir et penser noblement au sein même des erreurs où l'entraînait l'orgueil blessé. Ainsi elle croyait Laurence odieuse à son égard; et dans cette pensée, qui par elle-même était une déplorable ingratitude, elle n'avait pourtant ni le sentiment ni la volonté d'être ingrate.

Elle se consolait en s'élevant dans son esprit au-dessus de sa rivale et en se promettant de lui laisser le champ libre, sans bassesse et sans ressentiment. Qu'elle soit satisfaite! se disait-elle, qu'elle triomphe, je le veux bien. Je me résigne à lui servir de trophée, pourvu qu'elle soit forcée un jour de me rendre justice, d'admirer ma grandeur d'âme, d'apprécier mon inaltérable dévouement, et de rougir de ses perfidies! Montgenays ouvrira les yeux aussi, et saura quelle femme il a sacrifiée à l'éclat d'un nom. Il s'en repentira, et il sera trop tard; je serai vengée par l'éclat de ma vertu!

Il est des âmes qui ne manquent pas d'élévation, mais de bonté. On aurait tort de confondre dans le même arrêt celles qui font le mal par besoin et celles qui le font malgré elles, croyant ne pas s'écarter de la justice. Ces dernières sont les plus malheureuses: elles vont toujours cherchant un idéal qu'elles ne peuvent trouver; car il n'existe pas sur la terre, et elles n'ont point en elles ce fonds de tendresse et d'amour qui fait accepter l'imperfection de l'être humain. On peut dire de ces personnes qu'elles sont affectueuses et bonnes seulement quand elles rêvent.

Pauline avait un sens très-droit et un véritable amour de la justice; mais entre la théorie et la pratique il y avait comme un voile qui couvrait son discernement : c'était cet amour-propre immense, que rien n'avait jamais contenu, que tout, au contraire, avait contribué à développer. Sa beauté, son esprit, sa belle conduite envers sa mère, la pureté de ses mœurs et de ses pensées, étaient sans cesse là devant elle comme des trésors lentement amassés dont on devait sans cesse lui rappeler la valeur pour l'empêcher d'envier ceux d'autrui; car elle voulait être quelque chose, et plus elle affectait de se rejeter dans la condition du vulgaire, plus elle se révoltait contre l'idée d'y être rangée. Il eût été heureux pour elle qu'elle pût descendre en elle-même avec la clairvoyance qui donne une profonde sagesse ou une généreuse simplicité de cœur; elle y eût découvert que ses vertus bourgeoises avaient bien eu quelque tache, que son christianisme n'avait pas toujours été fort chrétien, que sa tolérance passée envers Laurence n'avait jamais été aussi complète, aussi cordiale qu'elle se l'était imaginé; elle y eût vu surtout un besoin tout personnel qui la poussait à vivre autrement qu'elle n'avait vécu, à se développer, à se manifester. C'était un besoin légitime et qui fait partie des droits sacrés de l'être humain; mais il n'y avait pas lieu de s'en faire une vertu, et c'est toujours un grand tort de se donner le change pour se grandir à ses propres yeux. De là à la vanité d'abuser les autres sur son propre mérite il n'y a qu'un pas, et, ce pas, Pauline l'avait fait. Il lui était impossible de revenir en arrière et de consentir à n'être plus qu'une simple mortelle, après s'être laissé diviniser.

Ne voulant pas donner à Laurence la joie de l'avoir humiliée, elle affecta la plus grande indifférence et endura sa douleur avec stoïcisme. Cette tranquillité, dont Laurence ne pouvait être dupe, car elle la voyait dépérir, l'effrayait et la désespérait. Elle ne voulait pas se résoudre à lui porter le dernier coup en lui prouvant la honteuse infidélité de Montgenays; elle aimait mieux endurer l'accusation tacite de l'avoir séduit et enlevé. Elle n'avait pas voulu recevoir la lettre de Montgenays. Lavallée lui en avait dit le contenu, et elle l'avait prié de la garder chez lui toute cachetée pour s'en servir auprès de Pauline au besoin ; mais combien elle eût voulu que cette lettre fût adressée à une autre femme! Elle savait bien que Pauline haïssait la cause plus que l'auteur de son infortune.

Un jour, Lavallée, en sortant de chez Laurence, rencontra Montgenays, qui, pour la dixième fois, venait de se faire refuser la porte. Il était outré, et, perdant toute mesure, il accabla le vieux comédien de reproches et de menaces. Celui-ci se contenta d'abord de hausser les épaules ; mais, quand il entendit Montgenays étendre ses accusations jusqu'à Laurence, et, se plaignant d'avoir été joué, éclater en menaces de vengeance, Lavallée, homme de droiture et de bonté, ne put contenir son indignation. Il le traita comme un misérable, et termina en lui disant : — Je regrette en cet instant plus que jamais d'être vieux ; il semble que les cheveux blancs soient un prétexte pour empêcher qu'on se batte, et vous croiriez que j'abuse du privilége pour vous outrager sans conséquence ; mais j'avoue que, si j'avais vingt ans de moins, je vous donnerais des soufflets.

— La menace suffit pour être une lâcheté, répondit Montgenays pâle de fureur, et je vous renvoie l'outrage. Si j'avais vingt ans de plus, en fait de soufflets j'aurais l'initiative.

— Eh bien ! s'écria Lavallée, prenez garde de me pousser à bout ; car je pourrais bien me mettre au-dessus de tout remords comme de toute honte en vous faisant un outrage public, si vous vous permettiez la moindre méchanceté contre une personne dont l'honneur m'est beaucoup plus cher que le mien.

Montgenays, rentré chez lui et revenu de sa colère, pensa avec raison que toute vengeance qui aurait du retentissement tournerait contre lui ; et, après avoir bien cherché, il en inventa une plus odieuse que toutes les autres : ce fut de renouer à tout prix son intrigue avec Pauline, afin de la détacher de Laurence. Il ne voulut pas être humilié par deux défaites à la fois. Il pensa bien qu'après le premier orage ces deux femmes feraient cause commune pour le railler ou le mépriser. Il aima mieux se faire haïr et perdre l'une, afin d'effrayer et d'affliger l'autre.

Dans cette pensée, il écrivit à Pauline, lui jura un éternel amour, et protesta contre les trames ignobles que, selon lui, Lavallée et Laurence auraient ourdies contre eux. Il demandait une explication, promettant de ne jamais reparaître devant Pauline si elle ne le trouvait complétement justifié après cette entrevue. Il la fallait secrète, car Laurence voulait les séparer. Pauline alla au rendez-vous ; son orgueil et son amour avaient également besoin de consolation.

Lavallée, qui observait tout ce qui se passait dans la maison, surprit le message de Montgenays. Il le laissa passer, résolu à ne pas abandonner Pauline à son mauvais dessein, et dès cet instant il ne la perdit pas de vue ; il la suivit comme elle sortait le soir, seule, à pied, pour la première fois de sa vie, et si tremblante qu'à chaque pas elle se sentait défaillir. Au détour de la première rue, il se présenta devant elle et lui offrit son bras. Pauline se crut insultée par un inconnu, elle fit un cri et voulut fuir. — Ne crains rien, ma pauvre enfant, lui dit Lavallée d'un ton paternel ; mais vois à quoi tu t'exposes d'aller ainsi seule la nuit. Allons, ajouta-t-il en passant le bras de Pauline sous le sien, tu veux faire une folie ! au moins fais-la convenablement. Je te conduirai, moi ; je sais où tu vas, je ne te perdrai pas de vue. Je n'entendrai rien, vous causerez, je me tiendrai à distance, et je te ramènerai. Seulement rappelle-toi que, si Montgenays se doute le moins du monde que je suis-là, ou si tu essaies de sortir de la portée de ma vue, je tombe sur lui à coups de canne.

Pauline n'essaya pas de nier. Elle était foudroyée de l'assurance de Lavallée; et, ne sachant comment s'expliquer sa conduite, préférant d'ailleurs toutes les humiliations à celle d'être trahie par son amant, elle se laissa conduire machinalement et à demi égarée jusqu'au parc de Monceaux, où Montgenays l'attendait dans une allée. Le comédien se cacha parmi les arbres, et les suivit de l'œil, tandis que Pauline, docile à ses avertissements, se promena avec Montgenays sans se laisser perdre de vue, et sans vouloir lui expliquer l'obstination qu'elle mettait à ne pas aller plus loin. Il attribua cette persistance à une pruderie bourgeoise qu'il trouva fort ridicule, car il n'était pas assez sot pour débuter par de l'audace. Il se composa un maintien grave, une voix profonde, des discours pleins de sentiment et de respect. Il s'aperçut bientôt que Pauline ne connaissait ni la malheureuse déclaration ni la fâcheuse lettre; et, dès cet instant, il eut beau jeu pour prévenir les desseins de Laurence. Il feignit d'être en proie à un repentir profond et d'avoir pris des résolutions sérieuses; il arrangea un nouveau roman, se confessa d'un ancien amour pour Laurence, qu'il n'avait jamais osé avouer à Pauline, et qui de temps en temps s'était réveillé malgré lui, même lorsqu'il était aux genoux de cette aimable fille, si pure, si douce, si humble, si supérieure à l'orgueilleuse actrice. Il avait cédé à des séductions terribles, à des avances délirantes; et, dernièrement encore, il avait été assez fou, assez ennemi de sa propre dignité, de son propre bonheur, pour adresser à Laurence une lettre qu'il désavouait, qu'il détestait, et dont cependant il devait la révélation textuelle à Pauline. Il lui répéta cette lettre mot à mot, insista sur ce qu'elle avait de plus coupable, de moins pardonnable, disait-il, ne voulant pas de grâce, se soumettant à sa haine, à son oubli, mais ne voulant pas mériter son mépris. — Jamais Laurence ne vous montrera cette lettre, lui dit-il; elle a trop provoqué mon retour vers elle pour vous fournir cette preuve de sa coquetterie; je n'avais donc rien à craindre de ce côté; mais je n'ai pas voulu vous perdre sans vous faire savoir que j'accepte mon arrêt avec soumission, avec repentir, avec désespoir. Je veux que vous sachiez bien que je me rétracte, et voici une nouvelle lettre que je vous prie de faire tenir à Laurence. Vous verrez comme je la juge, comme je la traite, comme je la méprise, elle! cette femme orgueilleuse et froide qui ne m'a jamais aimé et qui voulait être adorée éternellement. Elle a fait le malheur de ma vie, non pas seulement parce qu'elle a déjoué toutes les espérances qu'elle m'avait données, mais encore parce qu'elle m'a empêché de m'attacher à vous comme je le devais, comme je le pouvais, comme je le pourrais encore, si vous pouviez me pardonner ma lâcheté, mon crime et ma folie. Partagé entre deux amours, l'un orageux, dévorant, funeste, l'autre pur, céleste, vivifiant, j'ai trahi celui qui eût relevé mon âme pour celui qui la tue. Je suis un misérable, mais non un scélérat. Ne voyez en moi qu'un homme affaibli et vaincu par les longues souffrances d'une passion déplorable; mais sachez bien que je ne survivrai pas à mes remords : votre pardon eût seul été capable de me sauver. Je ne puis l'implorer, car je sais que je ne le mérite pas. Vous me voyez tranquille, parce que je sais que je ne souffrirai pas long-temps. Ne craignez pas de m'accorder au moins quelque pitié ; vous entendrez dire bientôt que je vous ai fait justice. Vous avez été outragée, il vous faut un vengeur. Le coupable, c'est moi ; le vengeur, ce sera moi encore.

Pendant deux heures entières, Montgenays tint de tels discours à Pauline. Elle fondait en larmes ; elle lui pardonna, elle lui jura d'oublier tout, le supplia de ne pas se tuer, lui défendit de s'éloigner, et lui promit de le revoir, fallût-il se brouiller avec Laurence : Montgenays n'en espérait pas tant et n'en demandait pas davantage.

Lavallée la ramena. Elle ne lui adressa pas une parole durant tout le chemin. Sa tranquillité n'étonna point le vieux comédien ; il pensa bien que Montgenays n'avait pas manqué de belles paroles et de robustes mensonges pour la calmer. Il pensa qu'elle était perdue s'il n'employait les grands moyens. Avant de la quitter, à la porte de Laurence, il glissa dans sa poche la première lettre de Montgenays, qui n'avait pas encore été décachetée.

Laurence fut fort surprise le soir, au moment de se coucher, de voir entrer dans sa chambre, d'un air calme et avec des manières affectueuses, Pauline, qui, depuis huit jours, ne lui avait adressé que des paroles sèches et ironiques. Elle tenait une lettre qu'elle lui remit, en lui disant que c'était Lavallée qui l'en avait chargée. En reconnaissant l'écriture et le cachet de Montgenays, Laurence pensa que Lavallée avait eu quelque bonne raison pour la charger de ce message, et que le moment était venu de porter aux grands maux le grand remède. Elle ouvrit la lettre d'une main tremblante, la parcourant des yeux, hésitant encore à la faire connaître à son amie, tant elle en prévoyait l'effet terrible. Quelle fut sa stupéfaction en lisant ce qui suit :

« Laurence, je vous ai trompée; ce n'est pas vous que j'aime, c'est Pauline; ne m'accusez pas, je me suis trompé moi-même. Tout ce que je vous ai dit, je le pensais en cet instant-là; l'instant d'après, et maintenant, et toujours, je le désavoue. C'est votre amie que j'adore et à qui je voudrais consacrer ma vie, si elle pouvait oublier mes bizarreries et mes incertitudes. Vous avez voulu m'égarer, m'abuser, me faire croire que vous pouviez, que vous vouliez me rendre heureux; vous n'y eussiez pas réussi, car vous n'aimez pas, et moi j'ai besoin d'une affection vraie, profonde, durable. Pardonnez-moi donc ma faiblesse, comme je vous pardonne votre caprice. Vous êtes grande, mais vous êtes femme; je suis sincère, mais je suis homme; au moment de commettre une grande faute, qui eût été de nous tromper mutuellement, nous avons réfléchi et nous nous sommes ravisés tous deux, n'est-ce pas? Mais je suis prêt à mettre aux pieds de votre amie le dévouement de toute ma vie, et vous, vous êtes décidée à me permettre de lui faire ma cour assidûment, si elle-même ne me repousse pas. Croyez qu'en vous conduisant avec franchise et avec noblesse vous aurez en moi un ami fidèle et sûr. »

Laurence resta confondue; elle ne pouvait comprendre une telle impudence. Elle mit la lettre dans son bureau sans témoigner rien de sa surprise. Mais Pauline croyait lire au dedans de son âme, et s'indignait des mauvaises intentions qu'elle lui supposait. Il y avait une lettre outrageante contre moi, se disait-elle en se retirant dans sa chambre, et on me l'a remise; en voici une qu'on suppose devoir me consoler, et on ne me la remet pas. Elle s'endormit pleine de mépris pour son amie, et, dans la joie dont son âme était inondée, le plaisir de se savoir enfin si supérieure à Laurence empêchait l'amitié trahie de placer un regret. L'infortunée triomphait lorsqu'elle-même venait de coopérer avec une sorte de malice à sa propre ruine.

Le lendemain, Laurence commenta longuement cette lettre avec Lavallée. Le hasard ou l'habitude avait fait qu'elle était absolument conforme, pour le pli et le cachet, à celle que Montgenays avait écrite sous les yeux de Lavallée. On demanda à Pauline si elle n'avait pas eu deux lettres semblables dans sa poche lorsqu'elle avait remis celle-ci à Laurence. Triomphant en elle-même de leur désappointement, elle joua l'étonnement, prétendit ne rien comprendre à cette question, ne pas savoir de qui était la lettre, ni comment, ni pourquoi on l'avait glissée dans sa poche. L'autre lettre était déjà retournée entre les mains de Montgenays. Dans sa joie insensée, Pauline, voulant lui donner un grand et romanesque témoignage de confiance et de pardon, la lui avait envoyée sans l'ouvrir.

Laurence voulait encore croire à une sorte de loyauté de la part de Montgenays. Lavallée ne pouvait s'y tromper. Il lui raconta le rendez-vous où il avait conduit Pauline, et se le reprocha. Il avait compté qu'au sortir d'une entrevue où Montgenays aurait menti impudemment, l'effet de la lettre sur Pauline serait décisif. Il ne pouvait s'expliquer encore comment Pauline avait si merveilleusement aidé sa perversité à triompher de tous les obstacles. Laurence ne voulait pas croire qu'elle aussi s'entendît à l'intrigue et y prît une part si funeste à sa dignité.

Que pouvait faire Laurence? Elle tenta un dernier

effort pour dessiller les yeux de son amie. Celle-ci éclatant enfin, et refusant de croire à d'autres éclaircissements que ceux que Montgenays lui avait donnés, lui déchira le cœur par l'amertume de ses reproches et le dédain triomphant de son illusion. Laurence fut forcée de lui adresser quelques avertissements sévères qui achevèrent de l'exaspérer; et comme Pauline lui déclarait qu'elle était indépendante, majeure, maîtresse de ses actions, et nullement disposée à se laisser enchaîner par les volontés arbitraires d'une personne qui l'avait indignement trompée, elle fut forcée de lui dire qu'elle ne pouvait donner les mains à sa perte, et qu'elle ne se pardonnerait jamais de tolérer dans sa maison, dans le sein de sa famille, les entreprises d'un corrupteur et d'un lâche. — Je réponds de toi devant Dieu et devant les hommes, lui dit-elle; si tu veux te jeter dans un abîme, je ne veux pas, moi, t'y pousser. — C'est pourquoi votre dévouement a été si loin, répondit Pauline, que de vouloir vous y jeter vous-même à ma place.

Outrée de cette injustice et de cette ingratitude, Laurence se leva, jeta un regard terrible sur Pauline, et, craignant de laisser déborder le torrent de sa colère, elle lui montra la porte avec un geste et une expression de visage dont elle fut terrifiée. Jamais la tragédienne n'avait été plus belle, même lorsqu'elle disait dans *Bajazet* son impérieux et magnifique : *Sortez!*

Lorsqu'elle fut seule, elle se promena dans sa chambre comme une lionne dans sa cage, brisant ses vases étrusques, ses statuettes, froissant ses vêtements et arrachant presque ses beaux cheveux noirs. Tout ce qu'elle avait de grandeur, de sincérité, de véritable tendresse dans l'âme, venait d'être méconnu et avili par celle qu'elle avait tant aimée, et pour qui elle eût donné sa vie ! Il est des colères saintes où Jehovah est en nous, et où la terre tremblerait, si elle sentait ce qui se passe dans un grand cœur outragé. La petite sœur de Laurence entra, crut qu'elle étudiait un rôle, la regarda quelques instants sans rien dire, sans oser remuer; puis, s'effrayant de la voir si pâle et si terrible, elle alla dire à madame S... : — Maman, va donc voir Laurence; elle se rendra malade à force de travailler. Elle m'a fait peur.

Madame S... courut auprès de sa fille. Dès que Laurence la vit, elle se jeta dans ses bras et fondit en larmes. Au bout d'une heure, ayant réussi à s'apaiser, elle pria sa mère d'aller chercher Pauline. Elle voulait lui demander pardon de sa violence, afin d'avoir occasion de lui pardonner elle-même. On chercha Pauline dans toute la maison, dans le jardin, dans la rue... On revint dans sa chambre avec effroi. Laurence examinait tout, elle cherchait les traces d'une évasion; elle frémissait d'y trouver celles d'un suicide. Elle était dans un état impossible à rendre, lorsque Lavallée entra et lui dit qu'il venait de rencontrer Pauline dans un fiacre se dirigeant vers les boulevards. On attendit son retour avec anxiété : elle ne rentra pas pour dîner. Personne ne put manger; la famille était consternée, on craignait de faire un outrage à Pauline en la supposant en fuite. Enfin, Lavallée allait s'informer d'elle chez Montgenays, au risque d'une scène orageuse, lorsque Laurence reçut une lettre ainsi conçue :

« Vous m'avez chassée, je vous en remercie. Il y avait long-temps que le séjour de votre maison m'était odieux; j'avais senti, dès le premier jour, qu'il me serait funeste. Il s'y était passé trop de scandales et d'orages pour qu'une âme paisible et honnête n'y fût pas flétrie ou brisée. Vous m'avez assez avilie ! vous avez fait de moi votre servante, votre dupe et votre victime ! Je n'oublierai jamais le jour où, dans votre loge au théâtre, trouvant que je ne vous habillais pas assez vite, vous m'avez arraché des mains votre diadème de reine, en disant : « Je me couronnerai bien sans toi et malgré toi ! » Vous vous êtes couronnée en effet ! Mes larmes, mon humiliation, ma honte, mon déshonneur (car vous m'avez déshonorée dans votre famille et parmi vos amis), ont été les glorieux fleurons de votre couronne ; mais c'est une royauté de théâtre, une majesté fardée, qui n'en impose qu'à vous-même et au public qui vous paye. Maintenant, adieu ; je vous quitte pour jamais, dévorée de la honte d'avoir vécu de vos bienfaits ; je les ai payés cher. »

Laurence n'acheva pas cette lettre ; elle continuait sur ce ton pendant quatre pages : Pauline y avait versé le fiel amassé lentement durant quatre ans de rivalité et de jalousie. Laurence la froissa dans ses mains et la jeta au feu sans vouloir en lire davantage. Elle se mit au lit avec la fièvre, et y resta huit jours accablée, brisée jusque dans ses entrailles, qui avaient été pour Pauline celles d'une mère et d'une sœur.

Pauline s'était retirée dans une mansarde où elle vécut cachée et vivant misérablement du fruit de son travail durant quelques mois. Montgenays n'avait pas été long à la découvrir ; il la voyait tous les jours, mais il ne put vaincre aisément son stoïcisme. Elle voulait supporter toutes les privations plutôt que de lui devoir un secours. Elle repoussa avec horreur les dons que Laurence faisait glisser dans sa mansarde avec les détours les plus ingénieux. Tout fut inutile. Pauline, qui refusait les offres de Montgenays avec calme et dignité, devinait celles de Laurence avec l'instinct de la haine, et les lui renvoyait avec l'héroïsme de l'orgueil. Elle ne voulut point la voir, quoique Laurence fît mille tentatives ; elle lui renvoyait ses lettres toutes cachetées. Son ressentiment fut inébranlable, et la généreuse sollicitude de Laurence ne fit que lui donner de nouvelles forces.

Comme elle n'aimait pas réellement Montgenays, et qu'elle n'avait voulu que triompher de Laurence en se l'attachant, cet homme sans cœur, qui voulait en faire sa maîtresse ou s'en débarrasser, lui mit presque le marché à la main. Elle le chassa. Mais il lui fit croire que Laurence lui avait pardonné, et qu'il allait retourner chez elle. Aussitôt elle le rappela, et c'est ainsi qu'il la tint sous son empire pendant six mois encore. Il s'attachait à elle de son côté par la difficulté de vaincre sa vertu ; mais il en vint à bout par un odieux moyen bien conforme à son système, et malheureusement bien propre à émouvoir Pauline. Il se condamna à lui dire tous les jours et à toute heure que Laurence était devenue vertueuse par calcul, afin de se faire épouser par un homme riche ou puissant. La régularité des mœurs de Laurence, qu'on remarquait depuis plusieurs années, avait été souvent, dans les mauvais mouvements de Pauline, un sujet de dépit. Elle l'eût voulue désordonnée, afin d'avoir une supériorité éclatante sur elle. Mais Montgenays réussit à lui montrer les choses sous un nouveau jour. Il s'attacha à lui démontrer qu'en se refusant à lui, elle s'abaissait au niveau de Laurence, dont la tactique avait été de se faire désirer pour se faire épouser. Il lui fit croire qu'en s'abandonnant à lui avec dévouement et sans arrière-pensée, elle donnerait au monde un grand exemple de passion, de désintéressement et de grandeur d'âme. Il le lui redit si souvent, que la malheureuse fille finit par le croire. Pour faire le contraire de Laurence, qui était l'âme la plus généreuse et la plus passionnée, elle fit les actes de la passion et de la générosité, elle qui était froide et prudente. Elle se perdit.

Quand Montgenays l'eut rendue mère, et que toute cette aventure eut fait beaucoup de bruit, il l'épousa par ostentation. Il avait, comme on sait, la prétention d'être excentrique, moral par principes, quoique, selon lui, il fût roué par excès d'habileté et de puissance sur les femmes. Il fit parler de lui tant qu'il put. Il dit du mal de Laurence, de Pauline et de lui-même; et se laissa accuser et blâmer avec constance, afin d'avoir l'occasion de produire un grand effet en donnant son nom et sa fortune à l'enfant de son amour.

Ce plat roman se termina donc par un mariage, et ce fut là le plus grand malheur de Pauline. Montgenays ne l'aimait déjà plus, si tant est qu'il l'eût jamais aimée. Quand il avait joué la comédie d'un admirable époux devant le monde, il laissait pleurer sa femme derrière le rideau, et allait à ses affaires ou à ses plaisirs sans se souvenir seulement qu'elle existât. Jamais femme plus vaine et plus ambitieuse de gloire ne fut plus délaissée, plus humiliée, plus effacée. Elle revit Laurence, espérant la faire souffrir par le spectacle de son bonheur. Laurence ne s'y trompa point, mais elle lui épargna la douleur de paraître clairvoyante. Elle lui pardonna tout, et oublia tous ses torts, pour n'être touchée que de ses souffrances. Pauline ne put jamais lui pardonner d'avoir été aimée de Montgenays, et fut jalouse d'elle toute sa vie.

Beaucoup de vertus tiennent à des facultés négatives. Il ne faut pas les estimer moins pour cela. La rose ne s'est pas créée elle-même, son parfum n'en est pas moins suave parce qu'il émane d'elle sans qu'elle en ait conscience ; mais il ne faut pas trop s'étonner si la rose se flétrit en un jour, si les grandes vertus domestiques s'altèrent vite sur un théâtre pour lequel elles n'avaient pas été créées.

FIN.

GEORGE DE GUÉRIN [1].

« George-Maurice Guérin du Cayla naquit au château du Cayla, département du Tarn, vers 1810 ou 1811. Sa famille était une des plus anciennes du Languedoc. Il commença ses études à Toulouse, et les acheva au collége Stanislas, à Paris, sortit du collége de 1829 à 1830, passa près d'une année en Bretagne [2], revint à Paris, y développa ses facultés, mais par un travail sans suite, abandonné et repris souvent. Sa vie jusqu'à son mariage, qui eut lieu en 1838, fut très-simple, nullement littéraire dans le sens extérieur que l'on donne à ce mot. Il n'aborda jamais aucun journal, ne publia rien, et partagea son temps entre ses lectures, ses secrètes

---

[1] Nous n'hésitons pas à ranger dans notre série le poëte inconnu, auteur, comme on va le voir, d'une si magnifique ébauche. Il aurait mérité d'y figurer à coup sûr, s'il avait vécu. Il y représentera tant d'autres jeunes et nobles cœurs qui s'éteignent sans avoir brillé.

[2] Chez M. de La Mennais, qui s'occupait alors de l'éducation de plusieurs jeunes gens. George Guérin fut confié à ses soins, et perfectionna chez lui ses études. M. de La Mennais a conservé de cet élève un souvenir affectueux et bienveillant. « C'était, nous a-t-il dit, un jeune homme timide, d'une piété douce et timorée, d'une organisation si frêle qu'on l'eût crue près de se briser à chaque instant, et ne montrant point encore les facultés d'une intelligence remarquable. »

études poétiques, et le monde qu'il aimait beaucoup. Il mourut l'année dernière, au château du Cayla, chez son père, ne laissant que des fragments, et en très-petit nombre. »

Telle est la courte notice biographique qui nous a été transmise sur un beau talent ignoré de lui-même, et révélé seulement à quelques amis, aujourd'hui désireux de rendre hommage à sa mémoire par la publication d'un ou deux fragments de poésie, seul héritage qu'il ait laissé, comme malgré lui, à la postérité. Après avoir lu ces fragments, nous nous sommes engagé à cette publication avec ce sentiment de profonde sympathie que chacun éprouve pour le génie moissonné dans sa fleur, et croyant fermement accomplir un devoir envers le poète comme envers le public. Après la mort à la fois pénible et dramatique d'Hégésippe Moreau, cette notice et ces citations méritent quelque attention. S'il y a une certaine similitude dans ces mélancoliques destinées, dans ces gloires méritées, mais non couronnées, dans ces morts prématurées et obscures, il y a contraste dans la nature du talent, dans le caractère de l'individu, dans les causes du dégoût de la vie (car il y a spleen chez l'un et chez l'autre), il y a surtout matière à des réflexions différentes. Les nôtres seront courtes et respectueuses, car la douleur de George Guérin fut silencieuse et noblement portée jusqu'à la tombe.

Devant tant d'exemples de poésies et de morts *spleeniques* que notre siècle voit éclore et inhumer, le moraliste a un triste devoir à remplir. Le désir inquiet des jouissances matérielles de la vie et le besoin des vulgaires satisfactions de la vanité, devenus des causes d'amertume, de colère et de suicide, ne sauraient être réprimés par de trop sévères arrêts, et la pitié sympathique qu'inspirent de telles catastrophes doit trouver son correctif dans une critique austère et courageuse. L'auteur du poétique drame de *Chatterton* l'a bien senti ; car il a placé auprès du martyr de l'ambition littéraire un quaker rigide dans ses mœurs et tendre dans ses sentiments, qui s'efforce de relever tantôt par la sagesse, tantôt par l'amour, ce cœur amer et brisé. Mais en face d'une douleur muette, comprimée, sans orgueil et sans fiel, au spectacle d'une vie qui se consume faute d'aliments nobles, et qui s'éteint sans lâche blasphème, il y a des enseignements profonds que chacun de nous peut appliquer à soi-même dans l'état social où nous vivons aujourd'hui. Le simple bon sens humain peut alors remonter aux causes et prononcer, entre le poète qui s'en va et la société qui demeure, lequel fut ingrat, oublieux, insensible.

George Guérin ne fut ni ambitieux, ni cupide, ni vain. Ses lettres confidentielles, intimes et sublimes révélations à son ami le plus cher, montrent une résignation portée jusqu'à l'indifférence en tout ce qui touche à la gloire éphémère des lettres. « Il portait dans le monde (c'est ce même ami qui parle) une élégance parfaite, des manières pleines de noblesse et un langage exquis, ne jetait pas d'éclat, n'avait pas de trait, mais quelque chose de doux, de fin et de charmant que je n'ai vu qu'en lui, et dont l'effet était irrésistible. Il aimait extrêmement la conversation ; et quand il rencontrait par hasard des gens qui savaient causer, il s'animait et jouissait de ce qu'ils disaient comme il jouissait de la musique, des parfums et de la lumière. » Il était malade, et sa paresse à produire, sa paresse à vivre, s'il est permis de dire ainsi, sans hâter sa mort, empêchèrent peut-être l'effort intérieur qui pouvait en conjurer l'arrêt. Ce n'est donc pas directement à la société qu'on peut imputer cette fin prématurée, mais c'est bien à elle qu'on doit reprocher hautement et fortement cette langueur profonde, cet abattement douloureux où ses forces se consumèrent, sans qu'aucune révélation de l'idéal qu'il cherchait ardemment vînt à son secours, sans qu'aucun enseignement solide et vivifiant pénétrât de force dans sa solitude intellectuelle. Mais avant de signaler l'horrible insensibilité, ou, pour mieux dire, la déplorable nullité du rôle maternel de cette société à l'égard de ses plus nobles enfants, nous peindrons davantage le caractère de celui-ci, et l'on comprendra dès lors ce qui lui a manqué pour réchauffer dans ses veines l'amour de la vie.

C'était une de ces âmes froissées par la réalité commune, tendrement éprises du beau et du vrai, douloureusement indignées contre leur propre insuffisance à le découvrir, vouées en un mot à ces mystérieuses souffrances dont René, Obermann et Werther offrent sous des faces différentes le résumé poétique. Les quinze lettres de George Guérin que nous avons entre les mains sont une monodie non moins touchante et non moins belle que les plus beaux poèmes psychologiques destinés et livrés à la publicité. Pour nous, elles ont un caractère plus sacré encore, car c'est le secret d'une tristesse naïve, sans draperies, sans spectateurs et sans art ; et il y a là une poésie naturelle, une grandeur instinctive, une élévation de style et d'idées, auxquelles n'arrivent pas les œuvres écrites en vue du public et retouchées sur les épreuves d'imprimerie. Nous en citerons plusieurs fragments, regrettant beaucoup que leur caractère confidentiel ne nous permette pas de les transcrire en entier. On n'y trouverait pas un détail de l'intimité

la plus délicate à révéler qui ne fût senti et présenté avec grandeur et poésie. Ce sont peut-être ces détails que, comme artiste, nous regrettons le plus de passer sous silence. . . . .
. . . .

« Je vous dirais bien des choses, du fond de l'ennui où je suis plongé, *de profundis clamarem ad te ;* mais il faut que je m'interdise ces folies. Elles n'ôtent rien au mal, et l'on prend la ridicule habitude de se plaindre. Nous avons tant de ridicules que nous ne connaissons pas, qu'il faut, du moins autant que nous le pouvons, nous garder de ceux qui sont manifestes. Vous m'avez dit un jour qu'en sortant du collége je devais être exagéré et en proie aux sottes manies qui ont travaillé toute cette jeunesse d'alors, mais qu'aujourd'hui, sans doute, j'étais *vrai,* et ne jouais pas à l'ennui et au dégoût. Ah ! n'en doutez pas ; si je n'ai pas de bon sens, j'ai du moins un peu de ce goût qui est le bon sens de l'esprit, et rien, à mon jugement, n'est plus choquant, surtout à notre âge, que ces affectations de collége. Dieu merci, je ressemble assez peu à ce que j'étais dans ce temps-là ; et si j'affectais quelque chose, ce serait de faire oublier ma personne d'alors. J'ai le malheur de m'ennuyer aujourd'hui comme je faisais sous la grille de Stanislas, *voilà la ressemblance.* A cette époque de mon ennui, j'en disais plus qu'il n'y en avait ; aujourd'hui j'en dis moins qu'il n'y en a, *voilà la différence.* . . . .

» Le jour est triste, et je suis comme le jour ; ah [1],

[1] Nous avons conservé scrupuleusement la ponctuation de l'original. Une particularité digne de remarque dans un texte rempli de si douloureuses exclamations, c'est l'absence de *points*

mon ami, que sommes-nous, ou plutôt que suis-je, pour souffrir ainsi sans relâche de toutes choses autour de moi, et voir mon humeur suivre les variations de la lumière? J'ai pensé quelque temps que cette sensibilité bizarre était un travers de ma jeunesse qui disparaîtrait avec elle. Mais le progrès des ans, en quoi j'espérais, me fait voir que j'ai un mal incurable et qui va s'aigrissant. Les journées les plus unies, les plus paisibles, sont encore pour moi traversées de mille accidents imperceptibles qui n'atteignent que moi. Cela s'élève à des degrés que vous ne pourriez croire. Aussi qu'y a-t-il de plus rompu que ma vie, et quel fil si léger qui soit plus mobile que mon âme? J'ai à peine écrit quelques pages de ce travail qui avait d'abord tant d'attraits; qui sait quand je le terminerai? Mais j'y mettrai le dernier mot assurément; je ne veux pas accepter le dédit cent fois offert par ce mien esprit, le plus inconstant et le plus prompt au dégoût qui fut jamais. Vaille que vaille, vous aurez cette pièce, pièce en effet, et des plus pesantes.

»..... Si j'en croyais mes lueurs de bon sens, je renoncerais pour toute ma vie à écrire un seul mot de composition. Plus j'avance, plus le fantôme (l'idéal)

---

d'exclamation. Il nous semble que la ponctuation d'un manuscrit est comme l'allure de l'homme, l'inflexion de la voix, le geste, la prononciation, une manière d'être par laquelle le caractère se révèle, et que l'observation psychologique ne devrait point négliger. Dans les premiers jours de notre *invasion* romantique, des critiques malins remarquèrent l'abus des signes apostrophiques. C'est peut-être la crainte et l'horreur de cette sorte d'emphase qui suggéra à George Guérin le besoin de supprimer entièrement le *point admiratif,* même dans les endroits où la règle grammaticale l'exige.

s'élève et devient insaisissable. Ce mot propre, cette expression, la *seule* qui *convient,* dont parle La Bruyère, je n'ai jamais reconnu, au contentement de mon esprit, que je l'eusse trouvé : et, l'eussé-je attrapé, reste l'arrangement et les combinaisons infinies, et la variété, et le piquant, et le solide, et la nouveauté dans les termes usés ; l'imprévu, l'image dans le mot, et le contour, la justesse des proportions, enfin tout, le don d'écrire, le talent; et de tout cela, je n'ai guère que la bonne volonté. — Pardonnez-moi ce cours de rhétorique. Il faut garder et couvrir ces choses. Fi donc, le pédant. »

Pour qui aura lu attentivement *le Centaure,* cette recherche scrupuleuse et hardie dont la prétendue insuffisance est confessée ici avec trop de modestie, est clairement révélée. Mais, au risque de passer pour pédant nous-même, nous n'hésiterons pas à dire qu'il faut lire deux et même trois fois *le Centaure* pour en apprécier les beautés, la nouveauté de la forme, l'originalité non abrupte et sauvage, mais raisonnée et voulue, de la phrase, de l'image, de l'expression et du contour. On y verra une persistance laborieuse pour resserrer dans les termes poétiques les plus élevés et les plus concis une idée vaste, profonde et mystérieuse comme ce monde primitif à demi épanoui dans sa fraîcheur matinale, à demi assoupi encore dans le placenta divin. C'est en cela que la nature de ce petit chef-d'œuvre nous semble différer essentiellement de la manière de M. Ballanche, qui, à défaut des termes poétiques, n'hésite pas à employer les termes philosophiques modernes, et aussi de Chénier, qui ne songe qu'à reproduire l'élégance, la pureté et comme la beauté sculpturale des Grecs [1]. Nul n'admire

---

[1] Un vieux ami de province, que j'ai consulté avant de me

Ballanche plus que nous. Cependant nous ne pouvons nous défendre de considérer comme un notable défaut cette ressource technique qui l'a affranchi parfois du travail de l'artiste, et qui détruit l'harmonie et la plas-

déterminer à publier *le Centaure*, m'a écrit à ce sujet une lettre trop remarquable pour que je ne me fasse pas un devoir de la citer en entier. C'est un renseignement que je lui demandais, et qu'il a eu la bonté de me donner pour moi seul. Je ne crois pas lui déplaire en insérant ici cet examen rapide, mais exact et important, des tentatives d'imitation grecque qui ont enrichi notre littérature. Ce petit travail pourrait servir de canevas aux critiques qui voudraient le développer. Il servira aussi d'excellente préface aux fragments de M. de Guérin, et l'approbation d'un juge aussi érudit aurait, au besoin, plus de poids que la mienne :

« Cette ébauche du *Centaure* me frappe surtout comme exprimant le sentiment grec grandiose, primitif, retrouvé et un peu *refait* à distance par une sorte de réflexion poétique et philosophique. Ce sentiment-là, par rapport à la Grèce, ne se retrouve dans la littérature française que depuis l'école moderne. Avant l'*Homère* d'André Chénier, les *Martyrs* de Chateaubriand, l'*Orphée* et l'*Antigone* de Ballanche, quelques pages de Quinet (*Voyage en Grèce* et *Prométhée*), on en chercherait les traces et l'on n'en trouverait qu'à peine dans notre littérature classique.

» 1° Il n'y a eu de contact direct entre l'ancienne Gaule et la Grèce que par la colonie grecque de Marseille. Ces influences grecques dans le midi de la Gaule n'ont pas été vaines. Il y eut toute une culture, et dans le chapitre v de son *Histoire littéraire*, M. Ampère a très-bien suivi cette veine grecque légère, comme une petite veine d'argent, dans notre littérature. Encore aujourd'hui, il y a quelques mots grecs restés dans le provençal actuel, il y a des tours grammaticaux qui ont pu venir de là; mais ce sont de minces détails. Au moyen âge, toute trace fut interrompue. A la renaissance du seizième siècle, la langue et la littérature grecques rentrèrent presque violemment et à tortique de son style, d'ailleurs si beau, si large et si coloré d'originalité *primitive*. La pièce de vers, malheureusement inachevée, qui est placée à la suite du *Centaure*, ne me paraît pas non plus, comme il pourra

rent dans la littérature française : il y eut comme engorgement au confluent. L'école de Ronsard et de Baïf se fit grecque en français par le calque des compositions et même la fabrique des mots ; il y eut excès. Pourtant des parties belles, délicates ou grandes furent senties par eux et reproduites. Henri Estienne, l'un des meilleurs prosateurs du seizième siècle et des plus grands érudits, a fait un petit traité de la *conformité* de la langue française et de la langue grecque : il a relevé une grande quantité de locutions, de tours de phrase, d'idiotismes communs aux deux langues, et qui semblent indiquer bien moins une communication directe qu'une certaine ressemblance de génie. M. de Maistre, dans les *Soirées de Saint-Pétersbourg*, est de l'avis de Henri Estienne, et croit à la ressemblance du génie des deux langues. Pourtant, il faut le dire, toute cette renaissance grecque du seizième siècle, en France, fut érudite, pédantesque, pénible ; le seul Amyot, par l'élégance facile de sa traduction de Plutarque, semble préluder à La Fontaine et à Fénelon.

» 2° Avec l'école de Malherbe et de ses successeurs classiques, la littérature française se rapprocha davantage du caractère latin, quelque chose de clair, de précis, de concis, une langue d'affaires, de politique, de prose ; Corneille, Malherbe, Boileau, n'avaient que très-peu ou pas du tout le sentiment *grec*. Corneille adorait Lucain et ce genre latin, Boileau s'attache à Juvénal. Racine sent bien plus les Grecs ; mais, en bel esprit tendre, il sent et suit surtout ceux du second et du troisième âge, non pas Eschyle, non pas même Sophocle, mais plutôt Euripide ; ses Grecs, à lui, ont monté l'escalier de Versailles et ont fait antichambre à l'Œil-de-Bœuf. On voit dans la querelle des anciens et des modernes, où Racine et Boileau défendent Homère contre Perrault, combien il y avait peu, de part et d'autre, de sentiment vrai de l'antique. Mais La Fonsembler à quelques-uns au premier abord, une imitation de la manière de Chénier. Ces deux essais de M. de Guérin ne sont point des pastiches de Ballanche et de Chénier, mais bien des développements et des perfectionnements tentés dans la voie suivie par eux. Il ne semble même pas s'être préoccupé de l'un ou de l'autre, car nulle part dans ses lettres, qui sont pleines de ses citations et de ses lectures, il n'a placé leur nom. Sans doute il les a admirés et sentis, mais il a dû, avant tout, obéir à son sentiment personnel, à son entraîne-

taine, sans y songer, était alors bien plus grec que tous de sentiment et de génie; dans *Philémon et Baucis*, par exemple, dans certains passages de la *Mort d'Adonis* ou de *Psyché*. Surtout Fénelon l'est par le goût, le délicat, le fin, le négligent d'un tour simple et divin ; il l'est dans son *Télémaque*, dans ses essais de traduction d'Homère, ses *Aventures d'Aristonoüs*; il l'est partout par une sorte de subtilité facile et insinuante qui pénètre et charme : c'est comme une brise de ces belles contrées qui court sur ses pages. Massillon aussi, né à Hyères, a reçu un souffle de l'antique Massilie, et sa phrase abondante et fleurie rappelle Isocrate.

» 3° Au dix-huitième siècle, en France, on est moins près du sentiment grec que jamais. Les littérateurs ne savent plus même le grec pour la plupart. Quelques critiques, comme l'abbé Arnaud, qui semblent se vouer à ce genre d'érudition avec enthousiasme, donnent plutôt une idée fausse. Bernardin de Saint-Pierre, sans tant d'étude, y atteint mieux par simple génie; héritier en partie de Fénelon, il a, dans *Paul et Virginie*, dans bien des pages de ses *Études*, dans cette page (par exemple) où il fait gémir Ariane abandonnée à Naxos et consolée par Bacchus, des retours de l'inspiration grecque et de cette muse heureuse; mais c'est le doux et le délicat plutôt que le grand qu'il en retrouve et en exprime. L'abbé Barthélemy, dans le *Voyage d'Anacharsis* (si agréable et si utile d'ailleurs), accrédita un sentiment grec un peu maniéré et très-parisien, qui ne remontait pas au grand et ne rendait pas même le simple et le ment prononcé, et l'on peut dire passionné, vers les secrets de la nature. Il ne l'a point aimée en poète seulement, il l'a idolâtrée. Il a été panthéiste à la manière de Gœthe sans le savoir, et peut-être s'est-il assez peu soucié des Grecs, peut-être n'a-t-il vu en eux que les dépositaires des mythes sacrés de Cybèle, sans trop se demander si leurs poètes avaient le don de la chanter mieux que lui. Son ambition n'est pas tant de la décrire

pur. Heureusement André Chénier était né, et par lui la veine grecque est retrouvée.

» 4° Au moment où l'école de David essaie, un peu en tâtonnant et en se guindant, de revenir à l'art grec, André Chénier y atteint en poésie. Dans son *Homère*, l'idée du grand et du primitif se retrouve et se découvre même pour la première fois. Dans l'étude de la statuaire grecque, on en resta ainsi longtemps au pur gracieux, à l'art joli et léché des derniers âges : ce n'est que tard qu'on a découvert la majesté reculée des marbres d'Égine, les bas-reliefs de Phidias, la Vénus de Milo.

» Peu après André Chénier, et, avant qu'on eût publié ses poèmes, M. de Chateaubriand, dans les *Martyrs*, retrouvait de grands traits de la beauté grecque antique; dans son *Itinéraire*, il a surtout peint admirablement le rivage de l'Attique. Il sent à merveille le Sophocle et le Périclès.

» Un homme qui ne sentait pas moins la Grèce dès la fin du dix-huitième siècle, est M. Joubert, sur lequel M. Sainte-Beuve a donné un article dans la *Revue des Deux-Mondes*: quelques pensées de lui sont ce qu'on a écrit de mieux en fait de critique littéraire des Grecs. Il aurait aimé *le Centaure*.

» Vous connaissez l'*Orphée*, et je n'ai point à vous en parler; mais à Ballanche, à Quinet (dans son *Voyage en Grèce*), il manque un peu trop, pour correctif de leur philosophie concevant et refaisant la Grèce, quelque chose de cette qualité grecque fine, simple et subtile, négligée et élégante, railleuse et réelle, de Paul-Louis Courier, ce vrai Grec, dont la figure, la bouche surtout, fendue jusqu'aux oreilles, ressemblait un peu à celle d'un faune. »

que de la comprendre, et les derniers versets du *Centaure* révèlent assez le tourment d'une ardente imagination qui ne se contente pas des mots et des images, mais qui interroge avec ferveur les mystères de la création. Il ne lui faut rien moins pour apaiser l'ambition de son intelligence perdue dans la sphère des abstractions. Il ne se contenterait pas de peindre et de chanter comme Chénier, il ne se contenterait pas d'interpréter systématiquement comme Ballanche. Il veut savoir, il veut surprendre et saisir le sens caché des signes divins imprimés sur la face de la terre ; mais il n'a embrassé que des nuages, et son âme s'est brisée dans cette étreinte au-dessus des forces humaines. C'est être déjà bien grand que d'avoir entrepris comme un vrai Titan d'escalader l'Olympe et de détrôner Jupiter. Un autre fragment de ses lettres exprimera avec grandeur et simplicité cet amour à la fois instinctif et abstrait de la nature.

« *11 avril* 1838. — Hier, accès de fièvre dans les formes ; aujourd'hui, faiblesse, atonie, épuisement. On vient d'ouvrir les fenêtres ; le ciel est pur et le soleil magnifique.

Ah ! que ne suis-je assis à l'ombre des forêts !

» Vous rirez de cette exclamation, puisqu'on ne voit pas encore aux arbres les plus précoces ces premiers boutons que Bernardin de Saint-Pierre appelle des gouttes de verdure. Mais peut-être qu'au sein des forêts, dans la saison où la vie remonte jusqu'à l'extrémité des rameaux, je recevrai quelque bienfait, et que j'aurai ma part dans l'abondance de la fécondité et de la chaleur. Je reviens, comme vous voyez, à mes anciennes imaginations sur les choses naturelles, invincible tendance de ma pensée, sorte de passion qui me donne des enthousiasmes, des pleurs, des éclats de joie, et un éternel aliment de songerie. Et pourtant, je ne suis ni physicien, ni naturaliste, ni rien de savant. Il y a un mot qui est le dieu de mon imagination, le tyran, devrais-je dire, qui la fascine, l'attire, lui donne un travail sans relâche, et l'entraînera je ne sais où : c'est le mot de *vie*. Mon amour des choses naturelles ne va pas au détail et aux recherches analytiques et opiniâtres de la science, mais à l'universalité de ce qui est, à la manière orientale. Si je ne craignais de sortir de ma paresse et de passer pour fou, j'écrirais des rêveries à tenir en admiration toute l'Allemagne, et la France en assoupissement. »

Dans une autre lettre, il exprime l'identification de son être avec la nature d'une manière encore plus vive et plus matériellement sympathique.

« J'ai le cœur si plein, l'imagination si inquiète, qu'il faut que je cherche quelque consolation à tout cela en m'abandonnant avec vous. Je déborde de larmes, moi qui souffre si singulièrement des larmes des autres. Un trouble mêlé de douleurs et de charmes s'est emparé de toute mon âme. L'avenir plein de ténèbres où je vais entrer, le présent qui me comble de biens et de maux, mon étrange cœur, d'incroyables combats, des épanchements d'affection à entraîner avec soi l'âme et la vie et tout ce que je puis être ; la beauté du jour, la puissance de l'air et du soleil, *all*, tout ce qui peut rendre éperdue une faible créature me remplit et m'environne. Vraiment je ne sais pas en quoi j'éclaterais s'il survenait en ce moment une musique comme celle de la *Pastorale*. Dieu me ferait peut-être la grâce de laisser s'en aller de toutes parts tout ce qui compose ma vie. Il y a pour moi tel moment où il me semble qu'il ne faudrait que la toucher du doigt le plus léger pour que mon existence se dissipât. La présence du bonheur me trouble, et je souffre même d'un certain froid que je ressens; mais je n'ai pas fait deux pas au dehors que l'agitation me prend, un regret infini, une ivresse de souvenir, des récapitulations qui exaltent tout le passé et qui sont plus riches que la présence même du bonheur; enfin ce qui est, à ce qu'il semble, une loi de ma nature, toutes choses mieux ressenties que senties. — Demain, vous verrez chez vous quelqu'un de fort maussade, et en proie au froid le plus cruel. Ce sera le fol de ce soir.

Caddi come corpo morto cade.

Adieu; la soirée est admirable; que la nuit qui s'apprête vous comble de sa beauté. »

Est-il beaucoup de pages de *Werther* qui soient supérieures à cette lettre écrite rapidement, non relue, car elle est à peine ponctuée, et jetée à la poste, dont elle porte le timbre comme toutes les autres?

Je ne puis résister au plaisir de transcrire mot à mot tout ce qu'il m'est permis de publier.

« Le ciel de ce soir est digne de la Grèce. Que faisons-nous pendant ces belles fêtes de l'air et de la lumière? Je suis inquiet et ne sais trop à quoi me dévouer; ces longs jours paisibles ne me communiquent pas le calme. Le soleil et la pureté de l'étendue me font venir toutes sortes d'étranges pensées dont mon esprit s'irrite. L'infini se découvre davantage et les limites sont plus cruelles; que sais-je enfin? je ne vous répéterai pas mes ennuis; c'est une vieille ballade dont je vous ai bercé jusqu'au sommeil. — J'ai songé aujourd'hui au petit usage que nous faisions de nos jours ; je ne parle pas de l'ambition, c'est dans ce temps chose si vulgaire, et les gens sont travaillés de rêves si ridicules, qu'il faut se glorifier dans sa paresse et se faire, au milieu de tant d'esprits éclatants, une auréole d'obscurité : je veux dire que nous vivons plus tourmentés par notre imagination que ne l'était Tantale par la fraîcheur de l'eau qui irritait ses lèvres et le charmant coloris des fruits qui fuyaient sa faim. J'ai tout l'air de mettre ici la vie dans les jouissances, et je ne m'en défendrai pas trop, le tout bien entendu dans les intérêts de notre immortel esprit et pour son service bien compris ; car, disait Sheridan, si la pensée est lente à venir, un verre de bon vin la stimule, et, quand elle est venue, un bon verre de vin la récompense. Ah ! oui, n'en déplaise aux spiritualistes et partant à moi-même, un verre de bon vin est l'âme de notre âme, et vaut mieux pour le profit intérieur que toutes les chansons dont on nous repaît. Mais je parle comme un hôte du Caveau, moi qui voulais dire simplement que la vie ne vaut pas une libation.

. . . .

Débrouillez tout cela si vous pouvez. Pour moi, grâce à Dieu, je commence à me soucier assez peu de ce qui peut se passer en moi, et veux enfin me démêler de moi-même en plantant là cette psychologie qui est un mot disgracieux et une manie de notre siècle. »

. . . .

Il avait pourtant la conscience de son génie, car il dit quelque part :

. . . .

« Je ne tirerai jamais rien de bon de ce maudit cerveau où cependant, j'en suis sûr, loge quelque chose qui n'est pas sans prix ; c'est la destinée de la perle dans l'huître au fond de l'Océan. Combien, et de la plus belle eau, qui ne seront jamais tirées à la lumière ! »

Ailleurs il se raille lui-même et sans amertume, sans dépit contre la gloire qui ne vient pas à lui, et qu'il ne veut pas chercher.

« Vous voulez donc que j'écrive quelque folie sur ce fol de Benvenuto ? Ce ne sera que vision d'un bout à l'autre. Ni l'art, ni l'histoire ne s'en trouveront bien. Je n'ai pas l'ombre d'une idée sur l'idéal, et l'histoire ne connaît point de galant homme plus ignorant que moi à son endroit. N'importe, je vous obéirai. N'êtes-vous pas pour moi tout le public et la *postérité ?* Mais ne me trouvez-vous pas plaisant avec ce mot où sont renfermés tous les hommes à venir qui se transmettront fidèlement de l'un à l'autre la plus complète ignorance du nom de votre pauvre serviteur ? Je veux dire que je n'aspire qu'à vous, à votre suffrage, et que je fais bon marché de tout le reste, la postérité comprise, pour être aussi sage que le renard gascon. »

Une seule fois il exprime la fantaisie de se faire imprimer dans une *Revue* « pour battre un peu monnaie, » et presque aussitôt il abandonne ce projet en disant : « Mais je n'ai dans la tête que des sujets insensés !...... Hélas, rien n'est beau comme l'idéal ; mais aussi quoi de plus délicat et de plus dangereux à toucher ! Ce rêve si léger se change en plomb souvente fois dont on est rudement froissé. Je finirai ma complainte aujourd'hui par un vers de celle du juif errant :

« Hélas ! mon Dieu ! »

. . . .

Il y a des mots admirables jetés çà et là dans ses lettres, de ceux que les écrivains de profession mettent en réserve pour les enchâsser au bout de leurs périodes comme le gros diamant au faîte du diadème. Il dit quelque part :

« Quand je goûte cette sorte de bien-être dans l'irritation, je ne puis comparer ma pensée (c'est presque fou) qu'à un feu du ciel qui frémit à l'horizon entre deux mondes. »

Et, vers la fin de la même lettre, il raconte que ses parentes s'inquiètent de l'altération de ses traits ; cependant il leur cache le ravage intérieur de la maladie.

« Ah ! disent-elles en se ravisant, c'est le retranchement de vos cheveux qui vous rend d'une mine si austère. — Les cheveux repousseront, et il n'y aura que plus d'ombre. »

J'ai cité autant que possible, mais j'ai dû taire tout ce qui tient à la vie intérieure. C'est pourtant là que se révèle le cœur du poète. Ce cœur, je puis l'attester, quoi qu'en dise le noble rêveur qui s'accuse et se tourmente sans cesse comme à plaisir, est aussi délicat, aussi affectueux, aussi large que son intelligence. L'amitié est sentie et exprimée par lui de la façon la plus exquise et la plus profonde. L'amour aussi est placé là comme une religion ; mais peut-être cet amour de poète ne se contente-t-il absolument que dans les choses incréées. Quoi qu'il en soit, et bien qu'à toute page un gémissement lui échappe, cet homme qui, dans son culte de l'idéal, voudrait s'idéaliser lui-même et ne sait pas s'habituer à l'infirmité de sa propre nature, cet homme est indulgent aux autres, fraternel, dévoué avec une sorte de stoïcisme, esclave de sa parole, simple dans ses goûts, charmé de la vue d'un camélia, résigné à la maladie, heureux d'être couché, tranquille derrière ses rideaux, « et plus près naturellement du pays des songes. » Il n'a d'amertume que contre la mobilité de son humeur et la susceptibilité excessive d'une organisation sans doute trop exquise pour supporter la vie telle qu'elle est arrangée en ce triste monde. Qu'a-t-il donc manqué à cet enfant privilégié du ciel? Qu'eût-il donc fallu pour que cette sensitive, si souvent froissée et repliée sur elle-même, s'ouvrît aux rayons d'un soleil bienfaisant? C'est précisément le soleil de l'intelligence, c'est la foi; c'est une religion, une notion nette et grande de sa mission en ce monde, des causes et des fins de l'humanité, des devoirs de l'homme par rapport à ses semblables et des droits de ce même homme envers la société universelle. C'est là ce secret terrible que le Centaure cherchait sur les lèvres de Cybèle endormie, ce son mystérieux qu'il eût voulu recueillir sur la pierre magique où Apollon avait posé sa lyre. Il sentait l'infini dans l'univers, mais il ne le sentait pas en lui-même. Effrayé de ce néant imaginaire qui a tant pesé sur l'âme de Byron et des grands poètes sceptiques, il eût voulu se réfugier dans les demeures profondes des antiques divinités, symboles imparfaits de la vie partout féconde, éternelle et divine; il eût voulu dissoudre son être dans les éléments, dans les bois, dans les eaux, dans ce qu'il appelle les *choses naturelles;* il eût voulu dépouiller son être comme un vêtement trop lourd, et remonter comme une essence subtile dans le sein du Créateur, pour savoir ce que signifie cette vie d'un jour sur la terre et ce silence qui règne en deçà du berceau comme au delà de la tombe.

Dira-t-on que ce fut là un rêveur, un insensé, et que cette existence flétrie, cette mort désolée sont des faits individuels, des maladies de l'esprit qui ne prouvent rien contre l'organisation de la société humaine? Où donc est le tort, dira-t-on peut-être, si les individus agitent de telles questions dans leur sein, que la société ne puisse les résoudre ? En admettant l'humanité aussi continuellement progressive que vous la rêvez, n'y aura-t-il pas, dans des âges plus avancés, des individus qui seront encore en avant de leur siècle ? N'y en aura-t-il pas tant que l'humanité subsistera, et sera-t-elle coupable chaque fois qu'une avidité dévorante poussera quelques-uns de ses membres à troubler son cours auguste et mesuré par l'impatience de leur idéal et le mépris des croyances reçues ?

Il serait facile de répondre à de telles questions; mais les esprits qui condamnent ainsi les idéalistes impatients du temps présent n'ont pas mission pour juger de la société future. Ont-ils le droit d'y jeter seulement un regard, eux qui n'ont pas la volonté de moraliser et d'élever les intérêts de la vie actuelle ? eux qui n'ont ni respect, ni sympathie, ni pitié pour les tortures des âmes tendres et religieuses, veuves de toute religion et de toute charité ? eux qui vivent des bienfaits de la terre sans rechercher la source d'où ils découlent ? eux qui ont fait le siècle athée et qui exploitent l'athéisme, regardant naître et mourir avec une ironique tolérance les religions qui essaient d'éclore et celles qui sont à leur déclin ? eux qui consacrent en théorie les principes du dogme éternel de l'égalité, de la liberté et de la fraternité, en maintenant dans le fait l'esclavage, l'inégalité, la discorde ? Qu'a-t-elle donc fait pour notre éducation morale, et que fait-elle pour nos enfants, cette société conservée avec tant d'amour et de soin ? Pour nous, ce furent des prêtres investis de la puissance gouvernementale qui tyrannisaient nos consciences sans permettre l'exercice de la raison humaine. Pour nos enfants, ce sont des athées qui, ne s'inquiétant ni de la raison ni de la conscience, leur prêchent pour toute doctrine le maintien d'un ordre monstrueux, inique, impossible. Étonnez-vous donc que cette génération produise des intelligences qui avortent faute d'un enseignement fait pour elles, et des cerveaux qui se brisent dans la recherche d'une vérité que vous flétrissez de ridicule, que vous traitez de folie coupable et d'inaptitude à la vie sociale? Il vous sied mal, en vérité, de dire que ceux-là sont des fous, car vous êtes insensés vous-mêmes de croire à un ordre basé sur l'absence de tout principe de justice et de vérité. Nos enfants n'accepteront pas vos enseignements, et, si vous réussissez à les corrompre, ce ne sera pas à votre profit.

Peut-être un jour vous diront-ils à leur tour : — Laissez-nous pleurer nos martyrs, nous autres poètes sans patrie, lyres brisées, qui savons bien la cause de leur gémissement et du nôtre. Vous ne comprenez pas le mal qui les a tués ; eux-mêmes ne l'ont pas compris. Pour voir clair en soi-même, pour s'expliquer ces langueurs, ces découragements, pour trouver un nom à ces ennuis sans fin, à ces désirs insaisissables et sans forme connue, il faudrait avoir déjà une première initiation ; et, dans ce temps de décadence et de transformation, les plus grandes intelligences ne l'ont eue que bien tard et ne l'ont conquise qu'après de bien rudes souffrances. Saint Augustin n'avait-il pas le spleen, lui aussi, et savait-il, avant d'ouvrir les yeux au christianisme, quelle lumière lui manquait pour dissiper les ténèbres de son âme? Si quelques-uns d'entre nous aujourd'hui ouvrent aussi les yeux à une lumière nouvelle, n'est-ce pas que la Providence les favorise étrangement? et ne leur faut-il pas chercher ce grain de foi dans l'obscurité, dans la tourmente, assaillis par le doute, l'ironie, l'absence de toute sympathie, de tout exemple, de tout concours fraternel, de toute protection dans les hautes régions de la puissance? Où sont donc les hommes forts qui se sont levés dans un concile nouveau pour dire : « Il importe de s'enquérir enfin des secrets de la vie et de la mort, et de dire aux petits et aux simples ce qu'ils ont à faire en ce monde. » Ils savent bien déjà que Dieu n'est pas un vain mot, et qu'il ne les a pas créés pour servir, pour mendier ou pour conquérir leur vie par le meurtre et le pillage. Essayez de parler enfin à vos frères cœur à cœur, conscience à conscience ; vous verrez bien que des langues que vous croyez muettes se délieront, et que de grands enseignements monteront d'en bas vers vous, tandis que la lumière d'en haut descendra sur vos têtes. Essayez,... mais vous ne le pouvez pas, occupés que vous êtes de reprendre et de recrépir de toutes parts ces digues que le flot envahit ; l'existence matérielle de cette société absorbe tous vos soins et dépasse toutes vos forces. En attendant, les puissances de l'esprit se développent et se dressent de toutes parts autour de vous. Parmi ces spectres menaçants, quelques-uns s'effacent et rentrent dans la nuit, parce que l'heure de la vie n'a pas sonné, et que le souffle impétueux qui les animait ne pouvait lutter plus long-temps dans l'horreur de ce chaos ; mais il en est d'autres qui sauront attendre, et vous les retrouverez debout pour vous dire : Vous avez laissé mourir nos frères, et nous, nous ne voulons pas mourir.

LE CENTAURE.

J'ai reçu la naissance dans les antres de ces montagnes. Comme le fleuve de cette vallée dont les gouttes primitives coulent de quelque roche qui pleure dans une grotte profonde, le premier instant de ma vie tomba dans les ténèbres d'un séjour reculé et sans troubler son silence. Quand nos mères approchent de leur délivrance, elles s'écartent vers les cavernes, et, dans le fond des plus sauvages, au plus épais de l'ombre, elles enfantent sans élever une plainte des fruits silencieux comme elles-mêmes. Leur lait puissant nous fait surmonter sans langueur ni lutte douteuse les premières difficultés de la vie ; et cependant nous sortons de nos cavernes plus tard que vous de vos berceaux. C'est qu'il est répandu parmi nous qu'il faut soustraire et envelopper les premiers temps de l'existence, comme des jours remplis par les dieux. Mon accroissement eut son cours presque entier dans les ombres où j'étais né. Le fond de mon séjour se trouvait si avancé dans l'épaisseur de la montagne que j'eusse ignoré le côté de l'issue, si, détournant quelquefois dans cette ouverture, les vents n'y eussent jeté des fraîcheurs et des troubles soudains. Quelquefois aussi, ma mère rentrait environnée du parfum des vallées ou ruisselante des flots qu'elle fréquentait. Or, ces retours qu'elle faisait, sans m'instruire jamais des vallons ni des fleuves, mais suivie de leurs émanations, inquiétaient mes esprits, et je rôdais tout agité dans mes ombres. Quels sont-ils, me disais-je, ces *dehors*[1] où ma mère s'emporte, et qu'y règne-t-il de si puissant qui l'appelle à soi si fréquemment? Mais qu'y ressent-on de si opposé qu'elle en revienne chaque jour diversement émue? Ma

---

[1] Cette expression est étrange, peu grammaticale, peut-être ; mais je n'en vois pas de plus belle et de plus saisissante pour rendre le sentiment mystérieux d'un monde inconnu. Un tel écrivain eût été contesté sans doute, mais il eût fait faire de grands progrès à notre langue, quoi qu'on eût pu dire.

mère rentrait, tantôt animée d'une joie profonde, et tantôt triste et traînante et comme blessée. La joie qu'elle rapportait se marquait de loin dans quelques traits de sa marche et s'épandait de ses regards. J'en éprouvais des communications dans tout mon sein; mais ses abattements me gagnaient bien davantage et m'entraînaient bien plus avant dans les conjectures où mon esprit se portait. Dans ces moments, je m'inquiétais de mes forces, j'y reconnaissais une puissance qui ne pouvait demeurer solitaire, et, me prenant, soit à secouer mes bras, soit à multiplier mon galop dans les ombres spacieuses de la caverne, je m'efforçais de découvrir dans les coups que je frappais au vide, et par l'emportement des pas que j'y faisais, vers quoi mes bras devaient s'étendre et mes pieds m'emporter... Depuis j'ai noué mes bras autour du buste des centaures, et du corps des héros, et du tronc des chênes; mes mains ont tenté les rochers, les eaux, les plantes innombrables et les plus subtiles impressions de l'air, car je les élève dans les nuits aveugles et calmes pour qu'elles surprennent les souffles et en tirent des signes pour augurer mon chemin; mes pieds, voyez, ô Mélampe, comme ils sont usés! Et cependant, tout glacé que je suis dans ces extrémités de l'âge, il est des jours où, en pleine lumière, sur les sommets, j'agite de ces courses de ma jeunesse dans la caverne, et, pour le même dessein, brandissant mes bras et employant tous les restes de ma rapidité.

Ces troubles alternaient avec de longues absences de tout mouvement inquiet. Dès lors, je ne possédais plus d'autre sentiment dans mon être entier que celui de la croissance et des degrés de vie qui montaient dans mon sein. Ayant perdu l'amour de l'emportement et retiré dans un repos absolu, je goûtais sans altération le bienfait des dieux qui se répandait en moi. Le calme et les ombres président au charme secret du sentiment de la vie. Ombres qui habitez les cavernes de ces montagnes, je dois à vos soins silencieux l'éducation cachée qui m'a si fortement nourri, et d'avoir, sous votre garde, goûté la vie toute pure et telle qu'elle me venait sortant du sein des dieux! Quand je descendis de votre asile dans la lumière du jour, je chancelai et ne la saluai pas, car elle s'empara de moi avec violence, m'enivrant comme eût fait une liqueur funeste soudainement versée dans mon sein, et j'éprouvai que mon être, jusque-là si ferme et si simple, s'ébranlait et perdait beaucoup de lui-même, comme s'il eût dû se disperser dans les vents.

O Mélampe, qui voulez savoir la vie des centaures, par quelle volonté des dieux avez-vous été guidé vers moi, le plus vieux et le plus triste de tous? Il y a longtemps que je n'exerce plus rien de leur vie. Je ne quitte plus ce sommet de montagne où l'âge m'a confiné. La pointe de mes flèches ne me sert plus qu'à déraciner les plantes tenaces; les lacs tranquilles me connaissent encore, mais les fleuves m'ont oublié. Je vous dirai quelques points de ma jeunesse; mais ces souvenirs, issus d'une mémoire altérée, se traînent comme les flots d'une libation avare en tombant d'une urne endommagée. Je vous ai exprimé aisément les premières années, parce qu'elles furent calmes et parfaites; c'était la vie seule et simple qui m'abreuvait, cela se retient et se récite sans peine. Un dieu, supplié de raconter sa vie, la mettrait en deux mots, ô Mélampe!

L'usage de ma jeunesse fut rapide et rempli d'agitation. Je vivais de mouvement et ne connaissais pas de borne à mes pas. Dans la fierté de mes forces libres, j'errais m'étendant de toutes parts dans ces déserts. Un jour que je suivais une vallée où s'engagent peu les centaures, je découvris un homme qui côtoyait le fleuve sur la rive contraire. C'était le premier qui s'offrît à ma vue; je le méprisai. Voilà tout au plus, me dis-je, la moitié de mon être! Que ses pas sont courts et sa démarche malaisée! Ses yeux semblent mesurer l'espace avec tristesse. Sans doute, c'est un centaure renversé par les dieux et qu'ils ont réduit à se traîner ainsi.

Je me délassais souvent de mes journées dans le lit des fleuves. Une moitié de moi-même, cachée dans les eaux, s'agitait pour le surmonter, tandis que l'autre s'élevait tranquille et que je portais mes bras oisifs bien au-dessus des flots. Je m'oubliais ainsi au milieu des ondes, cédant aux entraînements de leur cours, qui m'emmenait au loin et conduisait leur hôte sauvage à tous les charmes des rivages. Combien de fois, surpris par la nuit, j'ai suivi les courants sous les ombres qui se répandaient, déposant jusque dans le fond des vallées l'influence nocturne des dieux! Ma vie fougueuse se tempérait alors au point de ne laisser plus qu'un léger sentiment de mon existence répandu par tout mon être avec une égale mesure, comme, dans les eaux où je nageais, les lueurs de la déesse qui parcourt les nuits. Mélampe, ma vieillesse regrette les fleuves; paisibles la plupart et monotones, ils suivent leur destinée avec plus de calme que les centaures, et une sagesse plus bienfaisante que celle des hommes. Quand je sortais de leur sein, j'étais suivi de leurs dons, qui m'accompagnaient des jours entiers et ne se retiraient qu'avec lenteur, à la manière des parfums.

Une inconstance sauvage et aveugle disposait de mes pas. Au milieu des courses les plus violentes, il m'arrivait de rompre subitement mon galop, comme si un abîme se fût rencontré à mes pieds, ou bien un dieu debout devant moi. Ces immobilités soudaines me laissaient ressentir ma vie tout émue par les emportements où j'étais. Autrefois j'ai coupé dans les forêts des rameaux qu'en courant j'élevais par-dessus ma tête; la vitesse de la course suspendait la mobilité du feuillage, qui ne rendait plus qu'un frémissement léger; mais au moindre repos le vent et l'agitation rentraient dans le rameau, qui reprenait le cours de ses murmures. Ainsi ma vie, à l'interruption subite des carrières impétueuses que je fournissais à travers ces vallées, frémissait dans tout mon sein. Je l'entendais courir en bouillonnant et rouler le feu qu'elle avait pris dans l'espace ardemment franchi. Mes flancs animés luttaient contre ses flots dont ils étaient pressés intérieurement, et goûtaient dans ces tempêtes la volupté qui n'est connue que des rivages de la mer, de renfermer sans aucune perte une vie montée à son comble et irritée. Cependant, la tête inclinée au vent qui m'apportait le frais, je considérais la cime des montagnes devenues lointaines en quelques instants, les arbres des rivages et les eaux des fleuves, celles-ci portées d'un cours traînant, ceux-là attachés dans le sein de la terre, et mobiles seulement par leurs branchages soumis aux souffles de l'air qui les font gémir. « Moi seul, me disais-je, j'ai le mouvement libre, et j'emporte à mon gré ma vie de l'un à l'autre bout de ces vallées. Je suis plus heureux que les torrents qui tombent des montagnes pour n'y plus remonter. Le roulement de mes pas est plus beau que les plaintes des bois et que les bruits de l'onde; c'est le retentissement du centaure errant et qui se guide lui-même. » Ainsi, tandis que mes flancs agités possédaient l'ivresse de la course, plus haut j'en ressentais l'orgueil, et, détournant la tête, je m'arrêtais quelque temps à considérer ma croupe fumante.

La jeunesse est semblable aux forêts verdoyantes tourmentées par les vents : elle agite de tous côtés les riches présents de la vie, et toujours quelque profond murmure règne dans son feuillage. Vivant avec l'abandon des fleuves, respirant sans cesse Cybèle, soit dans le lit des vallées, soit à la cime des montagnes, je bondissais partout comme une vie aveugle et déchaînée. Mais lorsque la nuit, remplie du calme des dieux, me trouvait sur le penchant des monts, elle me conduisait à l'entrée des cavernes, et m'y apaisait comme elle apaise les vagues de la mer, laissant survivre en moi de légères ondulations qui écartaient le sommeil sans altérer mon repos. Couché sur le seuil de ma retraite, les flancs cachés dans l'antre et la tête sous le ciel, je suivais le spectacle des ombres. Alors la vie étrangère qui m'avait pénétré durant le jour se détachait de moi goutte à goutte, retournant au sein paisible de Cybèle, comme après l'ondée les débris de la pluie attachée aux feuillages font leur chute et rejoignent les eaux. On dit que les dieux marins quittent, durant les ombres, leurs palais profonds, et, s'asseyant sur les promontoires, étendent leurs regards sur les flots. Ainsi je veillais ayant à mes pieds une étendue de vie semblable à la mer assoupie. Rendu à l'existence distincte et pleine, il me paraissait que je sortais de naître, et que des eaux profondes et qui m'avaient conçu dans leur sein venaient de me laisser sur le haut de la montagne, comme un dauphin oublié sur les sirtes par les flots d'Amphitrite.

Mes regards couraient librement et gagnaient les points les plus éloignés. Comme des rivages toujours humides, le cours des montagnes du couchant demeurait empreint de lueurs mal essuyées par les ombres. Là survivaient, dans les clartés pâles, des sommets nus et purs. Là, je voyais descendre tantôt le dieu Pan, toujours solitaire, tantôt le chœur des divinités secrètes, ou passer quelque nymphe des montagnes enivrée par la nuit. Quelquefois les aigles du mont Olympe traversaient le haut du ciel et s'évanouissaient dans les constellations reculées ou sous les bois inspirés. L'esprit des dieux, venant à s'agiter, troublait soudainement le calme des vieux chênes.

Vous poursuivez la sagesse, ô Mélampe! qui est la science de la volonté des dieux, et vous errez parmi les peuples comme un mortel égaré par les destinées. Il est dans ces lieux une pierre qui, dès qu'on la touche, rend un son semblable à celui des cordes d'un instrument qui se rompent, et les hommes racontent qu'Apollon, qui chassait son troupeau dans ces déserts, ayant mis sa lyre sur cette pierre, y laissa cette mélodie. O Mélampe, les dieux errants ont posé leur lyre sur les pierres, mais aucun... aucun ne l'y a oubliée. Au temps où je veillais dans les cavernes, j'ai cru quelquefois que j'allais surprendre les rêves de Cybèle endormie, et que la mère des dieux, trahie par les songes, perdrait quelques secrets; mais je n'ai jamais reconnu que des sons qui se dissolvaient dans le souffle de la nuit, ou des mots inarticulés comme le bouillonnement des fleuves.

« O Macarée, me dit un jour le grand Chiron dont je suivais la vieillesse, nous sommes tous deux centaures des montagnes, mais que nos pratiques sont opposées ! Vous le voyez, tous les soins de mes journées consistent dans la recherche des plantes, et vous, vous êtes semblable à ces mortels qui ont recueilli sur les eaux ou dans les bois et porté à leurs lèvres quelques fragments du chalumeau rompu par le dieu Pan. Dès lors ces mortels, ayant respiré dans ces débris du dieu un esprit sauvage ou peut-être gagné quelque fureur secrète, entrent dans les déserts, se plongent aux forêts, côtoient les eaux, se mêlent aux montagnes, inquiets et portés d'un dessein inconnu. Les cavales aimées par les vents dans la Scythie la plus lointaine, ne sont ni plus farouches que vous, ni plus tristes le soir, quand l'Aquilon s'est retiré. Cherchez-vous les dieux, ô Macarée, et d'où sont issus les hommes, les animaux et les principes du feu universel? Mais le vieil Océan, père de toutes choses, retient en lui-même ces secrets, et les nymphes qui l'entourent décrivent en chantant un chœur éternel devant lui, pour couvrir ce qui pourrait s'évader de ses lèvres entr'ouvertes par le sommeil. Les mortels qui touchèrent les dieux par leur vertu, ont reçu de leurs mains des lyres pour charmer les peuples, ou des semences nouvelles pour les enrichir, mais rien de leur bouche inexorable.

» Dans ma jeunesse, Apollon m'inclina vers les plantes, et m'apprit à dépouiller dans leurs veines les sucs bienfaisants. Depuis j'ai gardé fidèlement la grande demeure de ces montagnes, inquiet, mais me détournant sans cesse à la quête des simples, et communiquant les vertus que je découvre. Voyez-vous d'ici la cime chauve du mont OEta? Alcide l'a dépouillée pour construire son bûcher. O Macarée! les demi-dieux enfants des dieux étendent la dépouille des lions sur les bûchers, et se consument au sommet des montagnes! les poisons de la terre infectent le sang reçu des immortels! Et nous, centaures engendrés par un mortel audacieux dans le sein d'une vapeur semblable à une déesse, qu'attendrions-nous du secours de Jupiter, qui a foudroyé le père de notre race? Le vautour des dieux déchire éternellement les entrailles de l'ouvrier qui forma le premier homme. O Macarée! hommes et centaures reconnaissent pour auteurs de leur sang des soustracteurs du privilége des immortels, et peut-être que tout ce qui se meut hors d'eux-mêmes n'est qu'un larcin qu'on leur a fait, qu'un léger débris de leur nature emporté au loin, comme la semence qui vole, par le souffle tout-puissant du destin. On publie qu'Égée, père de Thésée, cacha sous le poids d'une roche, au bord de la mer, des souvenirs et des marques à quoi son fils pût un jour reconnaître sa naissance. Les dieux jaloux ont enfoui quelque part les témoignages de la descendance des choses; mais au bord de quel océan ont-ils roulé la pierre qui les couvre, ô Macarée! »

Telle était la sagesse où me portait le grand Chiron. Réduit à la dernière vieillesse, le centaure nourrissait dans son esprit les plus hauts discours. Son buste encore hardi s'affaissait à peine sur ses flancs qu'il surmontait en marquant une légère inclinaison, comme un chêne attristé par les vents, et la force de ses pas souffrait à peine de la perte des années. On eût dit qu'il retenait des restes de l'immortalité autrefois reçue d'Apollon, mais qu'il avait rendue à ce dieu.

Pour moi, ô Mélampe, je décline dans la vieillesse, calme comme le coucher des constellations. Je garde encore assez de hardiesse pour gagner le haut des rochers où je m'attarde soit à considérer les nuages sauvages et inquiets, soit à voir venir de l'horizon les Hyades pluvieuses, les Pléiades ou le grand Orion; mais je reconnais que je me réduis et me perds rapidement comme une neige flottant sur les eaux, et que prochainement j'irai me mêler aux fleuves qui coulent dans le vaste sein de la terre.

FRAGMENT.

Non, ce n'est plus assez de la roche lointaine
Où mes jours, consumés à contempler les mers,
Ont nourri dans mon sein un amour qui m'entraîne
A suivre aveuglément l'attrait des flots amers.
Il me faut sur le bord une grotte profonde
Que l'orage remplit d'écume et de clameurs,
Où, quand le dieu du jour se lève sur le monde,
L'œil règne et se contente au vaste sein de l'onde,
Ou suit à l'horizon la fuite des rameurs.
J'aime Thétis, ses bords ont des sables humides;
La pente qui m'attire y conduit mes pieds nus;
Son haleine a gonflé mes songes trop timides,
Et je vogue en dormant à des points inconnus.
L'amour, qui dans le sein des roches les plus dures
Tire de son sommeil la source des ruisseaux,
Du désir de la mer émeut ses faibles eaux,
La conduit vers le jour par des veines obscures,
Et qui, précipitant sa pente et ses murmures,
Dans l'abîme cherché termine ses travaux;
C'est le mien. Mon destin s'incline vers la plage.
Le secret de mon mal est au sein de Thétis.
J'irai, je goûterai les plantes du rivage,
Et peut-être en mon sein tombera le breuvage
Qui change en dieux des mers les mortels engloutis.
Non, je transporterai mon chaume des montagnes
Sur la pente du sable, aux bords pleins de fraîcheur;
Là, je verrai Thétis répandant sa blancheur,
A l'éclat de ses pieds entraîner ses compagnes;
Là, ma pensée aura ses humides campagnes,
J'aurai même une barque et je serai pêcheur.

Ah! les dieux retirés aux antres qu'on ignore,
Les dieux secrets, plongés dans le charme des eaux,
Se plaisent à ravir un berger aux troupeaux,
Mes regards aux vallons, mon souffle aux chalumeaux,
Pour charger mon esprit du mal qui le dévore.

J'étais berger; j'avais plus de mille brebis.
Berger je suis encor, mes brebis sont fidèles :
Mais qu'aux champs refroidis languissent les épis,
Et meurent dans mon sein les soins que j'eus pour elles !
Au cours de l'abandon je laisse errer leurs pas;
Et je me livre aux dieux que je ne connais pas!...
J'immolerai ce soir aux Nymphes des montagnes.

. . . .

Nymphes, divinités dont le pouvoir conduit
Les racines des bois et le cours des fontaines,
Qui nourrissez les airs de fécondes haleines,
Et des sources que Pan entretient toujours pleines,
Aux champs menez la vie à grands flots et sans bruit,
Comme la nuit répand le sommeil dans nos veines,
Dieux des monts et des bois, dieux nommés ou cachés,
De qui le charme vient à tous lieux solitaires;
Et toi, dieu des bergers à ces lieux attachés,
Pan, qui dans les forêts m'entr'ouvris tes mystères,
Vous tous, dieux de ma vie et que j'ai tant aimés,
De vos bienfaits en moi réveillez la mémoire,
Pour m'ôter ce penchant et ravir la victoire
Aux perfides attraits dans la mer enfermés.
Comme un fruit suspendu dans l'ombre du feuillage,
Mon destin s'est formé dans l'épaisseur des bois.
J'ai grandi, recouvert d'une chaleur sauvage,
Et le vent qui rompait le tissu de l'ombrage
Me découvrit le ciel pour la première fois.
Les faveurs de nos dieux m'ont touché dès l'enfance;
Mes plus jeunes regards ont aimé les forêts,
Et mes plus jeunes pas ont suivi le silence
Qui m'entraînait bien loin dans l'ombre et les secrets.

Mais le jour où, du haut d'une cime perdue,
Je vis (ce fut pour moi comme un brillant réveil!)
Le monde parcouru par les feux du soleil,
Et les champs et les eaux couchés dans l'étendue,
L'étendue enivra mon esprit et mes yeux;
Je voulus égaler mes regards à l'espace,
Et posséder sans borne, en égarant ma trace,
L'ouverture des champs avec celle des cieux.
Aux bergers appartient l'espace et la lumière,
En parcourant les monts ils épuisent le jour;
Ils sont chers à la nuit, qui s'ouvre tout entière
A leurs pas inconnus, et laisse leur paupière
Ouverte aux feux perdus dans leur profond séjour.
Je courus aux bergers, je reconnus leurs fêtes,
Je marchai, je goûtai le charme des troupeaux;
Et, sur le haut des monts comme au sein des retraites,
Les dieux, qui m'attiraient dans leurs faveurs secrètes,
Dans des piéges divins prenaient mes sens nouveaux.
Dans les réduits secrets que le gazon recèle,
Un ver, du jour éteint recueillant les débris,
Lorsque tout s'obscurcit, devient une étincelle,
Et, plein des traits perdus de la flamme éternelle,
Goûte encor le soleil dans l'ombre des abris.
Ainsi. . . . .

Le Centaure, qui est complet, et ce fragment de vers, qu'on pourrait intituler *Glaucus*, sont les seuls essais que nous ayons pu recueillir. Si les parents et les amis de M. de Guérin en retrouvaient d'autres, nous les engageons à les réunir et à les publier.

FIN.

MOUNY-ROBIN.

L'AUTRE soir, à l'Opéra, j'étais placé entre un bourgeois de Paris qui disait, d'un air profond, au second acte du *Freyschütz* : — Faut-il que ces Allemands soient simples pour croire à de pareilles sornettes ! — Et un bon Allemand qui s'écriait avec indignation, en levant les yeux et les bras au ciel, c'est-à-dire au plafond : — Ces Français sont trop sceptiques ; ils ne conçoivent rien au merveilleux. — Le bourgeois scandalisé reprenait, s'adressant à sa femme : — Vraiment, ce hibou qui roule les yeux et bat des ailes est indigne de la scène française ! — L'Allemand outragé reprenait de son côté, s'adressant aux étoiles, c'est-à-dire aux quinquets : — Ce hibou bat des ailes à contre-mesure, et ses yeux regardent de travers. Il aurait besoin d'être soumis à l'opération du strabisme. Un public allemand ne souffrirait pas une pareille négligence dans la mise en scène ! — Les Allemands n'ont pas de goût, disait le bourgeois parisien. — Les Français n'ont pas de conscience, disait le spectateur allemand.

— A qui en ont ces messieurs ? demandai-je dans l'entr'acte à un spectateur cosmopolite qui se trouvait derrière moi, et qui, par parenthèse, est fort de mes amis. Comment se fait-il que la mauvaise tenue de ce hibou les occupe plus que l'esprit du drame, si admirablement rendu par la musique ?

— L'Allemand n'est pas content de certaines parties de l'exécution, me répondit le cosmopolite, et il s'en prend au décor. C'est bien de l'indulgence ou de la retenue de sa part. Quant au bourgeois, il va à l'Opéra pour voir le *spectacle*, et il écoute la musique avec les yeux.

— Eh bien! pour ne parler que du *spectacle*, repris-je, que vous en semble? Vous qui avez vu représenter ce chef-d'œuvre sur les premières scènes de l'Europe, trouvez-vous qu'il soit mal *monté* (comme on dit) sur la nôtre?

— Je ne suis pas du tout mécontent de ce sabbat, répondit-il, quoique j'y trouve trop peu de diablerie. Les apparitions du premier plan sont trop négligées, trop rares, et ne sont pas combinées à point avec les paroles du drame et avec l'intention du compositeur. Je n'ai pas vu le sanglier dont le rugissement sauvage est si bien exprimé dans la musique. S'il a passé, c'est si vite, que je ne l'ai point aperçu. A la place de l'apparition d'Agathe, je n'ai vu qu'un revenant quelconque. Ces squelettes et ces lutins sont beaucoup plus laids qu'il ne faut, et ne produisent pas du tout l'effet que produisent en Allemagne les chiens et les oiseaux innombrables qui s'élancent sur la scène. Les aboiements et le bruit des ailes sont pourtant indiqués dans l'orchestre, et c'est traiter un peu lestement la pensée de Weber que de lui retirer ses manifestations nécessaires. Voilà de quoi l'Allemand se plaint, et il a raison. Mais, ce qui pour moi fait compensation, c'est la beauté de ce paysage, la profondeur de ces toiles, la transparence de ces brouillards, ce je ne sais quoi d'artiste, de poétique et d'élevé qui préside à la composition du tableau. Sur aucune autre scène on n'aurait mis autant de goût et d'intelligence à vous peindre le site en lui-même.

Cette cascade dont le bruit sec et froid vous pénètre et vous glace, ces rideaux de brume qui s'éclaircissent et s'épaississent tour à tour, cela est vu et senti grandement par le décorateur. C'est que le Français a plus que l'Allemand le sentiment de la vraie beauté dans la nature, témoin les grands paysagistes que la France seule a produits depuis quelques années. Il y a une véritable renaissance de ce côté-là. L'Allemand voit les choses autrement; il veut embellir la nature. Elle ne suffit pas à son imagination, il la peuple de fantômes, il donne aux objets réels eux-mêmes des formes fantastiques. La scène allemande essaie minutieusement de réaliser cette pensée du poète, et je crois qu'ici on a bien fait de ne pas le tenter. Il eût fallu sacrifier des effets de vérité à des effets de fantaisie, et peut-être eût-on perdu ces beaux effets sans atteindre au bizarre effrayant des effets contraires. En résumé, on peut dire que chaque peuple a son fantastique, et qu'il serait plus que difficile de concilier les deux.

— Si vous parlez de Paris et de Vienne, répondis-je, je vous accorde que ces différences sont tranchées ; mais si vous allez au cœur de notre peuple, si vous pénétrez dans nos provinces, au fond de nos campagnes, vous y trouverez des traditions si semblables à celles de l'Allemagne et de l'Écosse, que vous reconnaîtrez bien que ces poèmes populaires ont une source commune. Les poètes et les artistes des diverses nations s'en inspirent plus ou moins. L'Angleterre a Shakspeare et Byron, l'Allemagne Goethe, la Pologne Mickiewicz, l'Écosse Ossian et Walter Scott. Nous n'avons rien de semblable. Nos superstitions n'ont point eu d'illustre interprète et n'en auront pas; l'esprit voltairien leur a porté le dernier coup, et notre moderne école fantastique n'a été qu'une pâle imitation de celles de nos voisins. Elle n'a rien produit de durable ; c'est une affaire de mode. Le Français des hautes classes et celui des classes moyennes rient des contes de revenants, et défendent aux valets d'en troubler la cervelle des enfants. L'Allemand éclairé n'y croit pas davantage, mais il n'en rit pas; il les aime. Personne, à cet égard, n'a mieux peint l'esprit allemand que Henri Heine.

Quant à nous, continuai-je, nous avons lu les contes d'Hoffmann avec un plaisir extrême ; mais l'impression que nous en avons reçue n'a pas modifié nos habitudes de logique, notre impérieux besoin de la recherche des causes, et, par conséquent, cette raison un peu froide et railleuse qui scandalise l'Allemand. J'avoue que rien n'est plus risible que l'esprit fort qui veut tout expliquer sans rien savoir ; mais il y a une autre faiblesse qui consiste à s'interdire toute explication, bien qu'on ne manque pas de science, et qui n'est pas moins ridicule. Voilà, je crois, la différence entre les deux nations. Le Français, par amour du vrai, nie ou méconnaît toute vérité nouvelle ; l'Allemand, par amour du fabuleux, refuse de constater la vérité qui contrarie ses chimères. Mais, je vous le répète, descendez au cœur du peuple ; vous trouverez dans les grandes villes une population intelligente et active, qui, bien qu'initiée à la raison et à la logique des hautes classes, se souvient encore des traditions de son enfance et des contes de sa nourrice villageoise. Et si vous voulez aller au village, sans vous éloigner beaucoup de Paris, vous trouverez la fable de *Freyschütz* aussi vivante dans les imaginations rustiques que vous venez de la voir sur ce théâtre.

— Je serais curieux de m'en assurer, dit mon cosmopolite.

— Eh bien ! repris-je, allez un peu causer avec les gardes forestiers et les bûcherons de la forêt de Fontainebleau. Ils vous raconteront qu'ils ont entendu, dans les nuits brumeuses de l'automne, passer la chasse fantastique du grand-veneur. Il en est même qui ont rencontré cette chasse terrible, ces biches épouvantées fuyant devant la meute bruyante, et ces grands lévriers dont la race est perdue et qui devancent la course des feux follets, et les chasseurs avec leurs trompes au son funèbre, et le grand-veneur en personne, avec son habit rouge, son panache flottant et son cheval noir comme la nuit, piaffant, reniflant, et faisant fumer la bruyère sous ses pieds autour de ces arbres séculaires qui forment, au plus obscur de la forêt, le *carrefour du Grand-Veneur.*

— J'ai souvent passé sous ces beaux arbres, répondit mon interlocuteur, lorsqu'ils étaient couverts de soleil et de verdure, et je n'aurais jamais cru que les morts osassent venir prendre leurs ébats aussi près de la capitale.

— Si vous voulez me promettre de ne pas vous moquer de moi, lui dis-je, je vais vous dire comme quoi j'ai été tout près de croire à une fable conforme, à bien des égards, à la tradition du *Freyschütz.*

— Je vous en prie, me dit-il, et je vous promets tout ce que vous voudrez.

— Eh bien ! continuai-je, franchissez en imagination une distance de quatre-vingts lieues. Nous voici au centre de la France, dans un vallon vert et frais, au bord de l'Indre, au bas d'un coteau ombragé de beaux noyers qui s'appelle la côte d'Urmont, et qui domine un paysage tout à fait doux à l'œil et à la pensée. Ce sont d'étroites prairies bordées de saules, d'aunes, de frênes et de peupliers. Quelques chaumières éparses, l'Indre, ruisseau profond et silencieux, qui se déroule comme une couleuvre endormie dans l'herbe, et que les arbres pressés sur chaque rive ensevelissent mystérieusement sous leur ombre immobile ; de grandes vaches ruminant d'un air grave, des poulains bondissant autour de leur mère, quelque meunier cheminant derrière son sac sur un cheval maigre, et chantant pour adoucir l'ennui du chemin sombre et pierreux ; quelques moulins échelonnés sur la rivière, avec les nappes de leurs écluses bouillonnantes et leurs jolis ponts rustiques que vous ne franchiriez peut-être pas sans un peu d'émotion, car ils ne sont rien moins que solides et commodes ; quelque vieille filant sa quenouille, accroupie derrière un buisson, tandis que son troupeau d'oies maraude à la hâte dans le pré du voisin : voilà les seuls accidents de ce tableau rustique. Je ne saurais vous dire où en est le charme, et pourtant vous en seriez pénétré, surtout si, par une nuit de printemps, un peu avant les fauchailles, vous traversiez ces sentiers de la prairie où l'herbe, semée de mille fleurs, vous monte jusqu'aux genoux, où le buisson exhale les parfums de l'aubépine, et où le taureau mugit d'une voix désolée. Par une nuit de la fin d'automne, votre promenade serait moins agréable, mais plus romantique. Vous marcheriez dans les prés humides, sur une grande nappe de brume blanche comme l'argent. Il faudrait vous méfier des fossés grossis par le débordement de quelque bras de la rivière, et dissimulés par les joncs et les iris. Vous en seriez averti par l'interruption subite du coassement des grenouilles, dont votre approche troublerait le concert nocturne. Et si par hasard vous voyiez passer à vos côtés, dans le brouillard, une grande ombre blanche avec un bruit de chaînes, il ne faudrait pas vous flatter trop vite que ce fût un spectre; car ce pourrait bien être la jument blanche de quelque fermier, traînant les fers dont ses pieds de devant sont entravés.

Le plus mystérieux et le plus pittoresque de ces moulins cachés sous le feuillage et abrités par le versant rapide du coteau d'Urmont (eh! mon Dieu, si quelque rustique habitant de notre Vallée Noire était là pour m'entendre prononcer ce nom, vous le verriez dresser l'oreille comme un cheval ombrageux), le plus joli, dis-je, de ces moulins, celui qui fut jadis le plus prospère et qui désormais ne l'est plus, c'est le moulin Blanchet! Hélas! il n'a pas toujours de l'eau maintenant dans les chaleurs de l'été, et pourtant jamais il n'en a manqué du temps que Mouny-Robin en était le meunier. Le moulin qui est au-dessus et celui de Lamballe, qui est au-dessous du même cours d'eau, en manquaient souvent. Les meuniers maudissaient la saison, ils tourmentaient en vain leurs écluses, ils épuisaient jusqu'à la dernière goutte de leurs réservoirs sans pouvoir contenter leurs clients; et pendant ce temps la roue du moulin Blanchet tournait triomphante et chassait à grand bruit des flots d'écume. Mouny-Robin satisfaisait toutes ses pratiques, et voyait, comme de juste, venir à lui toutes celles de ses confrères malheureux; c'est que Mouny-Robin était sorcier, c'est qu'il s'était donné à *Georgeon*.

Qu'est-ce que Georgeon? Qu'est-ce que Samiel? Georgeon est un diable bien malin. Je n'ai jamais pu réussir à le voir, quoique j'y aie fait mon possible. Mais tant d'autres l'ont vu, que l'on ne saurait révoquer en doute son existence et son intervention dans les affaires de nos paysans. C'est lui qui donne de l'eau au moulin, de l'herbe au pré, de l'embonpoint aux bestiaux, et surtout du gibier au chasseur, car il est particulièrement l'Esprit de la chasse. Il trotte dans les guérets, il rôde dans les buissons, il contrarie les chasseurs maladroits, il gambade la nuit dans les prés avec les poulains, et, quand il parcourt la forêt, il est toujours accompagné d'au moins cinquante loups, lors même qu'il n'y en a pas un seul dans le pays. Lorsqu'on le surprend dans cet équipage, on s'assemble de tous les hameaux environnants pour faire une battue; mais, quoi qu'on fasse, les loups deviennent invisibles, et le Malin se moque des chasseurs. C'est que les favoris de Georgeon ne se mêlent jamais de ces battues; ils n'ont à discrétion des perdrix et des lièvres qu'à la condition de respecter les loups, et de les aider à se soustraire à la persécution. A quoi bon battre le bois et se donner tant de peine? vous dira-t-on. Nous ne trouverons pas un seul loup aujourd'hui. C'est *un tel* qui les a serrés dans sa grange. Allez-y, vous en trouverez là plus de cent à la crèche.

Ah! combien de loups Mouny-Robin a ainsi hébergés et soustraits à nos recherches! C'est grâce à lui, sans doute, que nous n'en avons jamais vu un seul à quatre lieues à la ronde, et, sous ce rapport, c'était un sorcier bien utile aux moutons du pays.

Mais un sorcier est toujours réputé méchant et nuisible, et Mouny-Robin fut toujours vu de mauvais œil. C'était pourtant la plus douce et la plus obligeante créature du monde. Lorsque je l'ai connu, il était encore jeune; c'était un homme assez grand, mince, et d'une apparence délicate, quoique d'une force rare. Je me souviens qu'un jour, voulant traverser son pré pour éviter de faire un long détour, je me trouvai empêché par un très-large fossé, rempli d'eau et de vase. Tout à coup je le vis sortir de derrière un saule. — Vous ne passerez pas là, mon enfant, me dit-il, c'est impossible. — Cela ne me paraissait pas impossible ; mais quand j'essayai de poser les pieds sur les pierres aiguës et glissantes qui, jetées çà et là dans le fossé, formaient une sorte de sentier, je trouvai la chose plus difficile que je ne l'avais pensé. J'étais avec un enfant plus jeune que moi, qui me dit :— N'essayez pas de passer, Mouny ne veut pas ; c'est un endroit ensorcelé par lui, et, quoiqu'il n'y ait pas beaucoup d'eau, s'il le veut, nous allons nous y noyer.

Comme nous étions en plein jour, et que je n'ai jamais eu peur à cette heure-là, je me moquai de cet avertissement, et j'appelai Mouny. — Viens ici, lui dis-je, et si tu es un brave sorcier, fais-moi passer par le meilleur chemin, puisque tu le connais. — Il fut très-satisfait de cette déférence. — Je savais bien, dit-il d'un air triomphant, que vous ne passeriez pas là sans moi. — Et venant à moi, quoiqu'il fût très-pâle et parût exténué par une fièvre qui le rongeait depuis plus d'un an, il me prit à la lettre entre ses mains, m'enleva en l'air comme il eût fait d'un lièvre, et, marchant sur les pierres jalonnées avec une parfaite sécurité malgré ses gros sabots, il me passa à l'autre bord sans broncher. — Toi, dit-il à l'autre, suis-moi, et ne crains rien. — L'autre passa, et ne trouva pas la moindre difficulté. Le sort était levé. Depuis ce jour, j'avais alors dix-sept ans, Mouny-Robin me témoigna toujours la plus grande amitié.

Si j'insiste sur la physionomie de ce personnage, ce n'est pas que je l'aie jamais cru sorcier ; mais c'est qu'il y avait en lui bien certainement quelque chose d'extraordinaire, sinon comme intelligence, du moins comme *faculté mystérieuse*. Je vous expliquerai au fur et à mesure ce que j'entends par là. Il était, quant à l'extérieur, au langage et aux manières, bien différent de tous les autres paysans, quoiqu'il eût toujours vécu dans les mêmes conditions d'ignorance et d'apathie. Il s'exprimait avec une certaine distinction, quoiqu'avec une sorte de cynisme rabelaisien qui ne manquait pas de sel. Il avait la voix douce et l'accent agréable; son humeur était enjouée, et ses allures familières sans être insolentes. Bien opposé aux habitudes de servilité craintive de ses pareils, qui ne rencontrent jamais un chapeau à forme haute sans soulever leur chapeau plat à grands bords, je ne crois pas qu'il ait jamais dit à personne *monsieur* ou *madame*, ni qu'il ait jamais porté la main à son bonnet pour saluer. Si le bourgeois lui plaisait, il l'appelait « mon ami, » sinon il l'appelait Gagneux, Daudon ou Massicot tout court. Il ne procédait pas ainsi par esprit d'insurrection. Vraiment, il ne s'occupait point de politique, ne lisait pas de journaux, et pour cause. La chasse l'absorbait tout entier, et j'ai toujours pensé que, comme chacun de nous a une certaine analogie de caractère, d'instincts et même de physionomie avec un animal quelconque (Lavater et Grandville l'ont assez prouvé), il y avait dans Mouny une grande tendance à rapprocher le type du chien de chasse de l'espèce humaine. Il en avait l'instinct, l'intelligence, l'attachement, la douceur confiante, et ce sens mystérieux qui met le chien sur la piste du gibier. Ceci mérite explication.

Quelques années après mon aventure du fossé (si aventure il y a), mon frère, étant venu se fixer dans le pays, fut pris d'une grande passion pour la chasse. C'était dans les commencements une passion malheureuse ; car, dans nos vallons coupés de haies et semés de pacages buissonneux, le gibier a tant de retraites que la chasse est fort difficile. Il ne suffit pas de savoir tirer juste, il faut connaître les habitudes du gibier, combattre ses tactiques par une tactique d'observation et d'expérience, développer en soi la ruse, la présence d'esprit, la patience, n'avoir pas de distraction, savoir tirer *au juger* parmi les broussailles, ou viser si juste ou si vite, qu'un lièvre à la course apparaissant, pour une ou deux secondes, dans un *éclairci* de quelques pieds d'ouverture, il tombe là, sans quoi il ira se *remiser* dans des fourrés impénétrables. La perdrix aux champs n'est qu'une chasse d'enfant. Mais le lièvre au pacage est une chasse de maître. Il faut y être bien rompu, bien retors, et le plus habile chasseur de plaine y perdra son latin et sa poudre, à moins que, pour abréger de longues années d'apprentissage, il ne fasse intervenir Georgeon dans ses affaires.

— C'est encore là le plus sûr, nous disait notre ami le garde champêtre. Quant à moi, je n'ai pas la science qu'il faut pour ça ; et puis ça commence bien, mais ça finit toujours mal avec le *camarade*. Voilà Mouny-Robin qui vous fera tuer du gibier tant que vous voudrez, et Dieu sait qu'il n'y a pas de plus fin braconnier en Europe et même en France ; mais, voyez-vous, il a après lui un vilain monsieur. Qu'il y prenne garde ! Un beau jour il trouvera son maître, et Georgeon finira par le *tourer* [1].

Au sortir d'un régiment de hussards, on n'est pas

---

[1] *Se tourer*, en berrichon, lutter ensemble ; *être touré*, être terrassé dans la lutte.

superstitieux. Mon frère, voulant passer maître à la chasse, se fit l'écolier de Mouny, et moi, qui ai toujours aimé à battre les champs et les prés, à fumer mon cigare à l'ombre parfumée d'un noyer ou à lire un roman le long de la rivière, je me mis de la partie sans songer à mal.

— D'abord, mes enfants, nous dit Mouny-Robin, il faut se mettre en chasse à l'heure de la grand'messe, si ça ne vous fait pas trop de peine.

— A la bonne heure, pensai-je, voilà qui sent le sorcier. Nous partîmes pendant que la cloche du village appelait les fidèles à l'église et nous garantissait au moins contre des concurrents incommodes. — C'est trop tôt, nous dit Mouny-Robin. Laissez entrer tout le monde; avant que le premier coup de fusil soit tiré, il ne nous faut rencontrer ni fille ni femme.

Malgré cette précaution, et quoique, pour complaire au sorcier dont les pratiques nous divertissaient, nous fissions de grands détours pour éviter de nous croiser dans notre marche avec quelque paysanne attardée se rendant à l'église, nous nous trouvâmes tout à coup face à face avec une bergère qui gardait ses moutons à l'angle d'une prairie. — Comme elle ne marche pas, dit mon frère, cela ne peut pas s'appeler une rencontre. — C'est égal, dit Mouny, c'est bien mauvais, et la chance est contre nous. Nous allons être deux heures sans rien tuer.

Deux heures se passèrent en effet sans que nous pussions abattre une seule pièce. C'était à qui de nous tirerait le plus mal, et Mouny n'était pas le moins maladroit.

— Puisque tu es sorcier, lui dis-je, au lieu de conjurer les mauvaises rencontres, tu devrais avoir des balles qui portent juste. On dit que Georgeon en donne à ses amis.

— Est-ce que vous croyez à Georgeon, vous autres? dit-il en haussant les épaules. Pour moi, je regarde tout ce qu'on en dit comme autant de contes pour faire peur aux enfants.

— Mais pourquoi évites-tu les rencontres? pourquoi chasses-tu pendant la messe? pourquoi crois-tu aux mauvaises chances?

— Vois-tu, mon petit, reprit-il, tu parles sans savoir. La chasse est une chose à laquelle personne ne connaît rien. Il y a des chances, voilà tout ce que je peux t'en dire. T'ai-je averti que nous aurions deux mauvaises heures? Elles sont passées; regarde au soleil. Eh bien! voilà une pie sur un arbre. Je vais la tirer, et la chance sera pour nous; si je la manquais, nous ferions aussi bien de rentrer; nous manquerions à tout coup.

Il abattit la pie. — Ne la ramassez pas, n'y touchez pas, nous dit-il. Cela n'est bon qu'à lever un sort.

— Ah çà, la bergère était donc sorcière? lui demandai-je.

— Non, me dit-il, il n'y a ni sorciers ni sorcières; mais elle avait une mauvaise influence. Ce n'est pas sa faute. L'influence est détruite; à présent nous allons trouver deux perdrix à la Croix-Blanche.

— Comment! à une demi-lieue d'ici? dit mon frère.

— Pardine, je le sais bien, répliqua Mouny; mâle et femelle! Vous pouvez rencontrer qui vous voudrez à présent, et tirer comme vous pourrez, vous tuerez ces perdrix-là, je vous les donne.

Nous les trouvâmes à la place qu'il avait désignée, et mon frère les tua.

— Maintenant, dit-il, nous ne verrons rien d'ici à une demi-heure: regardez à vos montres.

La demi-heure écoulée : — Je veux tuer un lièvre, dit-il ; il faut que je le tue, ce diable de lièvre !

Le lièvre passa à une telle distance, que mon frère cria : — Ne tirez pas, c'est inutile ; il est hors de portée.

Le coup partit.

— Il a beau être sorcier, dit mon frère, il n'abattra pas celui-là. C'est tout à fait impossible.

— Cherche, Rageot ! dit Mouny à son chien.

— Oui, oui, cherche ! dit mon frère en riant.

Rageot partit comme un trait ; c'était un bien bel épagneul blanc avec deux taches jaunes. Il passa la rivière à la nage, car Mouny avait tiré par-dessus ; il flaira les buissons, poussa un cri de joie, fit vaillamment le plongeon dans les épines, et rapporta le lièvre criblé du gros plomb de Mouny.

Ma foi, je commençais à croire que Georgeon s'était mis de la partie.

Il nous fit plusieurs autres prédictions qui se réalisèrent comme les précédentes. Au retour, notre chien Médor tomba en arrêt sur une compagnie de perdrix.

— Laissez-moi tirer là-dessus, dit Mouny en retenant mon frère. Il nous en faut au moins six.

Il en abattit sept.

— Bah ! c'est trop facile ! disait-il tranquillement en les ramassant.

— S'il n'est point sorcier ou diable, disais-je à mon frère en revenant, il a du moins quelque pratique secrète que je ne devine pas.

— Bah ! répondit mon frère, il a tant étudié les allures du gibier qu'il en connaît toutes les remises et toutes les habitudes. Les animaux libres ont une vie très-régulière, et il s'agit de suivre une de leurs journées pour savoir l'emploi de tous leurs autres jours.

— Mais le lièvre atteint hors de portée ?

— C'est que son fusil porte extraordinairement loin comparativement aux nôtres.

— Mais les sept perdrix ?

— C'est qu'il a tiré au plus serré du bataillon. Je ne lui conteste pas d'être plus adroit que nous.

— Mais ses prédictions ?

— Le hasard aide les gens heureux, et le bonheur est aux insolents.

— Avec cela on expliquerait toutes choses, et pourtant il me semble que cela n'explique rien.

— Attends à demain ou à la semaine prochaine, pour voir comment notre sorcier gouvernera le hasard. Tu verras qu'il ne tombera pas toujours aussi juste qu'aujourd'hui, et que son Georgeon lui fera *fiasco* plus d'une fois.

Nous nous mîmes à chasser presque tous les jours avec Mouny. Nous y trouvions un plaisir extrême : mon frère, parce qu'il lui faisait rencontrer beaucoup de gibier ; moi, parce qu'il nous conduisait dans les sites les plus charmants et les plus ignorés de la Vallée Noire. Il continuait son système de conjuration contre les influences pernicieuses, et ses prédictions. Je dois dire, pour la vérité du fait, que celles-ci ne se réalisèrent pas toujours parfaitement, mais qu'elles se réalisèrent vingt-cinq fois sur trente ; et cela dura non quatre jours, mais quatre ans et demi, pendant lesquels Mouny-Robin prit sur nous, comme chasseur, et peut-être aussi un peu comme sorcier, un ascendant que peu à peu nous cessâmes de combattre. En étudiant avec lui les mœurs du gibier, nous pûmes bientôt nous convaincre que ses habitudes n'étaient pas aussi régulièrement tracées que nous l'avions cru d'abord. Plus nous examinions notre guide, plus nous remarquions en lui une sorte de divination à l'endroit de la chasse, dont il semblait parfois travaillé et tourmenté comme d'une souffrance, comme d'une maladie. Il n'était pas charlatan le moins du monde, il n'employait aucune manigance cabalistique, et, s'il croyait à Georgeon, il s'en cachait bien et n'en parlait pas volontiers. Un phénomène qui s'opérait en Mouny-Robin nous mit, quoique vaguement, sur la voie de ce que je crois aujourd'hui devoir approcher de la vérité.

Un jour (nous avions apparemment toutes les mauvaises influences contre nous), nous fîmes quatre ou cinq mortelles lieues de pays sans rien rencontrer. Il semblait que tout le gibier eût été frappé d'une plaie d'Égypte, car nous ne pûmes pas seulement viser une alouette. Rageot était d'une humeur de dogue, et Médor nous regardait d'un air mélancolique. Deux ou trois fois, pour tromper leur ennui, ils tombèrent en arrêt sur des hérissons et sur des couleuvres; mais Mouny nous interdisait de tirer sur ces viles bestioles, prétendant que cela gâtait la main. Au dire des paysans, il protégeait, par malice de sorcier, les mauvaises bêtes vouées au diable; car Georgeon livre au chasseur qu'il protége le plus noble gibier, à condition qu'il respectera les animaux immondes dont il fait sa société dans les nuits de sabbat : les chouettes, les chats sauvages, les crapauds, les serpents, les renards, les loutres, les chauves-souris, les loups, etc. Ce jour-là, Mouny-Robin était triste, accablé, plus pâle qu'à l'ordinaire, et nonchalant comme il ne l'était pas souvent.

— Écoutez, nous dit-il, il faut changer tout cela, je vais me *retirer*.

— Qu'appelles-tu te *retirer?* lui dis-je. Quitter la chasse?

— Non, mon fils, répondit-il : je vais me retirer dans ce taillis; vous, vous allez suivre par en bas, et nous n'entrerez pas sous bois; autrement, tout ira mal.

Nous étions habitués à ses façons de parler : nous suivîmes la lisière du bois, comptant qu'il allait en faire sortir quelque lièvre de sa connaissance; mais il n'en sortit rien, et au bout d'un quart d'heure nous le vîmes revenir à nous dans un état singulier de trouble et d'agitation. Il tremblait de tous ses membres et semblait brisé de fatigue, de souffrance ou d'effroi. Sa blouse était souillée de terre, ses cheveux remplis de brins de mousse, comme s'il eût été terrassé dans une lutte violente. Son front était ruisselant de sueur, et cependant ses dents claquaient de froid. — Eh bien! qu'est-ce donc, s'écria mon frère, est-ce que tu viens de te colleter avec l'autorité?

Nous n'avions entendu aucun bruit; mais, comme nous chassions la plupart du temps sans port d'armes et hors de saison, en véritables apprentis braconniers, nous pouvions faire la rencontre de quelque gendarme, garde champêtre, ou de tout autre fonctionnaire public, et nous nous apprêtions à prendre le large, lorsque Mouny nous arrêta. — Rien, rien! nous dit-il d'une voix éteinte, ce n'est rien! — Et faisant un grand effort, il se secoua comme un homme qui chasse une vision, essuya son front, empoigna son fusil d'une main qui tremblait encore, et il s'écria comme s'il eût été inspiré : — Tout va bien, mes amis! nous allons faire une bonne chasse! Il y aura de beaux coups de

fusil. — Puis, reprenant son air doux et narquois :
— Vous, dit-il à mon frère, vous ne rentrerez pas sans plumes à la maison; et quant à toi, ajouta-t-il en me regardant, tu verras pour la première fois de ta vie tomber deux lièvres du même coup.

— Et qui fera ce beau coup? demandai-je.

— Quelqu'un qui s'appelle Mouny-Robin et qui se moque de bien des choses, répondit-il en secouant la tête.

— Et quand cela arrivera-t-il? demanda mon frère.

— Tout de suite, répondit-il. — Un lièvre parut, il l'ajusta et l'abattit.

— Cette fois il n'y en a qu'un, dit mon frère.

Entrez dans le buisson, répondit Mouny; s'il n'y en a pas deux, je veux que celui-là soit le dernier que je tuerai de ma vie.

Nous cherchâmes dans le buisson, il y avait un second lièvre dont il avait cassé les reins du même coup qui avait fracassé la cervelle du premier.

— Comment diable avais-tu fait pour le voir? lui dis-je; tu as de meilleurs yeux que nous!

— Des yeux? répondit-il. Mettez telles lunettes que vous voudrez, et si vous voyez ce que je vois, je vous fais cadeau de mon chien et de ma femme. Allons, allons, vous, dit-il à mon frère, armez votre fusil, la plume n'est pas loin.

Au bout de cent pas, nous trouvâmes une bande de canards sauvages. Mouny s'abstint de tirer. Mon frère en tua plusieurs, et revint souper avec son carnier plein de canards, de bécasses et de pluviers.

— Quand je vous ai dit que vous ne rentreriez pas sans plumes! observa Mouny; je savais bien que vous ne tueriez pas de perdrix. C'est égal, vous ne devez pas être mécontent. Pour ma peine, vous allez me promettre, si nous rencontrons ma femme, de ne pas lui dire un mot de ce que nous avons fait à la chasse.

Il nous avait tant de fois recommandé le secret à cet égard-là, que nous n'avions garde d'y manquer. Il ne cachait point à sa femme le gibier qu'il avait tué; mais de quelle façon il l'avait abattu, avec quel plomb, à quelle heure, en quel endroit, et après quelles paroles, voilà les mystères qu'il fallait lui faire, chaque jour, le serment de ne pas révéler. Il ne chassait guère qu'avec nous, et c'était une grande marque de confiance qu'il nous donnait. — Tu te crois donc sorcier, que tu caches ainsi ton savoir-faire? lui disions-nous. — Non, répondait-il; mais il ne faut pas qu'une femme sache rien des affaires de la chasse : cela porte malheur.

Cet homme offrait dans ses idées au premier abord un singulier assemblage de crédulité et de scepticisme. Il ne croyait vraiment pas au diable, ni aux mauvais esprits, mais à la fatalité, ou plutôt à des influences pernicieuses ou bienfaisantes, qu'aucune science, je crois, n'a jamais reconnues, faute peut-être de les avoir observées. Il eût été bien important que nous fussions assez éclairés pour examiner et reconnaître les propriétés qu'il attribuait à certains corps, à certaines émanations, à certains contacts. Quand on l'examinait de près, on voyait bien qu'il n'était pas superstitieux le moins du monde, et qu'il agissait en vertu d'une théorie physique vraie ou fausse. Les résultats étaient la plupart du temps si extraordinaires, que, selon toute apparence, il ne se trompait pas souvent dans l'application. Je ne crois pas qu'il ait cherché à remonter aux causes; mais il avait certainement une science d'instinct ou d'observation. D'où la tenait-il? Nous n'avons jamais pu le savoir, et j'ignore s'il le savait lui-même. A cet égard ses réponses étaient évasives, et comme il était plus fin que nous, nous n'en tirâmes jamais rien.

Toutes les fois que la chasse était mauvaise, il *se retirait* (c'était son expression), c'est-à-dire qu'il se cachait à nos regards, soit dans un buisson, soit dans un fossé, soit dans quelque masure déserte, et qu'après y être resté un certain temps, il en sortait pâle, anéanti, frissonnant, respirant et marchant à peine, mais nous annonçant des rencontres et des victoires superbes qui se réalisaient toujours, et quelquefois avec une exactitude de détails qui tenait du prodige. Un jour, nous résolûmes de l'observer pour voir s'il avait quelque pratique secrète d'une superstition grossière, ou s'il préparait quelque jonglerie. Nous feignîmes de nous éloigner, et nous fîmes un détour pour le surprendre. Nous parvînmes jusqu'à lui sous le taillis avec des précautions tout à fait inutiles, car l'état où nous le trouvâmes ne lui permettait pas de nous voir et de nous entendre. Il était étendu à terre, et paraissait en proie à une angoisse inexplicable. Il se tordait les bras, faisait craquer ses jointures, bondissait sur le dos comme une carpe, respirait avec effort, la face pâmée et les yeux éteints. Nous crûmes qu'il était épileptique; mais les choses n'en vinrent pas là. Il n'eut ni écume à la bouche, ni rugissements, ni atonie. Ce fut une simple attaque de nerfs, une agitation convulsive, un étouffement pénible, quelque chose de plus douloureux qu'effrayant à voir, et dont il se tira en moins de cinq minutes. Nous le vîmes ensuite se relever peu à peu, s'étendre, se calmer, se *ravoir*, comme on dit, et rester là encore quelques minutes, comme partagé entre une grande fatigue et une sorte de bien-être. Quand il quitta la place pour nous chercher, nous allâmes le rejoindre par un assez long détour, afin de ne pas l'inquiéter, et il dit à mon frère en l'abordant : — Aujourd'hui, si je ne m'en mêle pas, vous ne tuerez rien.

En effet, mon frère tira plus de douze coups de fusil dont pas un seul ne porta. — Je suis donc le dernier des maladroits ! s'écria-t-il en frappant la terre de la crosse de son arme. Ah çà, maître Mouny, tâchez de me désensorceler.

— C'est bien aisé, mon ami, répondit Mouny de sa voix douce et agréable. Donnez-moi cela. De quel côté voulez-vous que je charge ?

Il chargea le côté gauche qu'on lui indiqua, et mon frère chargea l'autre.

— Avec celui-ci, dit Mouny en montrant celui qu'il venait de charger, vous ne manquerez pas.

— Et avec l'autre ? dit mon frère.

— Avec l'autre vous ne toucherez pas, répondit-il.

Un vanneau passa, mon frère l'abattit ; puis une grive, et il la manqua. Le coup chargé par Mouny avait porté, l'autre avait été casser une branche dix pieds trop haut.

— Et maintenant chargez le côté droit, dit mon frère. Il est possible que par là le fusil soit meilleur.

— A votre aise, dit Mouny-Robin. Il chargea le droit, et mon frère le gauche. Avec le droit il toucha, avec le gauche il ne toucha point. L'épreuve fut répétée, toujours en sens contraire, cinq ou six fois de suite, et le résultat fut toujours celui que Mouny avait annoncé. A la septième : — Cette fois, dit-il, vous allez tuer avec votre charge et manquer avec la mienne ; je suis fatigué.

Le fait suivit et confirma la prédiction.

De pareilles expériences ne pouvaient pas être attribuées obstinément au hasard et à l'adresse. Mouny était parfois lui-même d'une maladresse incroyable, et il n'en paraissait ni surpris ni humilié. *Je sentais cela,* disait-il. Il n'y mettait pas d'autre amour-propre. Il était beau chasseur comme on est beau joueur. Nous lui accordions d'être plus exercé et plus habile que nous; cela ne suffisait pas pour expliquer les faits de divination véritable dont nous étions témoins tous les jours. Il me serait difficile de traduire nettement l'impression que ces faits produisirent sur nous à la longue. Il n'y a pas de fait si remarquable auquel on ne s'accoutume, et pourtant rien au monde n'est aussi difficile à vérifier et à constater qu'un fait de ce genre. Les continuelles et consciencieuses recherches de certains partisans du magnétisme, qui ne sont ni des fous ni des charlatans, ont bien assez prouvé que la simple conquête d'un fait patent et incontestable peut être l'œuvre de toute une vie. Mais ce qu'il y a de plus étrange, c'est que ce fait à peine conquis entre d'emblée dans les esprits simples et droits sans y produire ni étonnement ni inquiétude. Je ne sais pas si les savants s'y soumettent aussi facilement, j'en doute. Leur orgueil a trop à faire pour s'accommoder des découvertes qui bouleversent leurs théories. Quant à moi, qui n'avais aucune théorie à perdre et aucune science à contrarier, j'ai été témoin d'un de ces faits après lesquels le doute n'est plus possible. J'avais vu Mouny-Robin exercer la faculté de seconde vue, ou d'odorat porté jusqu'à la puissance canine, sans être bien convaincu qu'il y eût dans l'humanité des instincts aussi exceptionnels et outrepassant les bornes connues de nos facultés communes. Dix ans plus tard, je jouai aux cartes avec une somnambule dont la vue semblait tout à fait interceptée; et, quoiqu'elle fît des prodiges, je me repentis, en sortant, d'avoir signé le procès-verbal. Il me vint des méfiances que je n'avais pas eues tout de suite. Je soupçonnai sa mère d'être de connivence avec elle pour duper le public, et je me demandai avec une partie des opposants, quoique le bandeau fût impénétrable, si les contorsions qu'elle avait faites n'avaient pas un peu décollé l'appareil en dessous.

Mais, il y a deux mois, j'ai vu chez un médecin que je sais être un homme de conscience et de vertu, et que de nombreuses supercheries ont rendu plus méfiant que nous tous, une autre somnambule qui, malgré plusieurs bandeaux impénétrables, et privée de l'assistance de tout compère, exerça la faculté de la vue avec autant de netteté que je puis le faire avec d'excellents yeux et une clarté splendide. Cette fois, je poussai mon examen du fait jusqu'à la minutie, jusqu'à l'insolence, et je pourrais citer des détails qui ne laisseraient aucune prise au soupçon de jonglerie. Je suis donc persuadé, je suis donc sûr aujourd'hui, autant qu'il est donné à l'homme de l'être d'un fait d'expérience personnelle attentive et lucide, que certains individus de notre espèce peuvent voir (et partant pourquoi pas entendre, pourquoi pas odorer?) dans des conditions où l'exercice des sens serait interdit à la généralité des autres individus. Eh bien! depuis ce temps, j'admire ma tranquillité. Il m'avait semblé qu'un tel fait me paraîtrait surnaturel, qu'il bouleverserait ma raison, qu'il me rendrait accessible à toutes les billevesées du monde, et je craignais d'arriver à la certitude que je cherchais. Voilà qu'il se trouve que rien de pareil ne s'est opéré en moi. Je ne crois à aucune puissance surnaturelle, et je me dis, avec tous ceux qui ont assisté à l'épreuve, qu'il y a sans doute dans la nature bien d'autres secrets non encore révélés, qui de long-temps ne seront pas explicables. Que dis-je, de long-temps! ne le seront-ils pas toujours? Un fait constaté entraîne-t-il autre chose qu'une analyse des effets et des causes saisissables? et n'y a-t-il pas au-dessus de ces causes saisissables une cause première qui est le secret même de la Divinité? Qui nous dira comment le blé pousse et comment l'homme est conçu? Nous voyons bien germer et poindre un brin d'herbe dans le sein d'une graine, nous voyons bien un enfant naître du flanc de sa mère; mais la puissance de la vie, mais la perpétuation et le renouvellement de l'être, mais ces propriétés impérissables de l'esprit et de la matière, d'où viennent-elles?

Quand on aura analysé l'œil de l'extatique, quand on aura trouvé dans ses nerfs, ou dans sa rétine, ou dans son cerveau, une faculté particulière de voir à travers les obstacles et en dépit des distances, que saura-t-on? Ce qu'on savait il y a trois mille ans : c'est qu'il y a des pythies, des devins, des augures, des visionnaires et des prophètes qui n'exploitent pas tous la crédulité des hommes, et qui sont vraiment mus par une puissance intime et incontestable. On ne dira plus : C'est Apollon, c'est Isis, c'est Jehovah, c'est Magog qui parle. Les savants diront : C'est un fait naturel qui se produit. Mais, en vérité, à qui donc remonte la puissance dont ce fait émane? Ne sera-ce pas jusqu'à Dieu, aussi bien que tous les faits de la vie dans l'univers?

Ce n'est donc pas dans une étude matérielle de la cause première qu'il faut chercher le progrès. Ce progrès ne sera jamais qu'une confirmation de plus en plus éclatante et universelle de la foi en Dieu, conquête primitive, durable, éternellement modifiable et perfectible de l'humanité. Mais ce qu'il appartient à la science humaine d'analyser et d'expliquer par les moyens qui lui sont propres, c'est d'une part le mécanisme des causes naturelles procédant des causes divines, et de l'autre le mécanisme des effets naturels procédant des unes et des autres. La science fera ce progrès quand les savants auront vu un assez grand nombre de faits nouveaux et incontestables pour rougir de leur scepticisme, comme ils rougiraient aujourd'hui de leur naïveté, si naïfs ils pouvaient être.

J'en étais là de mon explication, quand je vis que mon auditeur cosmopolite était profondément endormi. Je l'avais magnétisé, sans le vouloir, par mes réflexions sur le magnétisme. Ce fut à grand'peine que je l'arrachai au sommeil délicieux que lui procurait ma logique, pour lui faire entendre le final admirable du *Freyschütz*. Quand le rideau fut tombé : — Vous me devez la fin de l'histoire de Mouny-Robin-Gaspard et de Georgeon-Samiel, me dit-il en passant son bras sous le mien ; nous irons nous asseoir à Tortoni, et vous me l'achèverez.

— Je ne saurais, répondis-je, la raconter dans un lieu livré à des influences aussi contraires à l'effet qu'elle doit produire, et je crois, pour continuer le système de mon braconnier extatique, qu'au contact de toutes ces élégances parisiennes, je perdrais la mémoire des jours de ma jeunesse campagnarde. Venez avec moi en plein air ; la lune donne sur les toits, et je réussirai peut-être à sortir de mon explication....

— Je vous en dispense, dit le cosmopolite qui commençait à en avoir assez. Il me semble que j'ai compris, tout en dormant ; vous attribuez à votre homme une sorte de seconde vue qui s'exerçait à la chasse, et qui se produisait chez lui au moyen de certaines crises nerveuses. Vous pouviez dire cela en deux mots ; je ne suis pas tellement sceptique, que je n'accepte cette donnée préférablement à bien d'autres.

— Eh bien ! repris-je, puisque ma tâche à cet égard est terminée, la fin de l'histoire viendra bien vite. Le garde champêtre et toutes les têtes fortes de l'endroit nous avaient bien prédit que cela finirait mal, et que Georgeon *tourerait* son compère Mouny. Un beau soir, comme la lune brillait au ciel, Mouny alla comme de coutume lever la pelle de son moulin ; mais, au moment où l'eau s'élançait et mettait la roue en mouvement, Georgeon, qui était mécontent de lui (sans doute parce qu'il ne le trouvait pas assez méchant pour un homme voué au diable), le poussa par derrière, l'enfonça dans l'eau la tête la première et le fit passer sous la roue de son moulin, d'où il sortit suffoqué, brisé et frappé à mort. On le trouva de l'autre côté du moulin, échoué sur l'herbe du rivage, disloqué, immobile et près d'expirer. Il passa pourtant six mois dans le lit, où il finit par succomber aux lésions profondes que la roue du moulin avait faites à la poitrine et à la moelle épinière. — On te l'avait bien prédit, mon pauvre homme, lui disait sa femme à son lit de mort, que Georgeon finirait par te tourer !

— Il n'y a pas de Georgeon qui tienne ! répondait le moribond. Je ne saurai jamais comment cela m'est arrivé ; pas plus, ajouta-t-il, que je n'ai su le reste !

Le fait est que l'accident tragique du pauvre Mouny n'a jamais été bien expliqué. Il faut être non pas maladroit, mais bien déterminé au suicide pour passer ainsi par la pelle de nos moulins. Il vous suffirait de voir celui de Mouny pour vous convaincre qu'il faut s'y lancer ou y être précipité avec une grande force, la tête en avant, pour ne pas pouvoir se retenir aux ais du pont, quelle que soit la force de l'eau. Tout s'expliquerait si Mouny eût été ivre; mais il ne s'enivra pas, je crois, une seule fois dans sa vie. Il avait horreur du bruit et de l'odeur des tavernes, et, quand il s'y asseyait un instant, il en sortait en disant : « La tête me sonne ! » Je n'ai pas vu un autre paysan aussi délicatement organisé qu'il l'était à certains égards.

— N'avait-il pas un ennemi, un héritier, un rival ? me dit mon auditeur complaisant.

— Hélas ! il y en avait plus d'un, répondis-je. Jeanne Mouny était jolie comme un ange, et d'une délicatesse d'organisation aussi exceptionnelle que celle de son mari. Elle était petite, fluette, et blanche comme les narcisses de son pré. Vivant toujours à l'ombre des grands arbres qui croissent dans cette région fraîche et touffue, elle avait préservé son cou et ses bras des morsures du soleil, et, quand elle était vêtue le dimanche d'une robe blanche et d'un tablier à fleurs, elle ressemblait plus à une villageoise d'opéra qu'à une meunière du Berry. Pour rester dans le vrai, ce n'était ni l'une ni l'autre; mais c'était mieux : c'était quelque chose de fin, de propret et de charmant, avec une voix douce et des manières gracieuses. Il semblerait que ce rapport d'organisation eût dû les rendre précieux l'un à l'autre. J'ai la douleur de vous avouer que madame Mouny préférait à son époux un gros garçon de moulin, noir, rauque et crépu, auquel Mouny ne témoigna jamais la moindre jalousie. Ceci est encore une particularité du caractère de notre ami. Il n'avait aucun préjugé sauvage sur l'honneur conjugal. Il ne se croyait obligé ni de haïr, ni d'injurier, ni de battre, ni d'étrangler sa femme, parce qu'elle lui était infidèle. Il nous parla souvent de sa position prétendue ridicule, et la manière dont il l'envisageait ne l'était nullement. — Jeanne est beaucoup plus jeune que moi, disait-il ; elle est jolie, et je l'ai toujours négligée. Que voulez-vous ? Je l'aime de tout mon cœur, mais j'aime encore mieux la chasse. La chasse, voyez-vous, mes enfants, celui qui s'y adonne ne peut pas s'adonner à autre chose. Si vous êtes amoureux, si vous êtes jaloux, faites-moi cadeau de vos fusils et de vos chiens, car vous ne serez jamais que de mauvais chasseurs.

Si bien qu'en raisonnant avec cet esprit de justice, il eut pour sa femme les procédés qu'un grand seigneur du temps de Louis XV aurait eus pour la sienne. Il n'est donc pas présumable qu'il ait été assassiné par son rival. Cela n'est venu à l'esprit de personne. Jeanne ne pouvait que perdre à la mort de son mari.

— Alors que présumez-vous de cette mort ?

— Je présume que Mouny était somnambule ou cataleptique d'une certaine façon, et qu'il a été surpris par la crise extatique au moment où il levait la pelle de son moulin. Quoi qu'il en soit, sa fin a été mystérieuse comme sa vie, et il n'est aucun de nos paysans qui ne l'attribue encore aujourd'hui à une lutte avec l'esprit malin, le diable chasseur, le terrible Georgeon de la Vallée Noire. Je vous disais que notre peuple des campagnes possède son fantastique tout comme un autre, et que les Allemands n'en ont pas le monopole. Je pourrais vous conter d'après eux des histoires encore plus effrayantes, mais il est trop tard pour cette nuit. Bonsoir.

FIN.

www.ingramcontent.com/pod-product-compliance
Lightning Source LLC
Chambersburg PA
CBHW050254170426
43202CB00011B/1676